Lo fugitivo permanece

Francisco de Quevedo

Lo fugitivo permanece

Antología poética

Selección, introducción y notas
de Rodrigo Cacho Casal

Alianza editorial
El libro de bolsillo

Primera edición: noviembre de 2025

Créditos de las imágenes:
Pág. 55: © Album/Oronoz
Pág. 351: *Las tres musas ultimas castellanas : segunda cumbre del Parnaso español,* Quevedo, Francisco de, 1580-1645. En Madrid : en la Imprenta Real : a costa de Mateo de la Bastida ..., 1670 [Consulta: 30/06/2025] Disponible en la Biblioteca Digital de Madrid. https://bibliotecavirtualmadrid.comunidad.madrid/bvmadrid_publicacion/es/catalogo_imagenes/imagen.do?path=1034947&posicion=1&registrardownload=1

Diseño de colección: Estrada Design
Diseño de cubierta: Manuel Estrada

PAPEL DE FIBRA
CERTIFICADA

© de la selección, introducción y notas: Rodrigo Cacho Casal, 2025
© Alianza Editorial, S. A., Madrid, 2025
    Calle Valentín Beato, 21
    28037 Madrid
    www.alianzaeditorial.es

ISBN: 979-13-7009-103-3
Depósito legal: M. 15.359-2025
Printed in Spain

Índice

Introducción

Francisco de Quevedo (Madrid, 1580-Villanueva de los Infantes, 1645) y su obra llevan cuatro siglos cautivando a los lectores y confundiendo a los críticos literarios. Su vasta producción en prosa y en verso se resiste a ser encasillada, a ocupar un lugar definido y preciso, y esto era así ya para sus contemporáneos. Por ejemplo, en 1639, el humanista e historiador madrileño Tomás Tamayo de Vargas dejó manuscrito un amplio catálogo bibliográfico, cuyo ambicioso título reza: *Junta de libros, la mayor que España ha visto en su lengua hasta el año de MDCXXIV*. En este volumen constan los nombres de autores antiguos, medievales y modernos, donde figura la mayoría de los grandes escritores de los siglos XVI y XVII. Entre ellos, Garcilaso de la Vega y Fernando de Herrera reciben el apelativo de «poeta», mientras que Lope de Vega el de «poeta y novelador». Sin embargo, cuando se ocupa de Quevedo, Tamayo no sabe muy bien cómo caracterizarlo y prefiere llamarlo «escritor general».

Quevedo es lo que se suele llamar un polígrafo: un escritor total (o «general»), que cultivó prácticamente todos los géneros literarios a su alcance: relato picaresco, poesía amorosa, burlesca, religiosa; tratados morales y políticos; sátiras en prosa y en verso.

La desbordante abundancia de la obra quevediana se mueve en un espacio fluido y ambiguo, y pese a la cantidad de estudios que se le han dedicado desde el siglo XIX, la crítica todavía no se ha puesto de acuerdo sobre aspectos centrales de su estética e ideología. Sus escritos y sus palabras parecen contradecirse a menudo, tejiendo paradojas. Pensemos por ejemplo en cuestiones como la misoginia de Quevedo, quien en su *Marco Bruto* (1644) sentenció: «Es la mujer compañía forzosa que se ha de guardar con recato, se ha de gozar con amor y se ha de comunicar con sospecha». El recato y la sospecha se convierten en auténtico escarnio y desdén en muchas de sus sátiras y versos burlescos, donde desfilan viejas grotescas, prostitutas sifilíticas y damas hipócritas. Sin embargo, Quevedo fue capaz también de escribir algunos de los poemas amorosos más apasionados de la lengua española, además de mostrar gran estima y apego hacia las mujeres de su familia.

El padre del poeta, Pedro Gómez de Quevedo, murió en 1586, cuando este tenía apenas seis años, y le quedaron como puntos de referencia familiares su abuela Felipa de Espinosa (†1597), su tía Margarita de Espinosa (†1627) y su madre María de Santibáñez (†1600). Tras el fallecimiento de su hermano mayor Pedro (1577-† antes de 1605) y de sus dos hermanas, ambas llamadas María (la primera: 1578-† antes de 1586; la segunda: 1587-1605), su círculo familiar quedó restringido a su tía y a otras dos hermanas, Felipa

(1583-† después de 1645), que tomó los hábitos, y Margarita (†1633), que casó con Juan de Aldrete y San Pedro. En el expediente de ingreso de Quevedo en la Orden de Santiago, cuyo hábito de caballero obtuvo a finales de 1617, se recogen muchos testimonios del aprecio que sentía hacia las mujeres de su familia, concretado en la dedicatoria de una de sus primeras colecciones poéticas, el *Heráclito cristiano* (1613), dirigido a su tía Margarita como la confesión de un arrepentido: «la voz de mis mocedades ha sido molesta a vuestra merced y escandalosa a todos». Ya en su madurez, Quevedo debió mantener buenas relaciones con sus hermanas, pues nombró primer sucesor de su mayorazgo a Pedro de Aldrete, hijo de Margarita, y en su testamento del 26 de abril de 1645 pidió ser enterrado en Madrid junto a ella: «se lleve mi cuerpo a la iglesia de Santo Domingo el Real de Madrid, a la sepultura donde está enterrada mi hermana»[1]. En el mismo documento se acuerda también de su otra hermana: «mando se den en cada un año, por todos los días de su vida, a sor Felipa de Jesús, monja descalza en el Convento del Carmen de Madrid, cincuenta ducados para sus alimentos y regalo».

Es desde luego una falacia confundir la vida con la literatura y querer encontrar a toda costa en la obra de un autor datos fiables sobre su personalidad y sus más íntimas convicciones. Lecturas psicológicas, y a menudo pseudo-psicológicas, han dado lugar a interpretaciones un tanto disparatadas de la vida de Quevedo en cuanto a sus relaciones con

---

1. Además, Margarita nombró a su hermano Francisco entre sus albaceas, encargándole en su testamento (28 de marzo de 1633) a él y a los otros que «ayuden y amparen a los dichos mis hijos como a güérfanos de padre y madre».

las mujeres. Lo único que sabemos a ciencia cierta es que mantuvo siempre una opinión de abierto rechazo hacia la institución del matrimonio, celebrando en sus cartas personales su soltería, no sin cierta guasa, como en esta escrita al duque de Medinaceli (1 de diciembre de 1630), que se cierra con la siguiente fórmula de despedida: «El rey está en Aranjuez; yo, soltero; vuecelencia, bueno, y mi señora la duquesa. Esto importa». Gracias a las actas de las reuniones celebradas por la Junta de Reformación, organismo que debía vigilar el respeto de las buenas costumbres en la corte, poseemos además uno de los datos más importantes sobre la vida sentimental de Quevedo. En un documento de la Junta del 24 de marzo de 1624 se declara que la actriz conocida como La Ledesma da escándalo en Madrid, porque vive «amancebada con don Francisco de Quevedo, y tienen hijos». Algunos críticos han querido ver detrás de este nombre a Lisi, la protagonista de los mejores versos amorosos del poeta, aunque es tan solo una especulación sin demasiado fundamento. Pese a la actitud desafiante de Quevedo, su soltería y su relación extramatrimonial debieron molestar a muchos, y finalmente, a causa de presiones de las altas esferas, en 1634 casó con doña Esperanza de Mendoza, señora de Cetina, que había quedado viuda en 1609. El matrimonio de conveniencia duró hasta la muerte de doña Esperanza, en 1642, y no hay constancia de que ella y el escritor vivieran juntos ni tuvieran ningún tipo de relación profunda.

Otra cuestión sobre la que la crítica ha insistido mucho es el supuesto conservadurismo de Quevedo y su racismo, especialmente acusado hacia los judíos. En concreto, destaca su libelo *Execración por la fe católica contra la blasfema obs-*

tinación de los judíos que hablan portugués y en Madrid fijaron los carteles sacrílegos y heréticos (1633), donde engarza insulto tras insulto, concluyendo que la única solución posible para el problema que afecta a España es «la total expulsión y desolación de los judíos». No obstante, cabe recordar que la sátira antijudía tiene una larga tradición y estaba muy difundida en el siglo XVII. Además, varias de las alusiones contra los judíos en los escritos quevedianos encubren en realidad blancos políticos concretos más que cuestiones religiosas o raciales. En el caso de *Execración* se trata de un ataque directo contra el conde-duque de Olivares, quien tenía ascendencia conversa y había favorecido la entrada de banqueros portugueses de origen judío en Madrid. De hecho, en otros ámbitos, Quevedo se muestra muy alejado de actitudes racistas, como por ejemplo en *La Hora de todos y la Fortuna con seso* (1636), donde lleva el tópico del «mundo al revés» hasta sus últimas consecuencias, construyendo una realidad alternativa en la cual las convenciones sociales, la hipocresía y la falsedad son burladas y desbaratadas. Es el caso del capítulo sobre «Los negros», donde defiende que la única causa para justificar la esclavitud es el color de la piel, y que esta no basta, ya que «la color es accidente, y no delito». Algo semejante ocurre en el apartado sobre los «Holandeses en Chile», donde un indio ataca a los cristianos, que viven cegados por el oro de las Américas: «Los cristianos dicen que el cielo castigó a las Indias porque adoraban a los ídolos; y los indios decimos que el cielo ha de castigar a los cristianos porque adoran a las Indias».

La intolerancia racial y religiosa, la misoginia y la homofobia son aspectos que caracterizan a la cultura española contrarreformista del siglo XVII, y Quevedo no podía mantenerse ajeno a esta. La conciencia histórica de estos prejuicios es un paso previo inexcusable para acercarse con profundidad a los autores de aquella época y valorarlos en su justa medida. Dar cuenta de ello y preparar a los lectores para el choque, a veces radical, que les puede suponer entrar en el mundo quevediano es una tarea necesaria y uno de los objetivos de esta antología. Desde luego, Quevedo fue el mayor satírico de su tiempo y ello le hace arremeter contra todas las que entonces se consideraban manifestaciones del vicio y el pecado. Eso le lleva a adoptar posturas que, desde una perspectiva moderna, resultan inadmisibles y execrables por su carga de intolerancia. Algunas son, sin duda, obsesiones y límites personales del autor, pero otras no dejan de ser emanaciones de los tiempos en los que le tocó vivir. Aun así, más de una vez Quevedo dio muestras en otros ámbitos de ser un pensador muy avanzado para su época. No hay que olvidar, por ejemplo, que en 1609 tradujo los versos atribuidos al poeta Anacreonte, donde a menudo se celebra el amor homosexual. Su *Anacreón castellano* se abre con una defensa del autor griego, negando que fuera «amante de ilícita y varonil lascivia» y, caso de serlo, explica que aquello «en su edad no fuese nota» (*nota* quiere decir aquí 'tacha, defecto'). Como buen filólogo, Quevedo aplica un criterio histórico para justificar las costumbres y la poesía de Anacreonte, pese a que estas se opongan claramente, en su opinión, a «la modestia y religión de nuestra edad». Sería oportuno que la crítica moderna tomara buena nota de ello y se aplicara en medir con el mismo rasero los textos quevedianos.

Algo semejante al caso del *Anacreón castellano* puede decirse de obras tan atrevidas como la *Defensa de Epicuro con-*

tra la común opinión (1635), donde Quevedo alaba a uno de los filósofos griegos más controvertidos, sobre todo según el punto de vista de la ortodoxia contrarreformista. El escritor no solo elogia a Epicuro y procura conciliar sus teorías con la de los estoicos y el cristianismo, sino que cita y celebra el *De rerum natura* de Lucrecio, composición —no lo olvidemos— que defiende tesis como el atomismo y que niega la existencia de una vida eterna después de la muerte. Lucrecio fue una de las puntas de lanza con las que se abrieron paso el empirismo y el método científico. Su influjo durante el Renacimiento contribuyó a marcar el cambio de rumbo que lleva a la modernidad, también gracias a la lectura que hicieron de él pensadores tan revolucionarios como Michel de Montaigne, a su vez citado elogiosamente por Quevedo en la *Defensa*: «la autoridad del señor de Montaña en su libro, que en francés escribió y se intitula *Essais* o *Discursos*, libro tan grande». En efecto, el autor conocía muy bien los *Essais*, que había leído en francés, y se sirve —sin citarlo explícitamente— de uno de sus ensayos más radicales, la *Apologie de Raymond Sebond* (II, 12), en su *Providencia de Dios* (terminada entre 1642 y 1643), donde aparece una de las más concisas y sugestivas expresiones del escepticismo barroco: «Lo que se ve es la pintura del enigma».

Todo este bagaje intelectual es fruto de una educación privilegiada bajo el amparo de su familia hidalga, bien vinculada con las altas esferas de palacio. Quevedo comenzó a formarse a los siete años (1587-1593) con dos ayos sufragados por su madre y, más tarde, ingresó en el colegio de la Compañía de Jesús de Ocaña (1594-1595), para luego pasar a la Universidad de Alcalá, donde tras cuatro años (1596-1600) obtuvo el grado de bachiller en Artes y, poco después, el de licenciado. En 1602 se matriculó en Teología en la Universidad de Valladolid, a la que se había trasladado siguiendo a la corte de Felipe III, quien la adoptó como capital del reino entre 1601 y 1606. No hay pruebas documentales que confirmen que Quevedo terminara estos estudios, aunque es muy probable que así fuera. Todo este bagaje cultural sirvió de estímulo para su inteligencia y curiosidad intelectual, y forman la base que luego le permitió escribir obras de erudición tan variada, que van desde la filología clásica y hebrea a la ciencia política, las sagradas escrituras y la filosofía.

A su vez, durante estos años universitarios, se concretó su temprana vocación poética, que dejó huellas inconfundibles: con solo diecinueve años Quevedo ya había publicado su primer poema. No se trata de una pieza excelsa, puesto que es tan solo un soneto encomiástico («Bien debe coronar tu ilustre frente») que figura entre los preliminares de los *Conceptos de divina poesía* de Lucas Rodríguez, impresos en 1599 en Alcalá de Henares. Mucho más relevante es la colección de poemas quevedianos que en 1603 Pedro Espinosa incluye en su antología de autores castellanos, la *Primera parte de las flores de poetas ilustres de España* (publicada en 1605). En ella constan dieciocho poemas sacados «de un libro de don Francisco de Quevedo», como señala Espinosa en la «Tabla» al final del volumen. Quevedo es el quinto autor más representado en las *Flores*, dominadas por las treinta y siete composiciones de Góngora. El joven poeta se mueve en un círculo intelectual privilegiado y figura en la antología lírica impresa más importante del siglo XVII, que señala el comienzo de una nueva estética: el conceptismo.

Dentro de la lista de composiciones quevedianas destacan algunas de las más conocidas, como la canción *A una mujer flaca* («No os espantéis, señora Notomía») o la letrilla *Poderoso caballero es don Dinero* («Madre, yo al oro me humillo»). Lo que domina son precisamente los poemas burlescos (diez de dieciocho), que marcan de alguna manera la pauta de la producción posterior del escritor. Recuérdese que en su poemario más importante, el *Parnaso español* (publicado póstumamente en 1648), las obras burlescas ocupan casi la mitad del libro. Entre las composiciones festivas de Quevedo incluidas en las *Flores* cabe señalar «Las cuerdas de mi instrumento», que es un abierto homenaje a la letrilla de Góngora «Ya de mi dulce instrumento» (1595), autor que influyó en Quevedo más profundamente de lo que se suele reconocer, pese a los insultos que ambos intercambiaron en varias sátiras personales y a los ataques quevedianos contra la nueva estética cultista, que triunfó a partir de la difusión —entre 1612 y 1613— del *Polifemo* y la primera de las *Soledades* gongorinas.

La vida de Quevedo dio un giro inesperado unos años más tarde, cuando entre 1613 y 1619 viajó a Italia como amigo y brazo derecho del duque de Osuna, virrey en Palermo y luego en Nápoles. La ciudad partenopea era uno de los centros urbanos y culturales más impresionantes de Europa en el siglo XVII, y allí el escritor tuvo que encontrar numerosos estímulos vitales y literarios. Sobre todo, el poeta tuvo ocasión de trabajar mano a mano con uno de los hombres más poderosos de España en aquel entonces, y de conocer a fondo los entresijos de la vida política. En las cartas de aquellos años que intercambió con el duque se reconoce a un Quevedo tan fascinado por el poder que le ha sido otorgado como disgustado por la corrupción de la corte y del virreinato, con nobles y administradores dispuestos a venderse al mejor postor. El epistolario quevediano deja aquí muestras de la confianza que Osuna sentía hacia el escritor, a quien el 12 de junio de 1617 envía «ocho firmas en blanco para lo que fuere menester». Asimismo, estos documentos devuelven la imagen de un Quevedo jovial y dicharachero, que engarza gracias sobre gracias definiéndose a sí mismo como un «hombre tan de carnestolendas como yo» (28 de junio de 1618). Esta actitud familiar, burlona y algo hedonista se deja ver también años después en las epístolas que le escribió a su amigo Sancho de Sandoval, agradeciéndole las aceitunas, granadas y ciruelas que le había enviado, al mismo tiempo que le comentaba «chismes» relativos a acontecimientos mundanos y políticos, mientras se describía a sí mismo en su residencia de la Torre de Juan Abad perdido «entre libros y andrajos y cachivaches» (noviembre de 1635). La misma jovialidad y hedonismo quedan de manifiesto en la carta del 14 de marzo de 1637 a don Florencio de Vera y Chacón, donde se mofa del escritor italiano Virgilio Malvezzi, obsesionado por hacer régimen, mientras que él sigue el camino opuesto: «yo como y bebo, y tomo tabaco y chocolate».

Sin embargo, su vena burlesca no debe llevar a engaño. En las obras y en las cartas de Quevedo se advierte una preocupación constante por España y su decadencia nacional e internacional, así como el deseo irrefrenable de tomar parte activa en su vida política y dejar su marca en ella. Así lo hizo, primero al lado del duque de Osuna en los años italianos, que terminaron con su caída en desgracia, la cual se agravó cuando Olivares subió al poder como valido de Felipe IV. El duque de Osuna murió en la cárcel en 1624 sin que su caso se hubiera esclarecido. Quevedo, quien tuvo que testificar en el juicio contra Osuna, lo defendió siempre en sus escritos y le dedicó uno de sus más célebres sonetos encomiásticos: *Memoria inmortal de don Pedro Girón, duque de Osuna, muerto en la prisión* («Faltar pudo su patria al grande Osuna»). Con la llegada al poder del conde-duque de Olivares, Quevedo tuvo que buscar nuevos aliados. Su relación con el valido fue siempre un tanto ambivalente, con una mezcla de admiración, sobre todo al comienzo de su mandato, y desconfianza. Para Olivares escribió la poco lograda comedia panegírica *Cómo ha de ser el privado* (*ca.* 1628) o el panfleto en defensa de su política monetaria *El chitón de las tarabillas* (1630), pero incluso en estos casos hay pasajes que parecen confundir la alabanza con la sátira del dedicatario. Estas dudas no existen en otras obras donde la virulencia contra el conde-duque es meridiana, como la *Execración*, ya mencionada, o la *Isla de los Monopantos*, que luego se incluirá en *La Hora de todos*. Estos tira y afloja con el gobierno le ocasionaron varios destierros de la corte y otras medidas punitivas más o menos eficaces para acallar su voz acusadora. Todo ello, sumado quizás a la amistad cada vez más estrecha de Quevedo con el duque de Medinaceli, miembro de los bandos opuestos al olivarismo, le llevó en 1639 a ser encarcelado por «infiel y enemigo del gobierno y murmurador dél y, últimamente, por confidente de Francia y correspondiente de franceses» (carta de Olivares a Felipe IV del 19 de octubre de 1642).

Los motivos que condujeron a la prisión de Quevedo, recluso en el monasterio de San Marcos de León hasta 1643, todavía no se han podido esclarecer. Es inverosímil que un hombre de tan sentido patriotismo conspirara con Francia, que le había declarado la guerra a España en 1635; un enfrentamiento que se cerró en derrota y que aceleró la decadencia hispana. Más probable es que el talante polémico de Quevedo y sus frecuentes arremetidas contra Olivares y Felipe IV impulsaran al valido a taparle la boca de una vez por todas. Desde sus sátiras de juventud, como la *Vida de corte*, pasando por los *Sueños*, hasta llegar a sus tratados de madurez, como las dos partes de la *Política de Dios* o el *Marco Bruto*, Quevedo nunca dejó de señalar la corrupción moral y política de España y aquellos que él consideraba sus responsables. La misma figura del rey, aparentemente intocable, sale malparada en más de una ocasión, como en estas palabras puestas en boca de Alejandro Magno en el *Discurso de todos los diablos* (1628): «para ver cuán poco caso hacen los dioses de las monarquías de la tierra basta ver a quién se las dan». Es probable que Quevedo estuviera pagando por los excesos de su lengua, su no saber callar, que fue reconocido como uno de los aspectos más característicos de su personalidad tanto por sus amigos y admiradores, como Lope, quien lo llamó «Juvenal en verso», o Cervantes, que lo definió «flagelo de poetas memos»; como por sus enemigos, entre ellos el anónimo autor (tal vez Mateo de Lisón y Biedma) de *El tapaboca, que azotan* (1630), escrito en respuesta a *El chitón de las tarabillas*, donde se le reprocha al autor que «desde que supo decir taita está ofendiendo a cuantos son nacidos».

En 1643 Olivares perdió el favor de Felipe IV y Quevedo fue excarcelado. Le quedaban poco más de dos años de vida. Viejo y enfermo, le confiesa a su amigo Sancho de Sandoval que «ahora yo estoy tal que la habla me duele y la sombra me pesa» (14 de noviembre de 1644). Trabaja en la edición de sus últimas obras, entre las que destaca la de su poesía, que no llegó a terminar y fue editada póstumamente en dos partes por el humanista José Antonio González de Salas (*Parnaso español*, 1648) y por el sobrino de Quevedo, Pedro Aldrete (*Las tres Musas últimas castellanas*, 1670), respectivamente. El tiempo se le acababa. El día 8 de septiembre de 1645 fallece en Villanueva de los Infantes, y deja tras de sí una innumerable obra literaria, polémicas, amores, amistades y no pocas preguntas sin resolver que servirán para alimentar los mitos y fabulaciones sobre su persona, que empiezan poco después de su muerte con la biografía que en 1663 le dedicó Pablo Antonio de Tarsia, probablemente por encargo de Pedro Aldrete: *Vida de don Francisco de Quevedo y Villegas*. En ella, junto con muchos datos valiosos y fidedignos, no falta lugar para el panegírico desmedido, donde el escritor aparece como un dechado de virtudes, un héroe de aventuras novelescas, hábil con la espada y con la pluma, mártir en defensa de la verdad y perseguido por los poderosos: «Toda la vida de don Francisco fue una milicia continuada».

Esta imagen de hombre íntegro y apasionado, firme ante las adversidades y reivindicador de la verdad a toda costa, cristaliza en la percepción popular y académica de Quevedo. Sigue todavía viva en 1886, cuando Ernest Mérimée publica su *Essai sur la vie et les œuvres de Francisco de Quevedo*, texto clave que —directa o indirectamente— marcará el rumbo de muchas de las interpretaciones todavía vigentes sobre la obra y el pensamiento quevedianos. En su libro, Mérimée destaca la «existence romanesque» ('vida novelesca') del poeta, sobre la que volverá a insistir años más tarde Luis

Astrana Marín en su estudio biográfico que lleva el elocuente título de *La vida turbulenta de Quevedo* (1945). En todas estas aproximaciones críticas el escritor aparece como un héroe sin tachas, irreverente e idealista, terror de los poderosos. Esta caracterización del poeta es la misma que lleva a las tablas Alejandro Casona en *El caballero de las espuelas de oro* (1962), escrito bajo el franquismo con clara intención política. El Quevedo de Casona, pendenciero y apasionado, recuerda al de Arturo Pérez-Reverte en sus recientes novelas sobre el capitán Alatriste, demostrando cómo el mito quevediano sigue aún vivo en la mitología popular hispana. Sin embargo, junto a este Quevedo perviven otros más oscuros, como aquel que fue aprovechado precisamente por el franquismo: el nacionalista, xenófobo y racista, defensor de España y de su gloria. Junto a este hay otras variaciones, como la del Quevedo chaquetero y adulador, siempre apegado a las esferas del poder y presto a cambiar de bando cuando le convenía: un hombre práctico, cínico y mucho más conformista que el retratado por sus admiradores y defensores. Esta y otras muchas variantes son las analizadas por Pablo Jauralde Pou en su monumental biografía de 1998, *Francisco de Quevedo (1580-1645)*.

Pese a todos estos matices y posibilidades, la crítica suele preferir lecturas radicales de la obra y del pensamiento quevedianos. Buen ejemplo de ello es el título del libro de René Bouvier, que sintetiza estos dualismos y extremismos, llamándolo 'hombre del diablo' y 'hombre de Dios': *Quevedo, «homme du diable, homme de Dieu»* (1929). Desde Mérimée han sido muchos los que han hablado de un Quevedo escindido y contradictorio, indescifrable, como si en su larga vida de sesenta y cinco años el escritor no hubiera tenido el derecho de contradecirse o de cambiar de opinión, según el tiempo, las circunstancias y el género literario que practicara. Solo los obtusos viven siempre aferrados al mismo punto de vista. Pero el crítico literario queda descolocado cuando no consigue descifrar el pensamiento de un escritor y proyectarlo como una serie homogénea y coherente de opiniones e ideas que evolucionan en el tiempo. Parte del problema se debe a que, a diferencia de lo que ocurre con autores como Shakespeare, que han dejado escasos rastros documentales de su paso por la vida, poseemos muchos datos y testimonios sobre el escritor español, y ello crea la falsa ilusión de que lo conocemos a fondo, de que nada se nos escapa, como había dicho con cierto triunfalismo Astrana Marín en su biografía de 1945: «conocemos ya la vida de Quevedo aun en sus nimios detalles». La falacia de estas afirmaciones y de los errores a los que puede conducir fue expresada mejor que nadie por Raimundo Lida: «Quevedo es complicado, y eso invita al estudioso a simplificar y tomar partido» (*Prosas de Quevedo*, 1981).

Quevedo, complejo y controvertido, es también un personaje icónico, retratado por pintores como Francisco Pacheco y, años más tarde, por su yerno Diego Velázquez, que nos lo muestra con gruesas gafas redondas, pelo largo y algo desaliñado, y hábito negro de estudiante o de clérigo, acaso escogido por el poeta para ocultar sus pies zambos y su incipiente joroba. Es el protagonista de los que el folclore nacional conoce como «chistes de Quevedo», irreverentes y siempre un tanto verdes. Es el autor de versos memorables como la letrilla *Poderoso caballero es don Dinero*, cantada durante años por Paco Ibáñez y usada hasta la saciedad en la cultura popular, incluso dentro del ámbito de la música pop, con el tema «Hacer dinero» (1997) de la cantante Amparanoia. Una suerte que han compartido otros poemas suyos, como el soneto *A un nariz* («Érase un hombre a una nariz pegado»), transformado en insolente himno a la cocaína por el grupo gallego Siniestro Total en la canción «Todo por la napia» (1992): «Érase un hombre a una nariz pegado / y pegado a la nariz un talego enrollado». El público moderno nunca leerá los tratados morales y filosóficos de Quevedo, y acaso se acerque en algún momento a los *Sueños* y, más probablemente, al *Buscón*, que años atrás era lectura obligatoria en la escuela. Sin embargo, todos conocen a Quevedo y pueden describir su fisonomía y sus gafas o 'quevedos'; más aún, todos pueden identificar como suyos los personajes del narigudo o de don Dinero y, quizás, incluso conocer los primeros versos de su soneto *Amor constante más allá de la muerte* («Cerrar podrá mis ojos la postrera»), que se suele considerar como uno de los mejores poemas amorosos de la lengua castellana. Es un Quevedo de todos, que escapa al control de los académicos, de los políticos y de las instituciones.

De este modo, su obra supone un caso extraño, pues pese a que los lectores contemporáneos suelan preferir mayoritariamente géneros como las novelas y los cuentos, el Quevedo más cercano es el poeta. Me gusta pensar que este destino le hubiera complacido. Ya desde joven mostró predilección por la poesía, pues en el *Memorial que dio en una academia pidiendo una plaza* (*ca*. 1600-1605) se describe jocosamente a sí mismo «falto de pies y de juicio; mozo amostachado y diestro en jugar las armas, a los naipes y a otros juegos, y poeta sobre todo —hablando con perdón—, descompuesto componedor de coplas, señalado de la mano de Dios». Poeta sobre todo, así lo entienden también los escritores hispanos de los siglos XX y XXI. No hay un gran poeta en castellano que no haya leído a Quevedo y que no se haya visto influido por él de alguna manera. Fernando Arrabal juega a descomponer y recomponer versos quevedianos en su *Divertimiento* (1990), así como lo hace en parte también José Ángel Valente en el poema que le dedicó en 1960 (*A don Francisco de Quevedo, en piedra*), donde lo llama «maestro, / amigo, padre»; a su vez, Octavio Paz, en sus *Reflejos: réplicas (Diálogos con Francisco de Quevedo)* (1996), declara que «ha sido, para mí, un poeta indispensable».

Como todos, también los autores modernos se fabrican a su propio Quevedo, moldeándolo a menudo a su propia imagen y semejanza. Así Jorge Luis Borges, que le dedicó varios ensayos y comentarios, especialmente su «Quevedo» (*Otras inquisiciones*, 1952), donde le atribuye inagotable grandeza verbal, pero escasez de sentimientos, atrapado por la literatura y las palabras que leyó y cultivó durante toda su vida: «es el literato de los literatos. Para gustar de Quevedo hay que ser (en acto o en potencia) un hombre de letras». Casi opuesto es el punto de vista de Pablo Neruda (*Viaje al corazón de Quevedo*, 1955), que lo caracteriza como «un hombre turbulento y temible», cuya grandeza no reside en su agudeza, sino en su humanidad: «Hablo de una grandeza humana, no de la grandeza del sortilegio, ni de la magia, ni del mal, ni de la palabra: hablo de una poesía que, nutrida de todas las substancias del ser, se levanta como árbol grandioso que la tempestad del tiempo no doblega». Menos generoso fue con él Ezra Pound («Algunas notas sobre Francisco de Quevedo», 1921), considerándolo un «versificador de segundo o tercer grado», cuya poesía «es a veces meritoria y a menudo 'poética', sin llegar a ser una gran poesía».

El desdén de Pound por Quevedo se explica por un motivo de mayor alcance; su desprecio por la estética barroca: «El Barroco ha sido la enfermedad de la literatura española». Estos prejuicios fueron compartidos por otros muchos críticos posrománticos, que identificaron el Barroco con un exceso de retórica y agudeza que ocultaba la voz del autor y producía una literatura desmedida y deshumanizada. El mismo Mérimée definió esta época como el triunfo del mal gusto («le triomphe du mauvais goût»), y le achacó a Quevedo varios de estos defectos, sobre todo el de haber producido una obra literaria donde el arte verbal predomina sobre el pensamiento. Influyentes estudiosos como Benedetto Croce o Marcelino Menéndez Pelayo contribuyeron de forma contundente a principios del siglo XX a crear una especie de leyenda negra en torno al Barroco, visto, ya desde la segunda mitad del neoclásico siglo XVIII, como un período que representa la decadencia de los altos valores morales y artísticos del Renacimiento. Solo a mediados del siglo XX se empezaron a revisar estas estimaciones, por lo menos por lo que respecta a las letras hispanas y, en concreto, a Quevedo. La ejemplar y monumental labor de edición y estudio de José Manuel Blecua (*Obra poética*, 1969-1981) permitió leer por primera vez sus poemas en textos cuidados y fidedignos, precedidos por unas consideraciones sobre el arte quevediano que subrayan el poder afectivo de sus composiciones amorosas y la profundidad filosófica de la que el editor llamó su «poesía metafísica», inspirándose en el marbete empleado para referirse a los poetas ingleses de la misma época, sobre todo John Donne. Arranca así otra corriente interpretativa de gran calado en la crítica quevediana: aquella que percibe a Quevedo como un poeta muy avanzado para su tiempo; eso que Octavio Paz ha denominado «la extraordinaria modernidad de Quevedo», que lo hace «casi un contemporáneo» nuestro.

Y, sin embargo, Quevedo es ante todo un escritor y un hombre de su tiempo, a pesar de su inteligencia y de su talento poético inigualables. La recopilación de su poesía, el *Parnaso español*, le ocupó varios años, y en las composiciones que lo integran vertió algunas de sus mayores aspiraciones literarias. El *Parnaso* es un diálogo con la tradición, organizado en nueve partes (llamadas *Musas*) dedicadas cada una a un género diferente (burlesco, amoroso, encomiástico, religioso...) donde imita y reescribe textos de autores clásicos, italianos, franceses y españoles, y donde intenta presentarse como el archipoeta castellano y europeo, capaz de dominar y de interpretar toda la poesía de la tradición occidental y de darle un nuevo giro, un golpe barroco. La bandera estética de esta corriente cultural se llama 'conceptismo', y consiste en el ejercicio del ingenio y en la capacidad de crear conceptos. El escritor y tratadista aragonés Baltasar Gracián dedicó un demorado estudio a estos temas en su *Agudeza y arte de ingenio* (1648), donde definió el concepto como «un acto del entendimiento que exprime la correspondencia que se halla entre los objectos». La agudeza barroca reside en el fundamento epistemológico de que el mundo y la realidad son un misterio insondable que solo Dios puede comprender. El escepticismo filosófico, tan importante en el siglo XVII, cuestiona nuestros sentidos y se refugia en la mente. Con su inteligencia el ser humano puede crear realidades paralelas a su alcance, menos complejas y que obedecen a reglas fabricadas por él mismo y que, por tanto, es capaz de percibir y entender. El lenguaje es su herramienta más importante, en sus dos vertientes: los «objetos» (que pueden ser tanto cosas materiales como ideas abstractas) que se representan y los sonidos y convenciones gráficas que se utilizan para representarlos. El poeta conceptista es muy consciente de ello y basa su creatividad en la capacidad irrefrenable de generar mundos verbales a través de la asociación de ideas, expresando correspondencias.

Ello da lugar a menudo a juegos tan sencillos como el de descomponer a través de un retruécano léxico la palabra *donaire* para hacer un chiste sobre los abusos sociales del uso del 'don': todos quieren ser nobles, usar el 'don'; tanto es así que hasta el aire se lo ha puesto y se llama *don Aire*. Este chiste aparece en numerosísimas obras burlescas de la época, y el mismo Quevedo lo usó profusamente en las suyas, tanto en prosa como en verso. Este mecanismo aparentemente tan sencillo puede ser complicado y expandido hasta la saciedad, y así lo hicieron los mejores poetas del siglo XVII. Por ejemplo, en el soneto burlesco *Calvo que no quiere encabellarse* («Pelo fue aquí, en donde calavero») de Quevedo la calva del protagonista se multiplica en una serie de correspondencias ingeniosas. Desde el punto de vista visual, la calva se compara con unas nalgas («háseme vuelto la cabeza nalga», v. 3), con una «vejiga o melón» (v. 7) y hasta con una calavera (v. 11). Sin embargo, la cadena de agudezas no se detiene en el plano de lo aparente, sino que penetra la materialidad del lenguaje y de sus sonidos. El morfema *calv-* abre la puerta a una serie de permutaciones basadas puramente en la esencia fónica de las palabras: «calvatrueno» (v. 14) y «Calvino» (v. 5). A su vez, este último juego facilita otras gracias vinculadas con la ortodoxia católica, y de Calvino se pasa a citar a Lutero en el mismo verso, así como el castigo de la hoguera —reservado a los herejes— en el siguiente («contra el fuego no hay cosa que me valga», v. 6). Como puede apreciarse, una ingeniosidad conduce a otra, creando un denso tejido de agudezas que estira las capacidades expresivas del lenguaje. De ahí también que en este mismo soneto Quevedo se toma la libertad de crear neologismos como el verbo *encabellarse* ('usar peluca') o el inesperado *calavero* ('hombre calvo, como una calavera'). El poeta barroco ve el lenguaje en tres dimensiones y lo retuerce y moldea a placer.

Este arte asociativo se caracteriza, pues, por la densidad semántica y los constantes juegos de ingenio, que llevan con frecuencia a desafiar el sentido de las palabras y su forma. Estas correspondencias engendran concisión: el mismo vocablo puede ser usado con dos, tres o más significados al mismo tiempo. El conceptismo es el ejercicio de expresar lo más posible usando las menos palabras posibles, virtud celebrada por Quevedo en una carta que le envió al padre Pedro Pimentel el 24 de septiembre de 1642: «Busco la riqueza, no el bulto: libro que se acabe de leer presto, y de ponderar nunca». Justo por ello en los sonetos quevedianos se encuentran algunas de las más acabadas expresiones de la estética de su tiempo. La brevedad de esta forma poética servía de estímulo y desafío a los escritores, que querían medir sus capacidades ingeniosas comprimiendo el mundo en catorce versos. En efecto, esta densidad se hermana con la complejidad. Leer un texto barroco requiere un esfuerzo intelectual considerable, pues la mente tiene que estar alerta y ser capaz de identificar las correspondencias esparcidas por el autor como migas de pan que nos marcan el camino, estimulando nuestro intelecto e invitándonos a encontrar incluso metáforas e imágenes que el poeta no había siquiera imaginado cuando redactó su obra. Leer poesía barroca es siempre un ejercicio creativo.

Todo ello parece coincidir con la postura borgesiana antes comentada que definía a Quevedo como un ingenioso manipulador del lenguaje, racional y erudito. De hecho, en su ensayo «Menoscabo y grandeza de Quevedo» (*Inquisiciones*, 1925), Borges defiende que «el *Parnaso español* recuerda el juego de un admirable y docto ajedrecista». ¿Se equivocan entonces Neruda y todos los críticos y lectores que reconocen en la poesía quevediana una voz que desborda humanidad y expresa sentimientos extremados? Quizás no, pues incluso el ajedrez requiere de una mente apasionada para conseguir la victoria. El juego es una metáfora de la vida: se trata, al fin y al cabo, de una heroica lucha a muerte entre piezas blancas y negras, donde hay lugar para la elegía y la belleza. El conceptismo es un medio, una herramienta, que marca la estética de una época, pero que no puede definir de forma homogénea la personalidad y las características de todos los autores que lo practicaron. Eso sería absurdo; tan absurdo como confundir a Lope de Vega con Góngora o con Calderón. En Quevedo la agudeza es instrumento generador de literatura, pero esta se alimenta de otras fuentes, entre las que se hallan las lecturas del escritor y también sus experiencias personales. La poesía de Quevedo es, en sus mejores casos, la expresión de una sublime inteligencia apasionada.

Recordando la doctrina platónica que aunaba la inspiración con el rapto divino, el autor declaró en su *Anacreón castellano* que «la poesía es furor», para después comparar los diferentes tipos de «furores» que puede experimentar un ser humano: «El enamorado no está en sí, y está en la cosa amada; el borracho no es señor de sí; el poeta es de sola su imaginación». La clave reside en la imaginación, ese vértigo donde se funden la inteligencia y la pasión, la materia de la que están hechos los versos de Quevedo.

Criterios de edición

Esta antología ofrece una selección de las obras en verso de Quevedo dirigidas al lector curioso y apasionado de poesía. El libro aprovecha la organización temática que aparece en el *Parnaso español* y en *Las tres Musas*, agrupando poemas según su género y contenido. Ambos volúmenes son los testimonios que más se acercan a la última voluntad del autor, pese a que este no pudo terminar de revisar y recoger todos los textos como hubiera querido. Su primer editor, González de Salas, se atribuye en el prólogo del *Parnaso* la tarea de haber organizado las *Musas*, incluyendo además los títulos de los poemas y numerosas correcciones. En realidad, su labor tuvo que ser menos profunda de lo que afirma, aunque sí incidió en ciertos detalles de la organización de la obra, la adición de alguna composición suelta y, sobre todo, en la revisión final del impreso y el añadido de notas eruditas y explicativas.

Siguiendo el ejemplo de James O. Crosby en su edición de la *Poesía varia* de Quevedo, al final de la presente antología se ha añadido un apéndice con un puñado de sonetos, soeces y descarados, que no se incluyeron en el *Parnaso* ni en *Las tres Musas*. Los textos provienen de fuentes diversas, impresas y manuscritas, y sirven para completar la imagen del Quevedo poeta, dejando ver también su faceta más desbocada y sus sátiras personales contra Góngora y sus composiciones cultas, sobre todo el *Polifemo* y las *Soledades*.

Cada apartado de esta antología va encabezado por una breve introducción en la que se explican los rasgos que definen el respectivo género poético, teniendo en cuenta aspectos como modelos, antecedentes o estilo. El objetivo principal es facilitar la comprensión y el acercamiento a la poesía quevediana, ofreciendo claves de lectura que permitan evitar la profusión y repetición de notas al pie. En cambio, la anotación se ocupa sobre todo de cuestiones de léxico, aclara conceptos y pasajes oscuros, y proporciona la información pertinente acerca de los personajes o hechos históricos y mitológicos. También se han señalado las fuentes cuando contribuyen a una cabal comprensión del texto. Esta antología tiene el objetivo de despejar en la medida de lo posible los obstáculos creados por el paso del tiempo, que separan al lector actual de Quevedo, sin el afán de explicarlo por ello como un poeta moderno. Es esa sutil dialéctica entre pasado y presente la que, espero, guía estas páginas, bien consciente de que, a fin de cuentas, la gran literatura no necesita de glosas ni editores eruditos. He intentado mediar entre obra y lector, acercando lo que el tiempo pudo haber alejado[2].

---

2. Dado que no asumo que los lectores vayan necesariamente a leer todos los textos de *Lo fugitivo permanece*, he optado por incluir la anotación de palabras y conceptos en cada poema cuando fuere necesario, aunque estos ya se hubieran explicado en casos anteriores.

Esta no es una edición crítica. Salvo que se indique lo contrario, los poemas del apéndice final siguen el texto de José Manuel Blecua (*Obra poética*), mientras que el resto se basan en el *Parnaso* y *Las tres Musas*, y se apoyan también en las transcripciones modernas consignadas en la Bibliografía. Allí se encontrará una breve lista de las que considero las mejores ediciones y antologías poéticas de Quevedo, cuyos aparatos críticos han sido fundamentales para mis notas y aclaraciones. Destaco especialmente la labor de José Manuel Blecua, James O. Crosby, Lía Schwartz, Alfonso Rey y, sobre todo, Ignacio Arellano. Debido al formato de este libro, no he podido dejar constancia en cada caso de mis numerosas deudas hacia estos editores que tanto facilitaron mi tarea. Los únicos textos de *Lo fugitivo permanece* que se basan en fuentes diferentes a las ya señaladas (*Parnaso*, *Las tres Musas* y Blecua) son los siguientes: n.º 95 (Rodrigo Cacho Casal, «Quevedo y la filología de autor: edición de la silva *El pincel*», *Criticón* 114 (2012): 179-212); n.º 110 (Antonio Azaustre Galiana, ed., Francisco de Quevedo, *Libro de todas las cosas y otras muchas más*, en *Obras completas en prosa*, dir. Alfonso Rey, Madrid, Castalia, 2007, vol. II, t. 1, pp. 429-77; pp. 465-71); n.º 111 (Rodrigo Cacho Casal, *La poesía burlesca de Quevedo y sus modelos italianos*, Santiago de Compostela, Universidade de Santiago de Compostela, 2003, p. 337); n.º 112 (Rodrigo Cacho Casal, «*¿Qué captas, nocturnal, en tus canciones...?* Edición y estudio de un soneto antigongorino de Quevedo», *Calíope* 10.2 (2004): 51-71).

Por regla general, no intervengo en los textos ni hago enmiendas significativas, salvo cuando hay erratas evidentes (que corrijo sin consignarlas en cada instancia) y en aquellos casos en los que he adoptado las lecciones sugeridas por Blecua: n.º 24 (v. 154 *llame* [*llama* en *Parnaso español*]); n.º 50 (v. 12 *dejará* [*dejarán* en *Parnaso español*]); n.º 60 (v. 121 *Al Limosnero Azaguirre* [*El Limosnero a Zaguirre* en *Parnaso español*]); n.º 91 (v. 27 *y quedaron desnudas* [verso omitido en *Las tres Musas*]); n.º 95 (v. 19 *y a* [*Ya* en *Las tres Musas*]; v. 72 *Sultana, mujer de un gran turco* en *Las tres Musas*, omitido en mi edición por tratarse de una nota al margen que, por error, se imprimió como verso; v. 45 *leguas* [*leyes* en *Las tres Musas*]; v. 98 *que tanto le quedó lo parecido* [*que tanto quedó parecido* en *Las tres Musas*]; v. 100 *se* [*te* en *Las tres Musas*][3]); n.º 96 (v. 21 *mojada* [*mojador* en *Las tres Musas*]); n.º 97 (v. 14 *dudara* [*dudaron* en *Las tres Musas*]); n.º 103 (v. 6 *manto* [*monte* en *Las tres Musas*]). En el n.º 61 falta la atribución de algunos versos a los varios personajes que dialogan en el baile. Planteo la hipótesis de que en la parte final vuelvan a hablar las tres valentonas principales («todas juntas», v. 116) en el orden en que habían aparecido al principio del texto: Corruja (vv. 119-26), Carrasca (vv. 129-36) y Maripizca (vv. 139-42). Además, en el n.º 90 corrijo el epígrafe de *Las tres Musas* donde, por error, se lee *Fili*, lo cual contradice el v. 4 del soneto: *Flori*.

He conservado los subtítulos y anotaciones que figuran en el *Parnaso español* y en *Las tres Musas* solo cuando son pertinentes y ayudan a comprender mejor el texto, sobre todo porque en muchos casos podrían deberse al mismo Quevedo. He omitido, en cambio, las notas de pura erudición y las divagaciones atribuibles a González de Salas

---

3. Esta enmienda no fue consignada por Blecua; sigo a Ángel Avilés, «Erratas seculares», *Revista de Archivos, Bibliotecas y Museos*, 3 (1899): 483-89 (p. 485).

que no vienen al caso. La ortografía ha sido modernizada según las convenciones actuales, aunque se han mantenido las vacilaciones (*decir/dicir*), las contracciones (*de ellos/dellos*) y aquellas grafías que tienen valor fonético (*lápis*). Conceptos como Amor y Fortuna van en mayúsculas cuando se emplean como divinidades de la mitología clásica. También la puntuación ha sido modernizada, siguiendo sobre todo un criterio sintáctico antes que prosódico y métrico. Esto implica que, en ocasiones, las sinalefas puedan verse separadas por comas. Tampoco he marcado gráficamente las diéresis, sinéresis y otros recursos métricos similares. Mi objetivo principal ha sido el de ofrecer un texto que pudiera leerse y entenderse de la mejor forma posible en el siglo XXI.

El criterio de selección de los poemas aquí incluidos tiene en cuenta aquellos que han gozado de más fama y reputación desde el siglo XVII, como los sonetos y romances burlescos. Sin embargo, he procurado introducir también textos a veces olvidados en otras antologías por parecer lejanos a nuestro gusto moderno y que, sin embargo, tienen mucho más valor del que se les suele reconocer. Pienso sobre todo en los sonetos encomiásticos y pastoriles. Quiero destacar también la importancia de las silvas, entre las cuales se hallan algunas de las composiciones más complejas e inspiradas del autor. Este es, desde luego, mi Quevedo; tan personal y arbitrario como el de los otros editores que me han precedido en esta labor. Espero, no obstante, que pueda ser también el Quevedo de todos, y que estos versos despierten en los lectores las incontables emociones, iluminaciones y carcajadas que siempre me han regalado a lo largo de los años.

Agradecimientos

La parte más grata de terminar un trabajo como este es dar cuenta de todas aquellas personas que nos ayudaron a llevarlo a cabo. Ante todo, quisiera agradecer al equipo editorial de Alianza, con Javier Setó y Magdalena Lasheras a la cabeza. Al primero, por confiarme esta edición y tener la paciencia de esperarla durante tantos (demasiados) años; a la segunda, por llevarla a puerto conmigo, por sus ánimos y su inestimable ayuda. Gracias también a todos aquellos colegas que no dejan nunca de recordarme que son, ante todo, mis amigos. Los sabios y generosos Antonio Azaustre, Luis Castellví y Josema Rico tuvieron la infinita bondad de leer los primeros borradores de *Lo fugitivo permanece*, corrigiendo erratas y aportando sugerencias y mejoras. Asimismo, quiero agradecer al maestro Antonio Carreira, cuya revisión profunda y detallada fue totalmente imprescindible, y a Rafael Bonilla (*aka* 'El Califa'), Galeno de mi español y faro en el piélago del estilo. Este libro les debe mucho. Es preciso subrayar que soy el único responsable de todos los errores y fallos que el lector pueda detectar.

Esta antología poética paga una deuda que tenía con Quevedo y conmigo mismo. Aparcada, aplazada e incluso desdeñada durante largo tiempo, esta edición es, pese a todo, hija de muchos años de lecturas y reflexiones sobre este autor tan complejo; un camino que recorrí de la mano de grandes estudiosos de su obra que ya no están y que siempre me apoyaron y animaron. Quiero recordar aquí las palabras y los gestos de James O. Crosby, Antonio Gargano, Alessandro Martinengo y Lía Schwartz. Su presencia habita estas páginas y otras, incontables, que no se pueden ver. Gracias también a los maestros y profesores del Liceo español Cervantes de Roma, que me enseñaron a leer y donde primero descubrí los versos de Quevedo: Juan Cruz Rubio (y su tarta verbal), Ana Ibarreche (y sus cruces rojas) y Maribel Carnicero (y su dulce e infinita sonrisa). Mis padres, Gabriel y Margarita, viven en tantos sentimientos y recuerdos en los que caben también muchas poesías de Quevedo. Aunque el tiempo se los ha llevado, espero que les guste esta antología y se cumpla la profecía de mi padre, cuando, al enterarse de que Alianza Editorial me había encargado este trabajo, me dijo: «Nene, qué importante; este es el único libro tuyo que la gente va a leer».

Bibliografía

1. Biografía

ASTRANA MARÍN, Luis, *La vida turbulenta de Quevedo*, Madrid, Gran Capitán, 1945.

CROSBY, James O., y Pablo JAURALDE POU, *Quevedo y su familia en setecientos documentos notariales (1567-1724)*, Madrid, Ediciones de la Universidad Autónoma de Madrid, 1992.

JAURALDE POU, Pablo, *Francisco de Quevedo (1580-1645)*, Madrid, Castalia, 1998.

MÉRIMÉE, Ernest, *Essai sur la vie et les œuvres de Francisco de Quevedo*, París, Alphonse Picard, 1886.

RIANDIÈRE LA ROCHE, Josette, *Nouveaux documents quévédiens: une famille à Madrid au temps de Philippe II (1576-1600)*, París, Presses de la Sorbonne Nouvelle, 1992.

—, «Expediente de ingreso en la Orden de Santiago del caballero D. Francisco de Quevedo y Villegas. Introducción, edición y estudio», *Criticón* 36 (1986): 43-129.

SLIWA, Krzysztof, *Cartas, documentos y escrituras de Francisco Gómez de Quevedo y Villegas (1580-1645), caballero de la Orden de*

Santiago, señor de la villa de la Torre de Juan Abad y sus parientes, Pamplona, EUNSA, 2005.

TARSIA, Pablo Antonio de, *Vida de don Francisco de Quevedo y Villegas*, Madrid, Pablo de Val, 1663. [Hay edición facsímil de Melquíades Prieto Santiago, pról. Felipe B. Pedraza Jiménez, Aranjuez, Ara Iovis, 1988; hay también dos ediciones modernas: una en *Obras completas de don Francisco de Quevedo y Villegas*, ed. Luis Astrana Marín, Madrid, Aguilar, 1932, vol. 2, pp. 767-804; y otra al cuidado de María Rocío Lepe García, Huelva, Universidad de Huelva, 2020].

2. Epistolario

Epistolario completo de D. Francisco de Quevedo-Villegas, ed. Luis Astrana Marín, Madrid, Instituto Editorial Reus, 1946.

Nuevas cartas de la última prisión de Quevedo, ed. James O. Crosby, Woodbridge, Tamesis, 2005.

Cartas de Francisco de Quevedo a Sancho de Sandoval (1635-1645), ed. Mercedes Sánchez Sánchez, Madrid, Calambur, 2009.

3. Poesía de Quevedo

Obras en verso completas

Obra poética, ed. José Manuel Blecua, Madrid, Castalia, 1969-1981, 4 vols.

Poesía original completa, ed. José Manuel Blecua, Barcelona, Planeta, 1981.

Poesía completa, eds. Alfonso Rey y María José Alonso Veloso, Madrid, Castalia, 2021, 2 vols.

Musas y obras sueltas

El Parnaso español, monte en dos cumbres dividido, con las nueve Musas castellanas, ed. José Antonio González de Salas, Madrid, Diego Díaz de la Carrera, a costa de Pedro Coello, 1648.

Las tres Musas últimas castellanas. Segunda cumbre del Parnaso español, ed. Pedro Aldrete, Madrid, Imprenta Real, a costa de Mateo de la Bastida, 1670. [Hay edición facsímil de Felipe B. Pedraza Jiménez y Melquíades Prieto Santiago, Madrid, Edaf, 1999].

El Parnaso español, compilado por José Antonio González de Salas, ed. Ignacio Arellano, Madrid, Real Academia Española, 2020.

Poesía moral (Polimnia), ed. Alfonso Rey, Londres, Tamesis, 1999[2].

La Musa Clío del «Parnaso español» de Quevedo, eds. Ignacio Arellano y Victoriano Roncero López, Pamplona, EUNSA, 2001.

Clío. Musa I con un appendice da Melpómene, Musa III, introd. y trad. Alessandro Martinengo, comentario y notas Federica Cappelli y Beatrice Garzelli, Nápoles, Liguori Editore, 2005.

Poesía amorosa (Erato, sección primera), eds. Alfonso Rey y María José Alonso Veloso, Pamplona, EUNSA, 2011.

Poesía amorosa: Canta sola a Lisi (Erato, sección segunda), eds. Alfonso Rey y María José Alonso Veloso, Pamplona, EUNSA, 2013.

Melpómene, Musa tercera de «El Parnaso español», ed. Jacobo Llamas Martínez, Pamplona, EUNSA, 2017.

Poema heroico de las necedades y locuras de Orlando el enamorado, ed. Maria E. Malfatti, Barcelona, Sociedad Alianza de Artes Gráficas, 1964.

Poema heroico a Cristo resucitado, en Enrique Moreno Castillo, *Anotaciones al «Poema heroico a Cristo resucitado» de Francisco de Quevedo*, Madrid, Biblioteca Nueva, 2008.

Poema heroico a Cristo resucitado, eds. Manuel Ángel Candelas y Mónica Molanes, Würzburg/Madrid, More Than Books/Clásicos Hispánicos, 2017.

Loas y bailes, en *Teatro completo*, eds. Ignacio Arellano y Celsa Carmen García Valdés, Madrid, Cátedra, 2011, pp. 563-651.

Poemas metafísicos y Heráclito cristiano, ed. Enrique Moreno Castillo, Pamplona, EUNSA, 2012.

Sonetos morales, ed. Enrique Moreno Castillo, Pamplona, EUNSA, 2014.

Silvas morales y sonetos religiosos, ed. Enrique Moreno Castillo, Pamplona, EUNSA, 2017.

Silvas, eds. Alfonso Rey y María José Alonso Veloso, Salamanca, Ediciones Universidad de Salamanca, 2024.

Antologías poéticas

Poesía varia, ed. James O. Crosby, Madrid, Cátedra, 1981.

Antología poética, pról. y selección Jorge Luis Borges, Madrid, Alianza Editorial, 1982.

Poesía selecta, eds. Lía Schwartz e Ignacio Arellano, Barcelona, PPU, 1989.

Un Heráclito cristiano, Canta sola a Lisi y otros poemas, eds. Lía Schwartz e Ignacio Arellano, Barcelona, Crítica, 1998.

Antología poética, ed. José María Pozuelo Yvancos, Madrid, Biblioteca Nueva, 1999.

Antología poética, ed. Pablo Jauralde Pou, apéndice Pablo Jauralde García, Madrid, Austral, 2002.

Poesía, ed. Ignacio Arellano, Barcelona, Debolsillo, 2002.

Huye la hora. Antología poética, eds. Fernando Plata y Adrián J. Sáez, Madrid, Cátedra, 2025.

Poemas encomiásticos

La *Musa I*, llamada *Clío*, «Canta elogios y memorias de prín-
cipes y varones ilustres», como se lee en el subtítulo de esta
sección inicial del *Parnaso español*. No parece una coinci-
dencia que el poemario de Quevedo se abra con una serie
de composiciones dedicadas a alabar a grandes figuras po-
líticas del pasado y el presente. De alguna manera, esta
Musa sirve casi de dedicatoria de todo el libro dirigida a per-
sonajes ilustres, donde destaca claramente el rey Felipe IV
(1605-1665), subido al trono en 1621, a quien el escritor de-
dica siete de los veinticinco sonetos que aparecen en este
apartado del *Parnaso*. Junto a él hay también poemas que
celebran a su padre, Felipe III (1578-1621), su abuelo, Car-
los V (1500-1558), y su hijo, Baltasar Carlos (1629-1646).
Otros miembros de la nobleza contemporánea son alaba-
dos aquí por Quevedo, pero el más señalado es el duque de
Lerma, Francisco de Sandoval y Rojas (1553-1625), que ha-
bía sido el brazo derecho de Felipe III. Al duque le dedica

la ambiciosa canción pindárica *Elogio al duque de Lerma* que cierra la *Musa I*, además de tres sonetos protagonizados por él y su nieto, el II duque de Lerma.

Es llamativa la presencia tan marcada del valido de Felipe III y de su familia en contraste con la ausencia casi total del privado de Felipe IV, el conde-duque de Olivares, Gaspar de Guzmán (1587-1645), quien solo es mencionado en un soneto, y de forma un tanto críptica, como «oliva» ('aceituna') del rey («Sabe, ¡oh, rey tres cristiano!, la festiva», v. 12). Es cierto que en la *Musa II* se incluye la extensa «Epístola satírica y censoria» («No he de callar, por más que con el dedo») que el autor escribió para el conde-duque en su valimiento, pero, así y todo, no puede pasar desapercibida su casi total omisión entre los «varones ilustres» que abren el *Parnaso español*. Por el contrario, no solo se celebra la grandeza de Lerma, miembro de la vieja guardia opuesta al bando olivarista, sino también la del duque de Osuna, Pedro Téllez Girón (1574-1624), perseguido por el nuevo gobierno y muerto en prisión sin que su causa terminara de esclarecerse. En *Clío* hay dos sonetos sobre Osuna, uno de ellos claramente polémico contra las injusticias de las que, según Quevedo, había sido víctima: «Faltar pudo su patria al grande Osuna». De este modo, la *Musa I* debe ser leída como un conjunto de declaraciones ideológicas y comentarios sobre la vida política del siglo XVII, donde se ensalza la gloria de España, pero no se ocultan tampoco sus miserias, a veces a través de silencios y lagunas, como en el caso de Olivares, responsable último del encarcelamiento de Quevedo en el convento de San Marcos de León entre 1639 y 1643.

En este sentido, no puede ser una coincidencia que el tercer soneto de *Clío* vaya dirigido *A Roma sepultada en sus rui-*

nas («Buscas en Roma a Roma, ¡oh, peregrino!»), y que siga a los dos primeros dedicados a Felipe III, a quien Quevedo había considerado siempre un rey débil e incapaz, primer responsable del inicio de la decadencia política del imperio hispano. Las ruinas de Roma parecen evocar metafóricamente la crisis de la monarquía española y, a su vez, vaticinar su declive en una época de grandes enfrentamientos bélicos, sobre todo la guerra de los Treinta Años (1618-1648), que toma cuerpo en el soneto *Al rey católico nuestro señor don Filipe IV, infestado de guerras* («No siempre tienen paz las siempre hermosas»). Por una de esas contradicciones propias del Barroco el elogio puede convertirse en elegía, al recordar aquello que se ha perdido o se podría perder. Sin embargo, la presencia del pasado clásico en el soneto a Roma y en otros poemas de *Clío* sirve asimismo para conectar a los varones ilustres del presente con los del pasado, ensalzando la continuidad de los héroes antiguos con los españoles: Osuna, Lerma y Felipe IV son los nuevos Escipión, Mucio Escévola y César.

Esta es de hecho una poesía heroica, escrita en estilo elevado y destinada a cantar las gestas y las cualidades de personajes únicos, que sirven de ejemplo de virtudes y valentía, incluso cuando lo que se describe es una corrida de toros o una partida de caza. Su grandeza cristaliza a menudo en la descripción de una estatua o de un cuadro que los retrata, inmortalizando así su memoria por partida doble: la obra de arte y el poema que la elogia. Este recurso, que consiste en la relación detallada de una obra de arte, suele conocerse con el nombre de écfrasis y tiene una larga tradición que se remonta al libro XVIII de la *Ilíada*, donde Homero describe las imágenes que decoran el escudo de Aquiles. Es algo semejante a lo que ocurre en el soneto de

Quevedo al dibujo de Felipe IV hecho por Pedro Díaz Morante (1565-1636): «Bien con argucia rara y generosa». En este texto se elogia a Díaz Morante, famoso calígrafo de la corte, por su talento que le permitía realizar dibujos de un solo trazo, sin levantar la mano del papel, como en el de Felipe IV aquí celebrado. Lo que se enfatiza es la «argucia rara y generosa» (v. 1) del artista, su capacidad para condensar toda la grandeza del monarca hispano en un retrato que, a su vez, refleja la labor de agudeza y síntesis hecha por Quevedo en el soneto que le dedica.

Quizás más que en ningún otro género, los sonetos encomiásticos evidencian el artificio de la literatura al crear poemas que son objetos perfectos, como un cuadro o una estatua, que encierran en pocos versos la vida de un personaje famoso y, a su vez, proyectan su memoria hacia el futuro. Esta poesía, a menudo llamada «de circunstancias», es una de las que más se alejan del gusto moderno, que suele percibirla como un mero ejercicio retórico de adulación, guiado por intereses personales y ajeno a la expresión de los sentimientos del autor. No obstante, estos textos nos muestran el importante papel social que cumplía la poesía, su uso en el discurso político e histórico, su presencia en actos públicos, fiestas y conmemoraciones. Además, algunos de estos poemas son acabadas muestras de las preocupaciones políticas de Quevedo, que sentía íntimamente los problemas de España, así como un reflejo de sus simpatías personales y de sus reflexiones sobre la vanidad del poder temporal y la gloria humana, que se deshacen con los años como las ruinas de la pasada grandeza romana, mientras que en estas poesías «lo fugitivo permanece y dura».

1

A Roma sepultada en sus ruinas

Buscas en Roma a Roma, ¡oh, peregrino!,
y en Roma misma a Roma no la hallas:
cadáver son las que ostentó murallas
y tumba de sí proprio el Aventino.

Yace donde reinaba el Palatino   5
y, limadas del tiempo, las medallas
más se muestran destrozo a las batallas
de las edades que blasón latino.

Solo el Tibre quedó, cuya corriente,
si ciudad la regó, ya sepoltura   10
la llora con funesto son doliente.

¡Oh, Roma!, en tu grandeza, en tu hermosura,
huyó lo que era firme y solamente
lo fugitivo permanece y dura.

* * *

A Roma sepultada en sus ruinas: el soneto adapta dos textos previos, uno en latín del poeta italiano Giano Vitale (*ca.* †1560), conocido como Janus Vitalis, y otro del autor francés Joachim du Bellay (†1560). Es uno de los mejores ejemplos quevedianos del género que se conoce como «poesía de ruinas», muy cultivado desde el Renacimiento.

4 *Aventino*: una de las famosas siete colinas de Roma. Recibió este nombre en honor a uno de los reyes de Alba Longa, que fue enterrado allí. Esto da pie a un concepto: la colina fue la tumba de Aventino (el rey) y hoy es, una vez más, la tumba de Aventino (la antigua ciudad de Roma).

5 *Palatino*: otra de las siete colinas de Roma. Era la residencia habitual de los reyes y emperadores.

8 *blasón*: escudo de armas, pero también 'honor', en sentido metafórico. Se refiere a las *medallas* con las efigies de los emperadores romanos y sus victorias, aquí desgastadas por el paso del tiempo (*batalla de las edades*).

9 *Tibre*: Tíber, río de Roma.

2

Celebra el esfuerzo de Quinto Mucio, después llamado Scévola

Tú solo en los errores acertado,
con brazo, Mucio, en llamas encendido,
más temor diste a Jove que, atrevido,
el gigante con ciento rebelado.

Tu diestra, con imperio fortunado,   5
reinando entre las brasas ha vencido
con ceniza y con humo esclarecido
de Porsena el ejército admirado.

Tú (cuya diestra fuerte, si no errara,
hiciera menos, porque no venciera   10
sitio que a Roma invicta sujetara)

pudiste ver tu proprio brazo hoguera;
no pudo verle Porsena y ampara,
deshecho, a quien armado no pudiera.

* * *

Quinto Mucio, después llamado Scévola: Quevedo confunde este
nombre, que tuvieron varios hombres políticos romanos, con el
de Cayo Mucio, apodado Escévola ('el Zurdo', del latín *scaeva*),
protagonista de una conocida leyenda romana. Este se habría in-
filtrado de noche en el campamento del rey etrusco Porsena, que

asediaba Roma en el año 508 a. C., con la intención de asesinarlo. Sin embargo, Escévola entró en su tienda y mató a la persona equivocada. En cuanto se dio cuenta de ello, él mismo se quemó su mano derecha, con la que había cometido el error, ganándose así su apodo y la admiración del mismo Porsena y de su ejército, que decidió no atacar a Roma.

3 *Jove*: Júpiter, padre de los dioses en la mitología romana.

4 *el gigante con ciento rebelado*: alude a la rebelión de los gigantes (*gigantomaquia*) contra los dioses olímpicos, que fueron finalmente derrotados por Júpiter y sus aliados.

5 *imperio fortunado*: 'afortunado, provechoso'. Quiere decir que el control (*imperio*) de Escévola sobre su mano le trajo buenos frutos. Todo el poema desarrolla la paradoja de que fue precisamente su error el que le permitió a Escévola conquistar fama y grandeza.

7 *esclarecido*: 'noble, virtuoso'; nótese la hipálage que transfiere la cualidad de Escévola (su virtuoso heroísmo) al *humo* producido por la llama que quema su mano.

9-11 'si tu mano derecha no se hubiera equivocado, tus logros hubieran sido menores, puesto que no hubieras podido derrotar el sitio (de Porsena) que amenazaba con tomar a Roma'.

3

Exhortación a la majestad del rey nuestro señor Filipe IV para el castigo de los rebeldes

Escondido debajo de tu armada
gime el ponto, la vela llama al viento
y las lunas de Tracia con sangriento
eclipse ya rubrica tu jornada.

En las venas sajónicas tu espada   5
el acero calienta y, macilento,
te atiende el belga, habitador violento
de poca tierra, al mar y a ti robada.

Pues tus vasallos son el Etna ardiente
y todos los incendios que a Vulcano   10
hacen el metal rígido obediente,

arma de rayos la invencible mano:
caiga roto y deshecho el insolente
belga, el francés, el sueco y el germano.

* * *

Exhortación a la majestad del rey nuestro señor Filipe IV para el castigo de los rebeldes: una primera versión de este poema había sido escrita para Felipe III ya antes de 1603, aunque aquí ha sido modificada para adaptarse a sucesos contemporáneos. Los *rebeldes* son todos los enemigos de España y de la fe católica, como los turcos. Sin embargo, el poema parece referirse sobre todo a la guerra de los Treinta Años, que estalló en 1618 en Europa central a raíz de la revuelta bohemia, y que generó un enfrentamiento internacional entre una liga protestante y otra católica. Suecia se sumó al conflicto en 1630 y Francia en 1635, ambas en contra de España.

2 *el ponto*: 'el mar' (podría aludir al Mediterráneo), escondido aquí por la grandeza de la flota hispana rumbo a su enfrentamiento contra los otomanos.

3 *lunas de Tracia*: región de los Balcanes donde se asienta Estambul, antigua Constantinopla. La media luna, símbolo heráldico turco por excelencia, completa esta imagen metonímica que sirve para aludir al Imperio otomano. Quevedo predice que la luna de los turcos se va a ver cubierta ('eclipsada') de sangre (*rubricar*: 'colorear algo de rojo') una vez que sean derrotados por las fuerzas hispanas.

4 *jornada*: 'expedición militar'.

5 *sajónicas*: 'alemanas'. Posible alusión al electorado de Sajonia, estado alemán donde se desarrollaron buena parte de los enfrentamientos militares de la guerra de los Treinta Años.

7 *te atiende el belga*: 'te espera el belga'. Quevedo se refiere a los ciudadanos de las Provincias Unidas de los Países Bajos, que formaron una coalición contra el dominio español en 1579 y que tomaron parte activa contra Felipe IV durante la guerra de los Treinta Años.

9 *Etna*: volcán de Sicilia donde se creía que se hallaba la fragua de Vulcano, el herrero de los dioses. Alude a las armas y ejércitos de Felipe IV. Además, es probable que con *vasallos* Quevedo también se refiera al reino de Sicilia, una de las posesiones clave de España en el Mediterráneo.

12 *rayos*: Felipe IV es comparado con Júpiter, padre de los dioses olímpicos, cuyo atributo principal era el rayo, con el que derrotaba y castigaba a sus enemigos. Vulcano era el dios encargado de fabricar sus rayos, además de las armas de los dioses. Este verso enlaza, pues, con las *venas sajónicas* donde se calienta la espada del rey (vv. 5-6) y la fragua de Vulcano (vv. 9-11), creando un tejido conceptuoso que recorre todo el poema.

4

Al retrato del rey nuestro señor hecho de rasgos y lazos con pluma por Pedro Morante

Bien con argucia rara y generosa
de rasgos vence el único Morante
los pinceles de Apeles y Timante;
bien vuela ansí su pluma victoriosa.

Vive en imitación maravillosa,   5
grande Filipo, augusto tu semblante
y labirinto mudo, si elegante,
la tinta anima en semejanza hermosa.

Propriamente retratan tu belleza
lazos, pues que son lazos tus faciones   10
a Venus, como a Marte tu grandeza.

Tus ejércitos, naves y legiones
lazos son de tu inmensa fortaleza,
en que cierras los mares y naciones.

* * *

Pedro Morante: Pedro Díaz Morante (1565-1636) debe su reputación a su método caligráfico, el *arte trabada*, que supuso una renovación de la letra bastarda española y que permitía enlazar los caracteres con más rapidez y elegancia. Hizo un conocido retrato de Felipe IV a caballo de un solo trazo, elogiado aquí por Quevedo.

1 *rara*: 'extraordinaria, fuera de lo común'.

3 *Apeles y Timante*: los dos pintores más famosos de la Grecia antigua (siglo IV a. C.). El nombre completo del segundo es Timantes, aunque Quevedo aquí lo ha abreviado por razones de rima.

6 *Filipo*: Felipe IV; *augusto*: 'venerable, digno de respeto'.

7 *labirinto mudo*: Quevedo recuerda una antigua definición de origen clásico: «La pintura es poesía muda». En este caso, debido a los complejos trazos y lazos realizados por Díaz Morante, el retrato del monarca es comparado con un laberinto.

8 *anima*: debido al efecto realista y a la increíble semejanza entre el dibujo de Felipe IV y el retratado, la tinta usada por Díaz Morante parece haber dado vida (*Vive, anima*) a la imagen.

10 *son lazos tus faciones*: equívoco sobre *lazos*, que se usa con dos sentidos diferentes. El rostro de Felipe IV (sus 'facciones') está hecho de *lazos* (los trazados por Díaz Morante), pero también de 'nudos' con los que sujeta a Venus, diosa del amor (debido a la belleza del rey). A su vez, gracias a su grandeza y su valor, Felipe también tiene sometido a Marte, dios de la guerra. Parece aludir al episodio mitológico que narra la venganza de Vulcano, herrero de los dioses y marido de Venus, que al enterarse de que esta le era infiel con Marte, los sorprendió a ambos y los atrapó con una red indestructible que él mismo había forjado.

Pedro Díaz Morante, retrato de Felipe IV.

5

*Memoria inmortal de don Pedro Girón,
duque de Osuna, muerto en la prisión*

Faltar pudo su patria al grande Osuna,
pero no a su defensa sus hazañas:
diéronle muerte y cárcel las Españas,
de quien él hizo esclava la Fortuna.

Lloraron sus invidias una a una   5
con las proprias naciones las extrañas;
su tumba son de Flandres las campañas
y su epitafio la sangrienta luna.

En sus exequias encendió al Vesubio
Parténope, y Trinacria al Mongibelo;   10
el llanto militar creció en diluvio.

Diole el mejor lugar Marte en su cielo;
la Mosa, el Rin, el Tajo y el Danubio
murmuran con dolor su desconsuelo.

* * *

don Pedro Girón, duque de Osuna: Pedro Téllez Girón (1574-1624),
duque de Osuna y virrey de Sicilia y luego de Nápoles entre 1610
y 1620. Quevedo lo acompañó a Italia como su confidente, hasta
que su relación personal se deterioró y el escritor regresó a Espa-
ña. En 1621 el nuevo gobierno de Felipe IV y de Olivares lo acusó
de corrupción y lo sometió a juicio. Moriría en la cárcel sin que
su caso llegara a esclarecerse. Quevedo compuso otro soneto muy

semejante dedicado a Escipión («Faltar pudo a Scipión Roma opulenta»), incluido también en *Clío*.

7 *de Flandres las campañas*: las campañas militares en Flandes, donde Osuna combatió a partir de 1602.

8 *la sangrienta luna*: la media luna, símbolo heráldico del imperio otomano, ensangrentada debido a las victorias de Osuna contra los turcos durante sus años de virreinato en Italia.

9-10 Parténope (Nápoles) usa las llamas del Vesubio, famoso volcán napolitano, para celebrar las exequias fúnebres de Osuna. Lo mismo hace Trinacria (Sicilia) con el Mongibelo (Etna). Se trata de una clara alusión al virreinato italiano de Osuna y a la tristeza que, según Quevedo, ha causado su muerte entre sus antiguos vasallos.

12 *Marte*: dios romano de la guerra.

13-14 Los grandes ríos de Europa son personificados por Quevedo y también ellos expresan su dolor. El verbo *murmurar* se usaba a menudo en la literatura del Siglo de Oro para describir el ruido de la corriente fluvial.

6

A la huerta del duque de Lerma, favorecida
y ocupada muchas veces del señor
rey don Filipe III, y olvidada hoy de igual concurso

Yo vi la grande y alta jerarquía
del magno, invicto y santo rey tercero
en esta casa, y conocí lucero
al que en sagradas púrpuras ardía.

Hoy desierta de tanta monarquía   5
y del nieto, magnánimo heredero,
yace; pero arde en glorias de su acero
como en la pompa que ostentar solía.

Menos invidia teme aventurado
que venturoso: el mérito procura,   10
los premios aborrece escarmentado.

¡Oh, amable, si desierta, arquitectura,
más hoy al que te ve desengañado
que cuando frecuentada en tu ventura!

* * *

A la huerta del duque de Lerma: describe la famosa huerta del du-
que de Lerma en Madrid. Al igual que su dueño, gozó de mucho
prestigio durante el reinado de Felipe III, pero fue luego abando-
nada. Francisco de Sandoval y Rojas (1553-1625), duque de Ler-

ma, fue el brazo derecho de Felipe III y uno de los personajes más poderosos del siglo XVII. Mecenas de las artes y político sin escrúpulos, que favoreció a su familia y allegados otorgándoles cargos en el gobierno, su poder declinó durante los últimos años del reinado de Felipe III. El duque recibió el capelo cardenalicio en 1618 y se alejó de la vida política activa. Este poema sobre la decadente huerta de Lerma es una variante del género de la poesía de ruinas, que ya encontramos en el soneto a Roma (n.º 1).

4 *sagradas púrpuras*: se refiere al duque de Lerma a través del color púrpura de la toga cardenalicia. En sus tiempos de gloria, el duque era, metafóricamente, *lucero* del cielo (*grande y alta jerarquía*) donde reinaba el rey Felipe III, comparado implícitamente con el sol.

6 *nieto*: Francisco Gómez de Sandoval, II duque de Lerma (1598-1635), nieto del I duque, fue maestre de campo general en Flandes. Quevedo le dedicó otro soneto de *Clío* («Tú, en cuyas venas caben cinco grandes») y la obra *Breve compendio de los servicios de don Francisco Gómez de Sandoval, duque de Lerma*.

7 *glorias de su acero*: alude a las hazañas militares (*acero*, 'espada') del II duque de Lerma.

9-10 *Menos invidia teme aventurado / que venturoso*: el II duque de Lerma no teme suscitar la envidia a la que estuvo sujeto su abuelo (*venturoso* e influyente privado de Felipe III), pues es un militar y arriesga su vida (*aventurado*, de 'aventurar') en el campo de batalla. Todo el soneto gira en torno a la idea del 'desengaño' (v. 13): el poder terrenal es perecedero, mientras que la virtud personal y el valor no lo son.

7

Al rey católico, nuestro señor don Filipe IV, infestado de guerras

No siempre tienen paz las siempre hermosas
estrellas en el coro azul ardiente,
y, si es posible, Jove omnipotente
publican que temió guerras furiosas:

cuando armó las cien manos belicosas   5
Tifeo con cien montes insolente,
víboras de la greña de su frente
atónitas lamieron a las Osas.

Si habitan en el cielo mal seguras
las estrellas y en él teme el Tonante,   10
¿qué estrañas guerras tú, que paz procuras?

Vibre tu mano el rayo fulminante:
castigarás soberbias y locuras
y, si militas, volverás triunfante.

* * *

Al rey católico, nuestro señor don Filipe IV, infestado de guerras: al igual que en «Escondido debajo de tu armada» (n.º 3), Quevedo se refiere a los numerosos conflictos nacionales e internacionales en los que se vio sumida la corona española, sobre todo a partir de 1635, después de que Francia le declarara la guerra.

2 *el coro azul ardiente*: se refiere al conjunto de las estrellas, así como a los nueve coros angélicos en los que, según la tradición cristiana, se organizan los ángeles en el cielo.

3 *Jove*: Júpiter, padre de los dioses olímpicos (Zeus en la tradición griega). Alude a los diferentes ataques que tuvieron que enfrentar los olímpicos contra adversarios como los titanes (*titanomaquia*), los gigantes (*gigantomaquia*) y, sobre todo, Tifeo, mencionado en los versos siguientes.

3-4 'y, aunque cueste creerlo, dicen (*publican*) que hasta el mismo Júpiter temió verse enredado en guerras violentas'.

9 *Tifeo*: también conocido como Tifoeo o Tifón, era una divinidad alada de enorme tamaño, cuya estatura alcanzaba las estrellas (*las Osas*: las constelaciones de la Osa Mayor y Menor). Dependiendo de las fuentes, se afirma que tenía cien serpientes sobre los hombros, o en lugar de la cabeza o de los dedos. Estuvo a punto de vencer a Zeus, pero este finalmente lo derrotó y lo arrojó al Tártaro o lo sepultó debajo del volcán Etna.

10 *el Tonante*: apelativo frecuente para referirse a Júpiter/Zeus, 'el que arroja los rayos y truenos'.

14 *si militas*: Felipe IV mostró en varias ocasiones su intención de encabezar personalmente su ejército en los frentes en los que combatían las fuerzas hispanas. Sin embargo, Olivares siempre se opuso e hizo lo posible para frenar los ímpetus del joven monarca, pues lo consideraba demasiado peligroso. En varias obras y cartas Quevedo se queja de ello, pues creía firmemente que el rey debía estar presente en el campo de batalla.

Poemas morales

En la segunda sección del *Parnaso español*, llamada *Polimnia*, se recogen las poesías morales, «que descubren y manifiestan las pasiones y costumbres del hombre procurándolas enmendar». Se trata, pues, de textos que, de forma aún más clara que otros géneros, centran su atención en el lector, procurando incidir sobre su visión de la vida. Su mensaje se organiza en dos vertientes o momentos que no son siempre fáciles de separar: exponen un vicio humano (codicia, avaricia, hipocresía, gula...) para luego incitar al receptor a que lo aborrezca y evite. De alguna manera, su técnica se parece a la de un sermón, y la voz poética se eleva sobre un mundo degradado, imponiendo una visión moral superior. De hecho, Quevedo se inspira en varios textos de los Padres de la Iglesia para componer estos sermones comprimidos, aunque las fuentes que predominan en ellos son textos clásicos, sobre todo la filosofía estoica de Séneca y la poesía de los tres grandes satíricos romanos: Horacio, Juve-

nal y Persio. De ellos el escritor ha adoptado el tono indig-
nado y el contenido de muchos versos, situando varias de
estas composiciones en un marco romano, donde se hace
referencia a personajes, lugares, usos y costumbres de la
Antigüedad.

Sin embargo, Quevedo ha prescindido casi siempre de
otro elemento muy típico de la sátira latina: las burlas y los
chistes grotescos. De este modo, ha depurado el modelo
clásico, redactando poemas de estilo generalmente elevado
y grave que funden las doctrinas estoicas con las cristianas:
el cuerpo y lo terrenal son engaños que nos alejan de la vir-
tud y de la vida eterna; la enfermedad y la muerte son inevi-
tables y no deben ser temidas, sino aceptadas como una
parte fundamental de lo que somos. La lengua de las obras
morales quevedianas, clara y en parte ajena a las piruetas
verbales propias de otros géneros (especialmente el burles-
co), acercan estos textos al lector actual, que puede sentirse
fácilmente involucrado en ellos. Este efecto de inmediatez
se ve reforzado asimismo por la frecuente presencia de un
personaje interpelado, que puede ser un indefinido «tú» o
bien responder a un nombre literario (Casimiro, Caridón,
Fabio, Licas...), situándonos en un espacio abstracto donde
los personajes no representan a figuras históricas concre-
tas, sino personificaciones de ideas y vicios. Se trata de un
interlocutor cero o *vacío*, que deja campo abierto para que el
lector tome su lugar y se sienta aludido por el mensaje de
los versos o, en otras ocasiones, para que experimente un
profundo rechazo hacia el sujeto retratado, epítome de
todo lo malo, y se sume a la visión crítica ofrecida por la
voz poética. Según el caso, la voz acusadora de Quevedo
parece compartir con el lector su disgusto hacia un peca-

dor ficticio e hiperbólico, o apuntar directamente hacia nosotros debido a su vez a la temática que contiene, centrada en las grandes cuestiones existenciales que nos atañen a todos: el sentido de la vida, el paso del tiempo y el miedo a la muerte.

Esta sensación de autenticidad y cercanía que puede llegar a experimentar el lector moderno no debe ocultar que estas composiciones son, a su vez, profundamente barrocas y se centran en uno de los temas centrales del siglo XVII: el desengaño, que, por ejemplo, aparece ya en el título del poema «¿Cuándo seré infeliz sin mi gemido?»: *Que desengaños son la verdadera riqueza.* De hecho, este es uno de los conceptos más reiterados y abusados por la crítica cuando se trata de comentar cualquier aspecto de la época. A menudo tal insistencia ha ocasionado no pocos malentendidos y generalizaciones, caracterizando la España de aquella época como opresiva y deprimente, atrapada por la cerrazón mental supuestamente impuesta por la Contrarreforma, reacia a toda novedad científica y cultural, y totalmente obsesionada por la idea de la muerte, que asoma a cada paso en obras literarias, pinturas y esculturas. Tales prejuicios son, en buena medida, producto de simplificaciones históricas, debidas sobre todo a la fobia de nuestra sociedad a la muerte y la vejez, hoy día mucho más tabúes de lo que fueron en tiempos de Quevedo.

Imágenes o poemas que hoy se pueden considerar macabros o de mal gusto eran percibidos con mucha más naturalidad por el público de la época. Además, lo que hoy se entiende como negativo o pesimista tenía entonces también una cara indudablemente positiva. La reflexión sobre la temporalidad de la vida humana, sobre su inevitable fin, incita a la búsqueda interior y al descubrimiento del yo. Saber del tiempo nos recuerda que estamos vivos y que somos humanos. En este sentido, uno de los sonetos más conocidos de Quevedo es *Represéntase la brevedad de lo que se vive y cuán nada parece lo que se vivió* («"¡Ah de la vida...!" ¿Nadie me responde?»), sobre todo el verso: «soy un fue y un será y un es cansado» (v. 11). La agudeza basada en la flexión verbal (políptoton) produce un vértigo temporal, una poderosa impresión de velocidad donde toda la vida humana se comprime en un verso y en tres formas verbales personificadas. De este modo, Quevedo revoluciona el uso estereotipado del tópico de la fugacidad del tiempo (*tempus fugit*), pero desde luego no con la intención de paralizar a sus lectores, invitándolos a llevar adelante una vida sumida en el pesimismo y en la oscuridad.

La muerte barroca, tan horrible y visible a través de pinturas de calaveras y cadáveres, de gusanos y edificios ruinosos, es ante todo un recordatorio de que no hay tiempo que perder, de que la vida hay que vivirla, y vivirla bien. La esperanza media de vida en el siglo XVII no pasaba de los treinta años, y la tasa de mortalidad infantil era enorme. Pero más allá de estos datos, la reflexión sobre la esencia temporal de la existencia humana tiene un alcance universal, que no se limita a las circunstancias históricas de Quevedo. Por paradójico que pueda parecer, muchos de estos versos son un canto a la vida: una invitación a no distraerse con los bienes y las posesiones perecederas y a centrarse en lo esencial. Algunas de estas poesías, con su galería de ricos mezquinos, de trepas hipócritas, de glotones desmedidos, resultan, sin duda, algo sermonarias y solemnes, impregnadas de presupuestos que hoy pueden sonar anticuados o ajenos a nuestro mundo. Sin embargo, si se miran con atención, en ellas hay una inusitada intensidad y contundencia. Varios de estos sonetos, limados como objetos perfectos, son auténticas pedradas que Quevedo arroja contra la cortina de humo que separa la verdad de la mentira. El lector puede estar o no de acuerdo con los valores defendidos por el poeta, pero es difícil que permanezca indiferente ante la belleza y fuerza de sus mejores versos morales.

Entre estas composiciones figuran también formas poéticas más extensas que los sonetos. Es el caso de la *Epístola satírica y censoria* («No he de callar por más que con el dedo») en tercetos, que cierra la *Musa II*. Junto con el *Sermón estoico de censura moral* (389 vv.), es uno de los textos más largos de esta sección del *Parnaso español*, pues tiene 205 versos en los que ataca la corrupción de la sociedad española, añorando tiempos mejores cuando la vida era más sencilla y heroica. Este es sin duda uno de los poemas morales más conocidos de Quevedo, sobre todo gracias a esa imagen inicial (vv. 1-3) que representa de forma memorable a la censura ideológica como un misterioso personaje sin rostro ni voz, que se limita a usar su dedo para silenciar y amenazar la libertad de expresión del poeta. Siguiendo el modelo de Horacio, el escritor escribe una sátira epistolar dirigida al conde-duque, celebrando su subida al poder —acaecida en 1621— y representándolo como un restaurador de valores y buenas costumbres. Este entusiasmo inicial dejará paso con los años al desengaño y al rencor, que Quevedo verterá en varios textos contra el valido; lo cual, posiblemente, fue una de las principales causas de su prisión en 1639. Aun así, la *Epístola* no se excluyó del *Parnaso* y, pese a que en ciertos momentos no oculte una retórica un tanto acartonada, sigue siendo una de las obras políticas quevedianas más comentadas, especialmente en relación con el supuesto conservadurismo del escritor.

Es absurdo, sin embargo, aceptar el discurso de la *Epístola* al pie de la letra: Quevedo no cree que la vida fuera mejor cuando la sociedad estaba todavía en una fase primitiva de su evolución y, ciertamente, no desea regresar a esa edad. La sátira es un género que desconoce las medias tintas, vive de los extremos y de los contrastes. Ese pasado ideal, que en realidad nunca existió, le sirve a Quevedo para enfatizar el mal uso que se hace del progreso y del bienestar en su época, al tiempo que para alabar a Olivares como «restaurador» de la gloria hispana. Esta alabanza, como todas, encubre a su vez una declaración de intenciones. Más que celebrar los éxitos presentes del valido, la *Epístola* le exige que cumpla con las expectativas, que siga el programa renovador que auspiciaba Quevedo. Con los años, sin embargo, ambos se decepcionaron mutuamente: el escritor no fue el implacable sostenedor del gobierno que Olivares hubiera querido, y el político terminó disgustando al poeta y ordenando su encarcelamiento en San Marcos, donde siguió escribiendo versos y reflexionando sobre la fragilidad de la vida.

8

Enseña cómo no es rico el que tiene mucho caudal

Quitar codicia, no añadir dinero,
hace ricos los hombres, Casimiro:
puedes arder en púrpura de Tiro
y no alcanzar descanso verdadero.

Señor te llamas; yo te considero,   5
cuando el hombre interior que vives miro,
esclavo de las ansias y el suspiro
y de tus proprias culpas prisionero.

Al asiento de l'alma suba el oro,
no al sepulcro del oro l'alma baje   10
ni le compita a Dios su precio el lodo.

Descifra las mentiras del tesoro,
pues falta (y es del cielo este lenguaje)
al pobre, mucho; y al avaro, todo.

* * *

3 *Tiro*: ciudad del Líbano, famosa en la Antigüedad por la producción de una clase muy apreciada de tinte púrpura; símbolo de poder por ser un color reservado generalmente a la monarquía y los altos cargos eclesiásticos.
9 Este verso y el siguiente describen metafóricamente el contraste entre lo material y lo espiritual en la vida humana: el cuerpo y todas

sus limitaciones (representadas aquí por el *oro*) deben procurar elevarse a lo espiritual (*alma*), y no dejar que ocurra lo contrario.

11 'ni el cuerpo/oro (*lodo*) se atreva a equiparar su valor (*precio*) con el de Dios'.

13 *es del cielo este lenguaje*: 'lenguaje de Dios', porque contiene un mensaje trascendente y espiritual. Podría aludir a la parábola del rico malo y de Lázaro el pobre (Lucas 16.19-31).

9

Que desengaños son la verdadera riqueza

¿Cuándo seré infeliz sin mi gemido?
¿Cuándo, sin el ajeno, fortunado?
El desprecio me sigue, desdeñado;
la invidia, en dignidad constituido.

U del bien u del mal vivo ofendido   5
y es ya tan insolente mi pecado
que, por no confesarme castigado,
acusa a Dios con llanto inadvertido.

Temo la muerte, que mi miedo afea;
amo la vida, con saber es muerte: 10
tan ciega noche el seso me rodea.

Si el hombre es flaco y la ambición es fuerte,
caudal que en desengaños no se emplea,
cuanto se aumenta, Caridón, se vierte.

* * *

2 *fortunado*: 'dichoso'. Se pregunta cuándo conseguirá soportar
las adversidades con resignación estoica (*sin gemido*) y dejar de
alegrarse de las desgracias ajenas.
3 'Todos me desprecian cuando caigo en desgracia'.
4 'Cuando la suerte me acompaña los envidiosos me acechan'.
8 *inadvertido*: 'inconsiderado'. El protagonista del poema vive
tan esclavo de los engaños de la vida material que se niega a re-

conocer su responsabilidad y se atreve a culpar a Dios de su sufrimiento.

12 *flaco*: 'frágil, débil'.

14 Todo lo que se emplea en perseguir bienes materiales, en vez de procurar vivir desengañado, puede compararse con el caudal de un río que termina en un recipiente demasiado pequeño: cuanto más se llena (*aumenta*), más se desborda (*vierte*); Caridón: interlocutor ficcional del poema cuyo nombre es de raigambre clásica y recuerda a Corydon, usado en obras bucólicas griegas y latinas como nombre de pastor. Aparece en el poema n.º 87, v. 10.

10

Moralidad útil contra los que hacen adorno proprio de la ajena desnudez

Estudia esta enseñanza en la fábrica del castillo de Cartagena, que para edificarle deshicieron unos sepulcros de romanos.

Desabrigan en altos monumentos
cenizas generosas por crecerte,
y altas ruinas, de que te haces fuerte,
más te son amenaza que cimientos.

De venganzas del tiempo, de escarmientos,   5
de olvidos y desprecios de la muerte,
de túmulo funesto osas hacerte
árbitro de los mares y los vientos.

Recuerdos y no alcázares fabricas;
otro vendrá después que de sus torres   10
alce en tus huesos fábricas más ricas.

De ajenas desnudeces te socorres
y procesos de mármol multiplicas:
temo que con tu llanto el suyo borres.

* * *

castillo de Cartagena: llamado actualmente Castillo de la Concepción, erigido sobre un cerro frente al puerto de Cartagena. La zona en la que se alza era conocida en la época como *Antiguones* por estar rodeada de ruinas romanas que fueron aprovechadas para construir nuevos edificios.

1 *altos monumentos*: las ruinas romanas son *altas* por hallarse sobre un cerro, pero también por su categoría ('nobles, excelentes').

8 *árbitro*: 'señor, dueño'; porque el castillo está en la cima de un cerro frente al mar.

11 *fábricas*: 'edificios'.

13 *procesos de mármol*: a través de una personificación, las piedras (*mármol*) de las ruinas romanas denuncian (*procesos*) una y otra vez los 'robos' perpetrados por el castillo.

14 'temo que te ocurra a ti lo mismo que a las ruinas romanas'.

11

A un amigo que retirado de la corte pasó su edad

Dichoso tú que, alegre en tu cabaña,
mozo y viejo espiraste la aura pura
y te sirven de cuna y sepoltura
de paja el techo, el suelo de espadaña.

En esa soledad, que libre baña   5
callado sol con lumbre más segura,
la vida al día más espacio dura
y la hora, sin voz, te desengaña.

No cuentas por los cónsules los años:
hacen tu calendario tus cosechas,   10
pisas todo tu mundo sin engaños.

De todo lo que ignoras te aprovechas,
ni anhelas premios ni padeces daños
y te dilatas cuanto más te estrechas.

* * *

su edad: 'su vida'.
1 *Dichoso tú*: calco del famoso *Beatus ille* horaciano (*Epodos* 2),
donde se presenta el contraste tópico entre la vida del campo (di-
chosa y recta) y la de la ciudad/corte (ajetreada y corrupta).
2 *espiraste*: 'respiraste'.
4 *espadaña*: planta de tallo largo a manera de junco con hojas en
forma de espada.

5 *soledad*: 'aislamiento', pero en este contexto puede significar también 'lugar yermo, despoblado'.

6 *segura*: 'tranquila, pacífica'; en oposición a la vida de la corte.

7 *espacio*: 'tiempo'.

8 *sin voz*: el silencio —aquí relacionado tanto con el sol (*callado sol*) como con el paso del tiempo (*la hora*)— reina en la vida del campo, favoreciendo la reflexión y el recogimiento que conducen al desengaño de las vanidades del mundo.

9-10 *calendario*: en la época romana era costumbre computar los años con los nombres de los cónsules. Quevedo opone así el tiempo artificial de la vida urbana (*cónsules*) y el natural, propio de la vida campestre (*cosechas*).

12

Castiga a los glotones y bebedores, que con los desórdenes suyos aceleran la enfermedad y la vejez

Que los años por ti vuelen tan leves
pides a Dios, que el rostro sus pisadas
no sienta y que a las greñas bien peinadas
no pase corva la vejez sus nieves.

Esto le pides y, borracho, bebes   5
las vendimias en tazas coronadas,
y para el vientre tuyo las manadas
que Apulia pasta son bocados breves.

A Dios le pides lo que tú te quitas:
la enfermedad y la vejez te tragas   10
y estar de ellas esento solicitas;

pero en rugosa piel la deuda pagas
de las embriagueces que vomitas
y en la salud que, comilón, estragas.

* * *

6 *tazas coronadas*: alude a la costumbre romana de coronar con flores las tazas de vino para hacer libaciones a los dioses.
8 *Apulia*: actual Puglia (Pulla), región en el sur de Italia reputada por su ganadería en la antigua Roma; *pasta*: 'alimenta'; *breves*: 'pequeños, escasos'.
13 *vomitas*: en los banquetes romanos era habitual provocarse el vómito para evitar la saturación y seguir así comiendo.

13

Represéntase la brevedad de lo que se vive y cuán nada parece lo que se vivió

«¡Ah de la vida...!» ¿Nadie me responde?
«¡Aquí de los antaños que he vivido!».
La Fortuna mis tiempos ha mordido,
las horas mi locura las esconde.

¡Que, sin poder saber cómo ni adónde,   5
la salud y la edad se hayan huido!
Falta la vida, asiste lo vivido
y no hay calamidad que no me ronde.

Ayer se fue, mañana no ha llegado,
hoy se está yendo sin parar un punto: 10
soy un fue y un será y un es cansado.

En el hoy y mañana y ayer junto
pañales y mortaja, y he quedado
presentes sucesiones de difunto.

* * *

2 *antaños*: 'los años pasados'. En los primeros versos el interlocu-
tor alterna el monólogo interior con apelaciones dirigidas a enti-
dades abstractas (*vida*; *antaños*), con calcos de expresiones usadas
para anunciarse, como «¡ah de la casa!» ('¿hay alguien en casa?'),
o para llamar a alguien o pedir ayuda, como en las frases de uso
corriente en el siglo XVII: «¡aquí de Dios!», «¡aquí del rey!».

3 *Fortuna*: diosa romana que representa el hado o el azar y que, por tanto, rige los sucesos de la vida.

4 *locura*: 'devaneos, quimeras'.

7 'La vida ya se ha ido, y solo queda lo vivido'. Nótese la paradoja, que recuerda a la del poema n.º 1: «solamente / lo fugitivo permanece y dura» (vv. 13-14).

10 *punto*: 'momento, instante'.

11 *soy un fue y un será y un es cansado*: agudeza basada en la flexión verbal (políptoton) y en la personificación del verbo *ser*.

14 *presentes sucesiones de difunto*: paradoja temporal que sirve para destacar de forma hiperbólica la brevedad de la vida. Estar vivo (*presentes*) no es otra cosa que un sucederse (*sucesiones*) de fases de la muerte (*difunto*).

14

Signifícase la propria brevedad de la vida, sin pensar y con padecer salteada de la muerte

Fue sueño ayer, mañana será tierra;
poco antes, nada; y poco después, humo.
¡Y destino ambiciones y presumo
apenas punto al cerco que me cierra!

Breve combate de importuna guerra,   5
en mi defensa soy peligro sumo;
y mientras con mis armas me consumo,
menos me hospeda el cuerpo que me entierra.

Ya no es ayer, mañana no ha llegado,
hoy pasa y es y fue con movimiento   10
que a la muerte me lleva despeñado.

Azadas son las horas y el momento
que, a jornal de mi pena y mi cuidado,
cavan en mi vivir mi monumento.

* * *

salteada: 'atracada, robada'. Compara a la muerte con los ladrones de caminos o salteadores.
1 *será tierra*: hace alusión a Génesis 3.19: «polvo eres y en polvo te convertirás». Podría también recordar el último verso del soneto de Góngora, «Mientras por competir con tu cabello» (1582): «en tierra, en humo, en polvo, en sombra, en nada».

3-4 *destino*: 'planeo, proyecto'; *presumo / apenas punto al cerco*: 'me figuro (*presumo*) que el cerco que me rodea es insignificante (*apenas punto*)'. Imagen bélica sobre la cual se insiste en los versos siguientes (*combate, guerra, defensa...*) y que deriva, en último término, de Job: «La vida del hombre aquí en la tierra es la de un soldado que cumple su servicio» (7.1). El *cerco* es un 'asedio'; como si la vida humana fuera una ciudad constantemente sitiada y amenazada por el paso del tiempo y los engaños del mundo.

6 *en mi defensa soy peligro sumo*: paradoja que sintetiza el contenido del poema. El protagonista del soneto es su peor enemigo (*peligro sumo*), pues se aferra a la vida terrenal (*defensa*), sin darse cuenta de que la muerte es inevitable.

12 *Azadas*: la azada es un instrumento para cavar la tierra (en este caso, la fosa para el entierro).

13 *jornal*: 'salario'. Lo que recibe en pago de todos sus afanes es solo angustia y miedo ante el inevitable paso del tiempo.

14 *monumento*: 'sepulcro, tumba'.

15

Descubre el vicio de la hipocresía, que afectan muchos en la disimulación de las maldades

Si el sol, por tu recato diligente,
no ve, ¡oh, Licas!, horribles tus locuras,
es argumento de vivir a escuras,
pero no de que vives inocente.

Abona la ignorancia de la gente   5
tu astucia, sí, no tus costumbres duras,
cuando no parecer malo procuras
y serlo —si es posible— juntamente.

No dejas la maldad y la retiras:
eres prisión de culpas y venenos,   10
son tus virtudes pálidas mentiras.

Cubrir los vicios no los hace ajenos:
pocos son malos, si a testigos miras;
si a la conciencia, pocos son los buenos.

* * *

Descubre: 'expone, destapa'.
3 *argumento*: 'prueba, indicio'; *a escuras*: 'escondido, oculto', pero
también en la 'oscuridad moral' (en pecado).
5 *Abona*: 'consiente, favorece'.
5-8 'La ignorancia de la gente admite tus engaños (*astucia*), pero
no tus malas costumbres, mientras que intentas guardar las apa-
riencias (*no parecer malo*) y, a la vez, obrar mal'.
9 *la retiras*: 'la ocultas'.

16

Llama a la muerte

Ven ya, miedo de fuertes y de sabios;
huya el cuerpo indignado con gemido
debajo de las sombras, y el olvido
beberán por demás mis secos labios.

Fallecieron los Curios y los Fabios   5
y no pesa una libra, reducido
a cenizas, el rayo amanecido
en Macedonia a fulminar agravios.

Desata de este polvo y de este aliento
el nudo frágil en que está animada   10
sombra que sucesivo anhela el viento.

¿Por qué emperezas el venir, rogada,
a que me cobre deuda el monumento,
pues es la humana vida larga y nada?

*   *   *

1 *Ven ya, miedo de fuertes*: parece inspirarse, siquiera en parte, en los famosos versos del Comendador Escrivá, poeta valenciano del siglo XV: «Ven, muerte, tan escondida».
2-3 *huya el cuerpo indignado con gemido / debajo de las sombras*: calco de la fórmula empleada dos veces por Virgilio en la *Eneida* (11.831; 12.952): «vitaque cum gemitu fugit indignata sub umbras».

4 *por demás*: 'inútilmente'. Se refiere a la creencia grecorromana de que los muertos descendían al mundo de ultratumba (Hades), donde bebían el agua del olvido del río Lete que los purificaba de sus experiencias terrenales. Sin embargo, el poema considera la vida humana algo tan insignificante que resulta inútil procurar olvidarla, pues es «nada» (v. 14).

5 *los Curios y los Fabios*: apellidos de prestigiosas familias romanas cuyos miembros ocuparon altos cargos políticos. Alude a la fuerza igualadora de la muerte, que alcanza a todos, humildes y poderosos.

6-7 *el rayo amanecido / en Macedonia*: se refiere a Alejandro Magno (356-323 a. C.), rey de Macedonia, considerado uno de los hombres más poderosos de todos los tiempos. El rayo es atributo de Zeus, pues Alejandro estaba convencido de que su verdadero padre era Zeus y se identificaba con él.

11 *sucesivo*: 'continuamente, sin cesar'; *anhela*: 'respira con dificultad' (esto es, la vida se aferra a su frágil existencia mientras esta se escurre como el viento). También podría leerse *viento* como sujeto, anhelante de absorber la vida humana convirtiéndola en aire (en nada).

13 *monumento*: 'tumba'. Alude a la idea tradicional de que la muerte es *deuda* común que todos terminamos pagando.

17

Conoce las fuerzas del tiempo
y el ser ejecutivo cobrador de la muerte

¡Cómo de entre mis manos te resbalas!
¡Oh, cómo te deslizas, edad mía!
¡Qué mudos pasos traes, oh, muerte fría,
pues con callado pie todo lo igualas!

Feroz, de tierra el débil muro escalas,   5
en quien lozana juventud se fía;
mas ya mi corazón del postrer día
atiende el vuelo, sin mirar las alas.

¡Oh, condición mortal! ¡Oh, dura suerte;
que no puedo querer vivir mañana   10
sin la pensión de procurar mi muerte!

Cualquier instante de la vida humana
es nueva ejecución con que me advierte
cuán frágil es, cuán mísera, cuán vana.

* * *

2 *edad*: 'tiempo, vida'.
8 'espera el vuelo, sin ver (o percatarse de) las alas'. El sujeto poé-
tico sabe que la muerte (*vuelo*) es inevitable, aunque no haya se-
ñales (*alas*) evidentes que anuncien su llegada. Varias obras de
arte de los siglos XVI y XVII retratan a la muerte como una criatura

alada. El poema describe la angustia constante de vivir con el conocimiento de que tenemos que morir.

11 *pensión*: 'angustia, preocupación'.

13 *ejecución*: 'acción'. Usado aquí también con el sentido forense de 'aprisionar o confiscar los bienes de quien es deudor para satisfacer a los acreedores'. La vida es una deuda que, tarde o temprano, el tiempo y la muerte terminan cobrándonos.

18

Retiro de quien experimenta contraria la suerte, ya profesando virtudes, y ya vicios

Quiero dar un vecino a la Sibila
y retirar mi desengaño a Cumas,
donde, en traje de nieve con espumas,
líquido fuego oculto mar destila.

El son de la tijera que se afila   5
oyen alegres mis desdichas sumas;
corta a su vuelo la ambición las plumas,
pues ya la Parca corta lo que hila.

Fui malo por medrar: fui castigado
de los buenos; fui bueno: fui oprimido   10
de los malos y preso y desterrado.

Contra mí solo atento el mundo ha sido;
y pues solo fue inútil mi pecado,
cual si fuera virtud, padezca olvido.

* * *

experimenta contraria la suerte: 'maltratado por el destino'.
2 *Cumas*: es una localidad cercana a Nápoles, patria de la sibila
cumana, famosa por su capacidad para predecir el futuro.
3-4 *nieve con espumas* y *líquido fuego*: es el vapor producido por la
actividad volcánica (*oculto mar*) de la Solfatara (Pozzuoli), cercana
a Cumas.

7 *plumas*: la ambición se solía representar como una mujer alada con los ojos vendados.

8 *la Parca*: según la mitología clásica, las Parcas son tres hermanas que hilan y cortan la vida de los seres humanos. Representan el paso del tiempo y nuestro destino mortal.

12 'La vida (*el mundo*) se ha empeñado en perjudicarme solo a mí'.

14 *olvido*: el emisor se figura el *olvido* como la única salida posible (*virtud*) a su vida dolorosa; de este modo, cesarán sus pesares y el *mundo* dejará al fin de hostigarle.

19

*Arrepentimiento y lágrimas debidas
al engaño de la vida*

Huye sin percibirse, lento, el día
y la hora, secreta y recatada,
con silencio se acerca y, despreciada,
lleva tras sí la edad lozana mía.

La vida nueva, que en niñez ardía,   5
la juventud robusta y engañada,
en el postrer invierno sepultada,
yace entre negra sombra y nieve fría.

No sentí resbalar mudos los años;
hoy los lloro pasados y los veo   10
riendo de mis lágrimas y daños.

Mi penitencia deba a mi deseo,
pues me deben la vida mis engaños
y espero el mal que paso y no le creo.

* * *

1 *percibirse*: 'ser percibido, ser notado'.
4 *la edad lozana mía*: 'mi juventud'.
11 *riendo*: los que se 'ríen' son los *años*, que se burlan de lo mal
empleados que fueron por el locutor del soneto.

12 *penitencia*: el 'castigo' que ahora padece el protagonista del poema fue causado por el impulso juvenil hacia los placeres físicos y materiales (*deseo*). Estos errores del pasado (*engaños*) le costaron (*deben*) la *vida* (se la echaron a perder).

14 *espero*: 'veo venir mi dolor (*mal*), sé que es inevitable'.

20

Enseña como todas las cosas avisan de la muerte

Miré los muros de la patria mía,
si un tiempo fuertes, ya desmoronados,
de la carrera de la edad cansados
por quien caduca ya su valentía.

Salime al campo, vi que el sol bebía   5
los arroyos del hielo desatados
y del monte quejosos los ganados,
que con sombras hurtó su luz al día.

Entré en mi casa, vi que amancillada
de anciana habitación era despojos;   10
mi báculo, más corvo y menos fuerte;

vencida de la edad sentí mi espada
y no hallé cosa en que poner los ojos
que no fuese recuerdo de la muerte.

* * *

1 *patria*: puede tener aquí varias acepciones, como 'nación', 'lugar de nacimiento', 'hogar'. Es también metáfora por el cuerpo envejecido del protagonista del poema. El texto puede tener, pues, varios significados que oscilan entre el político (decadencia de España) y el moral (reflexión sobre el paso del tiempo).
3 *la edad*: 'el tiempo, los años'.

6 *del hielo desatados*: el sol seca (*bebía*) los arroyos nacidos del hielo derretido de los montes.

7-8 'y los ganados se quejan del monte, que oculta la luz del sol y los deja a la sombra'.

9 *amancillada*: 'ensuciada, corrompida'.

21

A un señor perseguido y constante en los trabajos

Figúrale con la alegoría de un peñasco del mar

De amenazas del ponto rodeado
y de enojos del viento sacudido,
tu pompa es la borrasca y su gemido
más aplauso te da que no cuidado.

Reinas con majestad, escollo osado,   5
en las iras del mar enfurecido
y, de sañas de espuma encanecido,
te ves de tus peligros coronado.

Eres robusto escándalo a orgullosa
prora que, por peligros naufragante,   10
te advierte y no te toca escrupulosa;

y a su invidia y al mar, siempre constante,
de advertido bajel seña piadosa,
eres norte y aviso a vela errante.

* * *

A un señor: se refiere a un noble, probablemente con un cargo político.
1 *ponto*: 'mar'.
3-4 Las amenazas y desdichas (*borrasca*, *viento*) son, paradójicamente, un regalo (*pompa*, *aplauso*) para el individuo firme ante la adversidad, pues encarecen su virtud.

9 *escándalo*: 'admiración, pasmo'.

9-10 *orgullosa prora*: retoma el tópico clásico de la navegación como símbolo de la codicia y vanidad, que se atreven a desafiar los elementos en búsqueda de riquezas. Aquí, la nave *orgullosa* (producto del 'orgullo' humano) se amedrenta ante la mole del peñasco (*robusto escándalo*) y toma todas las precauciones del caso para evitar estrellarse contra él (*no te toca*) y naufragar. Metafóricamente, indica que el protagonista del soneto es inmune a estos vicios y que produce casi un temor reverencial en aquellos cuyas vidas se ven dominadas por ellos.

11 *te advierte*: 'te ve, se percata de ti'.

13-14 La firmeza del protagonista del soneto sirve de ejemplo (*eres norte*) a otros individuos (*advertido bajel, vela errante*) también amenazados por las adversidades de la vida (o de la corte).

22

Abundoso y feliz Licas en su palacio, solo él es despreciable

Harta la toga del veneno tirio
o ya en el oro pálida y rigente,
cubre con los tesoros del oriente,
mas no descansa, ¡oh, Licas!, tu martirio.

Padeces un magnífico delirio   5
cuando felicidad tan delincuente
tu horror oscuro en esplendor te miente,
víbora en rosicler, áspid en lirio.

Competir su palacio a Jove quieres,
pues miente el oro estrellas a su modo   10
en el que vives sin saber que mueres.

Y en tantas glorias, tú, señor de todo,
para quien sabe examinarte eres
lo solamente vil, el asco, el lodo.

* * *

Abundoso: 'opulento, rico'.
1 *Harta*: 'bañada, impregnada'; *veneno tirio*: colorante púrpura procedente de la ciudad de Tiro (Líbano), producido a partir de las secreciones de un caracol marino de las cuales se vale para cazar o defenderse (*veneno*).

2 *pálida y rigente*: la toga, vestidura talar usada por los romanos, solía ser blanca (*pálida*) y podía servir para identificar a los *regentes*, o ministros togados. En concreto, la llamada *toga praetexta* estaba orlada de púrpura y se reservaba para los altos cargos públicos y religiosos. Licas adorna sus togas con púrpura y oro (*oriente* como tierra de riquezas por antonomasia), ostentando lujo y poder político.

5 *magnífico*: 'grandioso, opulento'.

7-8 Licas, cegado por su opulencia (*felicidad tan delincuente*), no se percata de que las riquezas que considera *esplendorosas* (*rosicler, lirio*) ocultan en realidad *oscuros* pecados y decadencia moral (*víbora, áspid*).

9 'quieres que tu palacio compita en magnificencia con el de Júpiter'. *Jove* (Júpiter) era el padre de los dioses romanos.

10-11 'pues el oro imita a las estrellas en [el palacio] donde vives sin ser consciente de tu degradación moral (*mueres*)'.

23

Algunos años antes de su prisión última me envió este excelente soneto desde la Torre

Retirado en la paz de estos desiertos
con pocos pero doctos libros juntos,
vivo en conversación con los difuntos
y escucho con mis ojos a los muertos.

Si no siempre entendidos, siempre abiertos,   5
o enmiendan o fecundan mis asuntos,
y en músicos callados contrapuntos
al sueño de la vida hablan despiertos.

Las grandes almas que la muerte ausenta,
de injurias de los años vengadora,   10
libra, ¡oh, gran don Josef!, docta la emprenta.

En fuga irrevocable huye la hora,
pero aquella el mejor cálculo cuenta
que en la lección y estudios nos mejora.

* * *

me envió este excelente soneto desde la Torre: el editor del *Parnaso español*, González de Salas, indica que Quevedo le envió este poema desde su residencia en la Torre de Juan Abad. Se conoce un borrador anterior manuscrito dirigido a un tal «don Juan».
1 *desiertos*: 'lugar despoblado o aislado'.

6 *fecundan mis asuntos*: 'fomentan los temas [sobre los que discurro (y escribo)]'.

7 *músicos callados contrapuntos*: la literatura y, en concreto, la poesía es comparada con una melodía sofisticada (*contrapuntos*) que no se percibe con los oídos (*callados*), sino con la lectura.

9-11 *libra*: la imprenta 'salva' del olvido (*injurias de los años*) a los grandes escritores del pasado.

13 *cálculo*: del latín *calculus* ('piedrecilla'). Alude a la costumbre de los antiguos romanos de contar los días malos con una piedra negra y los buenos con una blanca.

24

Epístola satírica y censoria
contra las costumbres presentes de los castellanos
Escrita a don Gaspar de Guzmán, conde de Olivares,
en su valimiento

No he de callar por más que con el dedo,
ya tocando la boca o ya la frente,
silencio avises o amenaces miedo.

¿No ha de haber un espíritu valiente?
¿Siempre se ha de sentir lo que se dice?   5
¿Nunca se ha de decir lo que se siente?

Hoy, sin miedo que, libre, escandalice,
puede hablar el ingenio, asegurado
de que mayor poder le atemorice.

En otros siglos pudo ser pecado   10
severo estudio y la verdad desnuda
y romper el silencio el bien hablado.

Pues sepa quien lo niega y quien lo duda
que es lengua la verdad de Dios severo,
y la lengua de Dios nunca fue muda.   15

Son la verdad y Dios Dios verdadero:
ni eternidad divina los separa
ni de los dos alguno fue primero.

Si Dios a la verdad se adelantara,
siendo verdad, implicación hubiera   20
en ser y en que verdad de ser dejara.

La justicia de Dios es verdadera,
y la misericordia, y todo cuanto
es Dios, todo ha de ser verdad entera.

Señor excelentísimo, mi llanto   25
ya no consiente márgenes ni orillas:
inundación será la de mi canto.

Ya sumergirse miro mis mejillas,
la vista por dos urnas derramada
sobre las aras de las dos Castillas.   30

Yace aquella virtud desaliñada,
que fue, si rica menos, más temida,
en vanidad y en sueño sepultada.

Y aquella libertad esclarecida,
que en donde supo hallar honrada muerte   35
nunca quiso tener más larga vida.

Y pródiga de l'alma, nación fuerte,
contaba por afrentas de los años
envejecer en brazos de la suerte.

Del tiempo el ocio torpe y los engaños   40
del paso de las horas y del día
reputaban los nuestros por extraños.

Nadie contaba cuánta edad vivía,
sino de qué manera: ni aun un'hora
lograba sin afán su valentía.   45

La robusta virtud era señora,
y sola dominaba al pueblo rudo;
edad, si mal hablada, vencedora.

El temor de la mano daba escudo
al corazón, que, en ella confiado,   50
todas las armas despreció desnudo.

Multiplicó en escuadras un soldado
su honor precioso, su ánimo valiente,
de sola honesta obligación armado;

y debajo del cielo aquella gente,   55
si no a más descansado, a más honroso
sueño entregó los ojos, no la mente.

Hilaba la mujer para su esposo
la mortaja primero que el vestido:
menos le vio galán que peligroso.   60

Acompañaba el lado del marido
más veces en la hueste que en la cama:
sano le aventuró, vengole herido.

Todas matronas y ninguna dama,
que nombres del halago cortesano   65
no admitió lo severo de su fama.

Derramado y sonoro el Oceano
era divorcio de las rubias minas
que usurparon la paz del pecho humano.

Ni los trujo costumbres peregrinas   70
el áspero dinero, ni el oriente
compró la honestidad con piedras finas.

Joya fue la virtud pura y ardiente,
gala, el merecimiento y alabanza;
solo se cudiciaba lo decente.   75

No de la pluma dependió la lanza,
ni el cántabro con cajas y tinteros
hizo el campo heredad, sino matanza.

Y España, con legítimos dineros,
no mendigando el crédito a Liguria,   80
más quiso los turbantes que los ceros.

Menos fuera la pérdida y la injuria,
si se volvieran Muzas los asientos;
que esta usura es peor que aquella furia.

Caducaban las aves en los vientos   85
y expiraba decrépito el venado:
grande vejez duró en los elementos;

que el vientre, entonces bien diciplinado,
buscó satisfación y no hartura
y estaba la garganta sin pecado.   90

101

Del mayor infanzón de aquella pura
república de grandes hombres era
una vaca sustento y armadura.

No había venido al gusto lisonjera
la pimienta arrugada ni del clavo   95
la adulación fragrante forastera.

Carnero y vaca fue principio y cabo,
y con rojos pimientos y ajos duros
tan bien como el señor comió el esclavo.

Bebió la sed los arroyuelos puros;   100
después mostraron del carquesio a Baco
el camino los brindis mal seguros.

El rostro macilento, el cuerpo flaco
eran recuerdo del trabajo honroso
y honra y provecho andaban en un saco.   105

Pudo sin miedo un español velloso
llamar a los tudescos bacanales
y al holandés, hereje y alevoso.

Pudo acusar los celos desiguales
a la Italia; pero hoy, de muchos modos,   110
somos copias, si son originales.

Las descendencias gastan muchos godos:
todos blasonan, nadie los imita,
y no son sucesores, sino apodos.

Vino el betún precioso que vomita   115
la ballena o la espuma de las olas
—que el vicio, no el olor, nos acredita—

y quedaron las huestes españolas
bien perfumadas, pero mal regidas,
y alhajas las que fueron pieles solas.   120

Estaban las hazañas mal vestidas
y aún no se hartaba de buriel y lana
la vanidad de fembras presumidas.

A la seda pomposa siciliana,
que manchó ardiente múrice, el romano   125
y el oro hicieron áspera y tirana.

Nunca al duro español supo el gusano
persuadir que vistiese su mortaja,
intercediendo el Can por el verano.

Hoy desprecia el honor al que trabaja,   130
y entonces fue el trabajo ejecutoria
y el vicio graduó la gente baja.

Pretende el alentado joven gloria
por dejar la vacada sin marido,
y de Ceres ofende la memoria.   135

Un animal a la labor nacido
y símbolo celoso a los mortales
—que a Jove fue disfraz y fue vestido,

que un tiempo endureció manos reales
y detrás de él los cónsules gimieron   140
y rumia luz en campos celestiales—,

¿por cuál enemistad se persuadieron
a que su apocamiento fuese hazaña
y a las mieses tan grande ofensa hicieron?

¡Qué cosa es ver un infanzón de España   145
abreviado en la silla a la jineta
y gastar un caballo en una caña!

Que la niñez al gallo le acometa
con semejante munición apruebo,
mas no la edad madura y la perfeta.   150

Ejercite sus fuerzas el mancebo
en frentes de escuadrones, no en la frente
del útil bruto l'asta del acebo.

El trompeta le llame diligente
dando fuerza de ley el viento vano,   155
y al son esté el ejército obediente.

¡Con cuánta majestad llena la mano
la pica y el mosquete carga el hombro,
del que se atreve a ser buen castellano!

Con asco, entre las otras gentes, nombro   160
al que de su persona, sin decoro,
más quiere nota dar, que dar asombro.

Jineta y cañas son contagio moro;
restitúyanse justas y torneos
y hagan paces las capas con el toro.   165

Pasadnos vos de juegos a trofeos,
que solo grande rey y buen privado
pueden ejecutar estos deseos.

Vos, que hacéis repetir siglo pasado,
con desembarazarnos las personas   170
y sacar a los miembros de cuidado;

vos distes libertad con las valonas
para que sean corteses las cabezas,
desnudando el enfado a las coronas.

Y pues vos enmendastes las cortezas,   175
dad a la mejor parte medicina:
vuélvanse los tablados fortalezas.

Que la cortés estrella que os inclina
a privar sin intento y sin venganza
(milagro que a la invidia desatina)   180

tiene por sola bienaventuranza
el reconocimiento temeroso,
no presumida y ciega confianza.

Y si os dio el ascendiente generoso
escudos de armas y blasones llenos   185
y por timbre el martirio glorioso,

mejores sean por vos los que eran buenos
Guzmanes, y la cumbre desdeñosa
os muestre, a su pesar, campos serenos.

Lograd, señor, edad tan venturosa,   190
y cuando nuestras fuerzas examina
persecución unida y belicosa,

la militar valiente disciplina
tenga más platicantes que la plaza:
descansen tela falsa y tela fina.   195

Suceda a la marlota la coraza,
y si el Corpus con danzas no los pide,
velillos y oropel no hagan baza.

El que en treinta lacayos los divide
hace suerte en el toro, y con un dedo   200
la hace en él la vara que los mide.

Mandadlo ansí, que aseguraros puedo
que habéis de restaurar más que Pelayo,
pues valdrá por ejércitos el miedo
y os verá el cielo administrar su rayo.   205

* * *

Escrita a don Gaspar de Guzmán, conde de Olivares, en su valimiento: se trata del conde-duque de Olivares (1587-1645), brazo derecho (*valido*) de Felipe IV desde que este subió al trono (1621) hasta 1643, cuando Olivares cayó en desgracia y fue desterrado de la corte. El poema está escrito en tercetos encadenados, forma métrica muy común para las epístolas poéticas compuestas a imitación de los autores clásicos.

8 *asegurado*: 'sin temor'.

14 *es lengua la verdad de Dios*: podría recordar Juan 17.17: «tu palabra es verdad». La Biblia relaciona varias veces a Dios y Jesús con la verdad; por ejemplo, en Juan 14.6, una cita muy usada por Quevedo en sus obras: «Yo soy el camino, y la verdad, y la vida».

30 *aras*: altares empleados para hacer sacrificios. Estas imágenes fúnebres (*urnas*, *aras*) marcan la pauta del tono pesimista de esta sección del poema, en la que se destaca la decadencia de España. Según Quevedo, la riqueza actual del imperio hispano ha corrompido la entereza moral que lo caracterizaba en el pasado, cuando los españoles vivían con sencillez y heroísmo, prefiriendo encontrar la muerte en el campo de batalla que vivir sin honor.

37 *pródiga de l'alma*: 'desprendida del alma' (que no teme a la muerte). Es calco de un verso del poema épico *Punica* de Silio Itálico (*ca.* 26-101 d. C.) en que se describe el valor de las tropas hispanas: «prodiga gens animae» (I, v. 225).

48 *mal hablada*: 'poco sofisticada, inculta'.

49-51 *temor de la mano*: el miedo que infundían los españoles (su *mano*; metonimia) en los enemigos era tal que bastaba para protegerlos (*daba escudo*) de sus ataques (*armas*), a los que se enfrentaban sin armadura ni escudo (*desnudo*).

52 *escuadra*: 'grupo de soldados a las órdenes de un cabo'.

59 *mortaja*: 'vestidura en la que se envuelve el cadáver para enterrarlo'. Las esposas eran tan fuertes y valientes como sus maridos, y no temían que estos murieran en la guerra.

60 *peligroso*: 'expuesto al peligro'.

63 *le aventuró*: 'se arriesgó a perderlo, a quedarse viuda'.

64 *matrona*: 'mujer virtuosa y madre de familia'.

68 *rubias minas*: las minas de oro, sobre todo las del Nuevo Mundo, que un tiempo estuvieron separadas (*divorciadas*) por el océano Atlántico, y que, tras el descubrimiento de América, causan codicia y disensiones.

70 *trujo*: 'trajo'; *peregrinas*: 'extrañas, raras'.

75 *cudiciaba*: 'codiciaba' ('deseaba').

77 *cántabro*: se refiere a los montañeses, gente del norte de la Península que se asociaba con las gestas de la Reconquista y la pureza de sangre ('cristianos viejos'). Según estos versos, los cántabros actuales viven de rentas (*heredad*: 'tierra cultivada') y han trocado el campo de batalla (*matanza*) por una vida ociosa y burocrática, representada por el tintero y la *caja*: 'aparejo para escribir portátil, que solían usar los escribanos'.

80 *Liguria*: durante el siglo XVII el gobierno español contrajo numerosas deudas con los banqueros genoveses (Génova se encuentra en Liguria).

81 'prefirió luchar contra los árabes (*turbantes*) que no ocuparse de cuestiones económicas (*ceros*)'.

83 *Muza*: uno de los caudillos musulmanes que participó en la conquista de la Península Ibérica (siglo VIII); *asientos*: contratos donde se estipula una deuda. Se refiere a los acuerdos y deudas con los banqueros genoveses, más peligrosos que los árabes invasores, según estos versos.

85-87 *Caducaban las aves*: en el pasado la caza se practicaba con moderación. Las aves y los venados morían por causas naturales. En los versos siguiente se refiere a la gula que caracteriza a los tiempos modernos.

91 *infanzón*: 'hidalgo señor de vasallos'.

94-96 Alude a las especias importadas de oriente (*forastera*), el clavo y la pimienta.

101 *Baco*: dios romano del vino; *carquesio*: vaso ancho usado en las ceremonias dedicadas a Baco.

105 *andaban en un saco*: 'iban juntos'. Le lleva la contraria al refrán *honra y provecho no caben en un saco*, que indica que la virtud y la riqueza no suelen ir de la mano.

107 *tudescos*: 'alemanes'. Tenían fama de borrachos en el siglo XVII, por eso se les llama *bacanales*: 'dados a los placeres de Baco'.

109-11 Los españoles imitan (*copia*) y superan a los italianos (*originales*), que tenían fama de ser muy celosos; *desiguales*: 'excesivos'.

112-14 Muchos se jactan (*blasonan*) de tener noble descendencia de los *godos*, pero pocos imitan su valentía, resultando en una mera caricatura del pasado esplendor; *apodos*: 'comparación burlesca o paródica'.

115 *betún precioso*: ámbar gris expulsado por las ballenas, que se usaba para producir perfumes y que se consideraba un objeto de lujo.

117 Más allá de su buen *olor*, el perfume es ante todo señal (*nos acredita*) de vanidad y molicie (*vicio*).

122 *buriel*: paño tosco usado por los labradores.

123 *fembras*: 'hembras'. La *f-* es un rasgo arcaizante, que caracterizaba el español medieval. La voz poética se identifica incluso desde el punto de vista lingüístico con el supuesto pasado heroico de España.

124-26 *múrice*: marisco que producía una tinta (muy costosa) empleada para teñir las ropas de color púrpura (*ardiente*). La preciada seda producida en Sicilia estaba, pues, teñida de púrpura y trabajada en oro. Hay una comparación tácita entre la seda y la típica dama esquiva que protagoniza muchos de los poemas amorosos de la época, a menudo caracterizada con adjetivos como *áspera* y *tirana*.

127-29 En el pasado, los recios (*duro*) españoles no se vestían de seda. Estos versos aluden a la canícula, época del año entre julio y agosto en la que hace más calor en el hemisferio norte. En este período, Sirio, la estrella principal de la constelación del Can Mayor (*Can*) conocida como 'la abrasadora', se sitúa al otro lado del Sol y, tradicionalmente, se creía que esto contribuía a hacer aumentar las temperaturas. Era precisamente en el verano cuando se mataban los gusanos de seda en su última muda para devanar el capullo completo (*mortaja*) y poder aprovecharlo sin que su hilo se rompiera, como ocurre cuando sale la crisálida; *intercediendo*: al ser la época del año en la que se extraía su materia prima, el verano 'mediaba' entre el producto seductor (*persuadir*) del gusano (la seda) y los españoles, que desdeñaban sus halagos.

131 *ejecutoria*: documento legal que demuestra la hidalguía de un individuo. En el pasado, el honor se medía en virtud del *trabajo*, mientras que en la España de Quevedo trabajar es considerado un deshonor. Antes, se consideraban inferiores socialmente (*gra-*

duó la gente baja) no a los que no poseían títulos nobiliarios, sino a los que carecían de virtud (*vicio*).

133-36 Se critican aquí las corridas de toros, que acaban con los toros (*maridos* de las vacas) y ofenden a Ceres, diosa romana de la tierra y de la agricultura, pues la privan de los animales que deberían trabajar el campo.

137-41 Se señalan varios rasgos de los toros; *símbolo celoso*: símbolo de la vigilancia, del toro como protector de su vacada, pero es también posible alusión chistosa a los 'cuernos'; *a Jove fue disfraz*: Júpiter se transformó en toro para raptar a Europa; *endureció manos reales*: se refiere a próceres romanos que tuvieron orígenes modestos y a leyendas como, por ejemplo, la de Cincinato. Según se cuenta, estaba trabajando con el arado cuando le ofrecieron el cargo de dictador (458 a. C.); *campos celestiales*: alude al signo zodiacal Tauro.

146 *abreviado*: 'encogido', con las piernas recogidas en los estribos *a la jineta*, forma de cabalgar que se creía introducida en España por los árabes, así como el juego de *cañas*. Consistía en un enfrentamiento simulado con cañas entre diferentes cuadrillas de caballeros.

148 *al gallo*: 'correr gallos' era un juego popular practicado en los días de carnaval. Tenía diferentes modalidades, como perseguir a un gallo o ir vendado e intentar decapitarlo. Mientras que esto es aceptable entre niños y jóvenes (*la niñez*), resulta bochornoso que hombres adultos (*la edad madura y la perfeta*) pierdan el tiempo jugando a las cañas.

153 *útil bruto*: 'el caballo', que recibe los golpes de las cañas (hechas de *acebo*).

169-74 Los versos se dirigen ahora a Olivares, elogiando sus logros. En primer lugar, las ordenanzas para la reforma de los trajes incluidas en los *Capítulos de reformación* de 1623, que establecían que no se usasen cuellos elaborados y aparatosos, llamados lechuguillas, sino las más sobrias *valonas*; *enfado*: 'molestia, estorbo'; *corona*: 'parte superior de la cabeza'. Las personas, liberadas por fin de la carga de las lechuguillas, pueden inclinar el cuello y quitarse el sombrero (*desnudar el enfado*) en señal de respeto y cortesía (*corteses*).

177 *tablados*: 'escenarios'. Los versos auspician una política activa y militarista (*fortalezas*), que rechace la vida ociosa, representada por espectáculos y fiestas como las cañas.

184-89 Quevedo elogia la estirpe de Olivares (*Guzmanes*), cuya nobleza queda de manifiesto en su escudo de armas y en los heroicos hechos de miembros de su familia como Alonso Pérez de Guzmán el Bueno (1256-1309), que, según la leyenda, prefirió sacrificar la vida de su hijo (*martirio glorioso*), capturado por los moros, antes que entregarles la ciudad de Tarifa; *timbre*: insignia sobre el escudo de armas que señala los grados de nobleza.

194-96 Estos versos auspician que la vida militar se vea enaltecida bajo el gobierno de Olivares y que atraiga a más gente (*platicantes*) que las plazas, donde concurrían los ociosos a pasearse vestidos con ricas prendas; *tela falsa*: 'tela de oro o plata'; *tela fina*: podría aludir al *filelí* (o *fileile*), 'tela fina importada de Berbería'. La *marlota* es una vestidura morisca, usada con frecuencia en el juego de cañas.

197-98 Se critican prendas de vestir vistosas indicando que sería preferible que se reservaran para ocasiones especiales y festejos (*Corpus*): *velillo*: tela fina, adornada con hilos de plata; *oropel*: adornos.

199-201 Los criados de los toreadores solían ir vestidos con prendas costosas (*velillos* y *oropeles*) en las lidias. Esto permite comparar al lidiador burlándose (*hace suerte*) del toro con el sastre quien, con su vara de medir, también *hace suerte* del toreador, sacándole todo su dinero.

203-05 *Pelayo*: don Pelayo, primer rey de Asturias. Se le considera un símbolo de la Reconquista de España, comparado aquí con la labor restauradora atribuida a Olivares, equiparado también con el dios Júpiter, cuyo atributo principal era el *rayo*.

Poemas fúnebres

La *Musa III, Melpómene*, se vincula estrechamente con la primera, pues en ambas se incluyen panegíricos de personajes ilustres. Lo que los diferencia es la muerte, el hecho de que los protagonistas de estos poemas ya no existen cuando Quevedo escribe sobre ellos. En cierta medida, aquí se funde el mensaje de los versos encomiásticos (*Musa I*) con el de los morales (*Musa II*), recordando al lector que la muerte no hace diferencias y que las glorias mundanas son temporales. Sin embargo, destaca también la función de la literatura para inmortalizar el recuerdo de grandes gestas y de las personas que las llevaron a cabo. Tal y como ocurría en la *Musa I*, poder y poesía se presentan como fuerzas indisolubles, haciendo del poeta un defensor de la memoria que, gracias a su arte, tiene el don de conceder la inmortalidad. En este apartado del *Parnaso* se entremezclan individuos que pertenecen al pasado griego y romano con otros más cercanos al escritor, españoles y extranjeros. Así la his-

toria se funde con el panegírico y con el discurso ideológi-
co, presentando al lector modelos de grandeza política y
moral.

Esta continuidad se aprecia también en el diálogo de
Quevedo con la tradición literaria, muy claro sobre todo en
los sonetos inspirados en los epigramas fúnebres de la An-
tigüedad. Este género griego nace de una función práctica:
la de dejar constancia con una inscripción en su tumba del
nombre y de la personalidad de un difunto (epigrama quie-
re decir, literalmente, sobrescrito, 'escrito encima de algo').
En el Renacimiento, los ejemplos más conocidos de este
cauce literario eran los que aparecían en una colección de
epigramas helenísticos de diferentes autores y variado con-
tenido (amoroso, satírico, fúnebre...) compilada en el siglo XIV
por el filólogo griego de Constantinopla, Máximo Planu-
des. Este texto, llamado *Antología planudea* (que, junto con
otros textos y fuentes, forma parte de lo que hoy solemos
llamar *Antología griega*), tuvo una gran difusión en Europa
durante los siglos XVI y XVII, así como el corpus de Marcial,
gran maestro romano del género. Los *Epigrammata* de Mar-
cial supusieron uno de los modelos fundamentales de la
agudeza barroca, y casi todos los estudiosos que teorizaron
sobre el conceptismo en el siglo XVII lo citan como una
fuente fundamental. Es el caso, por ejemplo, de Baltasar
Gracián en España. Su *Agudeza y arte de ingenio* (1648) em-
plea numerosos textos del poeta romano y basa buena par-
te de sus argumentos en la estética de la agudeza y de la
concisión que se halla en sus versos.

El cauce métrico más habitual desde el Renacimiento
para trasladar el modelo del epigrama clásico a la poesía en
lengua vernácula era el soneto que, con su forma concisa,

recordaba la estructura de estos poemas grecorromanos. De hecho, brevedad, concisión y agudeza son los rasgos que mejor definen el estilo de los versos recogidos en esta sección del *Parnaso* de Quevedo. La muerte de estos grandes personajes es presentada como un imposible, como una injusticia que no puede dejar de sacudir la conciencia del lector. Para expresar tal aberración el poeta se sirve sobre todo de hipérboles. La naturaleza, el mundo y todos sus habitantes tienen que apenarse ante el fallecimiento de tales figuras: el dolor cósmico invade estos versos. Sin embargo, dichas imágenes hiperbólicas sirven también para enfatizar todo lo contrario: lo común que es la muerte, desarrollando la idea estoica de que esta es una ley ineludible para todos. Los justos y los poderosos también desaparecen, y de ellos quedan solo cenizas y polvo. Así pues, los poemas fúnebres son también una oportunidad para construir agudezas y paradojas, y abarcar en pocos versos la existencia de unos individuos memorables y fuera de la norma. Se trata de biografías panegíricas encerradas en catorce versos, ejemplos extremados de concisión conceptista.

El cuerpo humano es presentado aquí como un armazón frágil e inestable, sometido al implacable paso del tiempo. Por ello, estas poesías poseen a menudo una fuerte carga de materialidad que termina reemplazando los cuerpos de los fallecidos. Estos modernos epigramas no son solo versos sino *epitafios* y *túmulos*, inscripciones sepulcrales grabadas en la piedra de la historia. Los sonetos de *Melpómene* trascienden su naturaleza verbal, son más que palabras. Tanto es así que el mismo hecho de escribir un poema llega a concebirse como una tarea hiperbólica: el autor carga sobre sus hombros la responsabilidad de conmemorar a sujetos ilustres, de representar el inefable dolor que ha causado su muerte y, al mismo tiempo, de exaltar la capacidad de la literatura para trascenderse a sí misma, desafiando el lenguaje, el tiempo y el olvido. Cada verso de estos sonetos está esculpido con el cincel y se alza más allá de la página que lo contiene. A menudo la voz poética se dirige al soneto-túmulo como si este fuera un interlocutor capaz de responderle, presentándolo así como algo vivo y animado; otras veces el poema mismo toma la palabra, convirtiéndose en narrador o en biógrafo del protagonista del soneto en cuestión. No faltan casos donde es el difunto quien habla desde su tumba y ofrece una breve relación de su vida. En todos estos casos, se le deja al lector el papel de testigo afortunado, que ha tenido el privilegio de ver con sus ojos la tumba donde reposan los huesos de estas personalidades ilustres. Las composiciones de *Melpómene* convierten el espacio del libro en un camposanto de autoridades donde el lector se desplaza de una tumba a otra, rindiendo homenaje a los difuntos y a los sepulcros verbales que los recuerdan.

Más allá de los sonetos, en la *Musa III* se halla también un puñado de formas métricas más extensas, como la canción. Es el caso de la elegía a Carrillo y Sotomayor («Miré ligera nave»), cargada de valores alegóricos desde sus primeros versos, que se abren con el tópico de la vida como navegación. A este le suceden otras metáforas, que comparan la existencia de Carrillo con un laurel o con un jilguero, aunando así los que para Quevedo eran los dos aspectos más importantes de la personalidad del fallecido: su condición de cuatralbo de galeras (nave) y de poeta (laurel, jilguero). La canción le permite también a Quevedo dejar correr su vena lírica, dando paso a una serie de elaboradas descripciones de espacios naturales, donde ejercita su precio-sismo y detallismo verbal. Pese a las diferencias estilísticas, hay claros paralelismos entre esta canción y los sonetos, so-bre todo por lo que se refiere al contenido y al estilo. La metáfora de la vida como navegación figura también en el soneto dedicado a Jasón («Mi madre tuve en ásperas mon-tañas»), y contribuye a dar a este conjunto de poemas un valor universal y atemporal que trasciende la época y las cir-cunstancias biográficas de sus protagonistas. Es quizás este uno de los aspectos que más los acerca al lector actual, que puede encontrar en ellos sorprendentes rasgos de moderni-dad, con versos como los que cierran el soneto a Jasón, los cuales casi nos recuerdan los de *Marinero en tierra* (1924) de Rafael Alberti. Este es también uno de los primeros poe-mas publicados por Quevedo: redactado antes de 1603 e impreso en las *Flores de poetas ilustres* (1605), muestra su temprana inclinación poética.

Junto con mensajes trascendentales, Quevedo aprovecha estos poemas fúnebres para desarrollar comentarios políti-cos sobre figuras y sucesos contemporáneos. La muerte del infante don Carlos con solo veinticinco años de edad («En-tre las coronadas sombras mías») da pie al elogio de Espa-ña, que aparece como la voz poética que canta su pena di-rigiéndose a El Escorial. Pese a su breve vida, el infante ha merecido entrar en el panteón real y será recordado entre los justos. Muy distinto es el caso del rey de Suecia, Gusta-vo Adolfo («Rayo ardiente del mar helado y frío»), enemigo de España y de la fe católica, cuyo discurso en primera per-sona se asemeja mucho a una confesión de pecados, hacien-do de su tumba el medio para inmortalizar un ejemplo ne-gativo de la fuerza corruptora del poder y de la ambición, castigada por la voluntad divina, que aquí se representa bajo la forma de una bala vengadora. Sin embargo, más allá de este tipo de ideas providencialistas, al final de muchos de estos versos lo que predomina es una sensación de desasosiego, de angustia existencial, donde la muerte aparece como una carga ineludible para la existencia humana, haciéndola casi absurda. Cuando Gustavo Adolfo dice al final de su soneto, «alma y cuerpo [...]: / el que los pierde, ¿qué victorias gana?», no oímos solo la voz del enemigo de España castigado por la muerte, sino también la de un compañero de desventuras, condenado como nosotros a perderlo todo.

25

Túmulo al serenísimo infante don Carlos

Habla España al Escurial, entierro de sus reyes, donde está

> Entre las coronadas sombras mías
> que guardas, ¡oh, glorioso monumento!,
> bien merecen lugar, bien ornamento,
> las llamas antes, ya cenizas frías.
>
> Guarda, ¡oh!, sus breves malogrados días   5
> en religioso y alto sentimiento,
> ya que en polvo atesora el escarmiento
> su gloria a las supremas monarquías.
>
> No pase huésped por aquí que ignore
> el duro caso, y que en las piedras duras,   10
> con los ojos que el título leyere,
>
> a don Carlos no aclame y no le llore,
> si no fuere más duro que ellas duras,
> cuando lo que ellas sienten no sintiere.

* * *

infante don Carlos: don Carlos de Austria (1607-1632), hermano
menor de Felipe IV. En 1627 estuvo a punto de hacerse con el tro-
no a causa de una grave enfermedad del monarca, que parecía iba
a ser mortal. El bando opuesto al conde-duque de Olivares puso

sus esperanzas en él, pero la mejoría del rey y la muerte de don Carlos con solo veinticinco años acabaron con ellas. Olivares consiguió mantenerlo siempre muy cercano a sí y a Felipe IV, y varios testimonios de la época lo describen como un hombre taciturno y sin ambiciones.

2 *monumento*: 'sepulcro, tumba'.

4 *llamas*: 'pasiones, sentimientos'; *ya*: 'ahora'.

11 *título*: 'inscripción sepulcral'.

13-14 Hipérbole: solo aquel que es más duro que las piedras puede ver la tumba de don Carlos sin apenarse, pues hasta las piedras sienten dolor por su muerte.

26

Funeral discurso de Aníbal tomando el veneno para morir, viéndose viejo, solo y desterrado

Quitemos al romano este cuidado
y un número a sus muchos prisioneros,
pues me temen, los cónsules severos,
amenaza caduca de su estado.

Impaciente a los términos del hado   5
salga la alma que armó tantos guerreros;
no aprendan a servir estos postreros
años que del afán he reservado.

Pródigo del espíritu y la vida,
desprecio dilatar vejez cansada;   10
venganza les daré, no triunfo y gloria,

que es desesperación bien entendida
buscar muerte a la afrenta anticipada:
quede a guardar la vida a la memoria.

* * *

Aníbal: Aníbal (247-182/183 a. C.), fue un general cartaginés y uno de los más grandes enemigos de Roma. Sus campañas militares contra los romanos durante la segunda guerra púnica le llevaron a invadir Italia hasta llegar a las puertas de Roma. Años después, tras ser derrotado en la batalla de Zama (202 a. C.) y luego de su exilio de Cartago (195 a. C.), se puso al servicio del rey Prusias I de Bitinia. Este le traicionó y decidió entregarlo a los romanos. Al enterarse de esto, se cree que Aníbal se envenenó. Quevedo se basa en Tito Livio (39.51) y presenta a un Aníbal heroico, que opta por el suicidio como un camino más glorioso y digno que entregarse a los romanos.

4 *caduca*: referido a Aníbal, ya viejo y derrotado, y, pese a ello, todavía considerado una *amenaza* por los romanos.

5 *términos del hado*: 'final natural de la vida', aquí a punto de ser interrumpida por el suicidio.

7-8 'tenía pensado concluir en paz los últimos años de mi vida, y me niego a pasarlos en esclavitud'.

9 *Pródigo*: 'despreciando, descuidado de'.

11 'con mi muerte voluntaria me vengaré de los romanos, negándoles todo el honor y la gloria que esperaban conseguir de mi captura'.

12 *desesperación bien entendida*: 'suicidio bien empleado'.

14 'sea tarea de la memoria (tras mi muerte) ocuparse de mi vida'. Aníbal predice que su recuerdo perdurará tras su muerte.

27

Sepulcro de Jasón, el argonauta

Habla en él un pedazo de la entena de su nave, en cuya figura se supone esta prosopopeya

Mi madre tuve en ásperas montañas;
si, inútil con la edad, soy seco leño,
mi sombra fue regalo a más de un sueño,
supliendo al jornalero las cabañas.

Del viento desprecié sonoras sañas   5
y al encogido invierno cano ceño
hasta que a la segur villano dueño
dio licencia de herirme las entrañas.

Al mar di remos; a la patria fría
de los granizos, vela. Fui ligero   10
tránsito a la soberbia y osadía.

¡Oh, amigo caminante! ¡Oh, pasajero!,
dile blandas palabras este día
al polvo de Jasón, mi marinero.

* * *

Jasón: héroe de la mitología griega. Junto con otros, conocidos como los argonautas, protagonizó un periplo en la nave Argo hasta la Cólquida para hacerse con el vellocino de oro; *entena*: 'palo horizontal del que cuelga la vela'. En este soneto un pedazo de la entena de la nave de Jasón está personificado (*prosopopeya*) y habla como el árbol que fue antes de ser talado y empleado para construir Argo. Quevedo retoma aquí el viejo tópico de la navegación como símbolo de la codicia y la desmedida ambición del ser humano (*soberbia y osadía*, v. 11).

1 *madre*: son las *montañas*, que engendraron el árbol usado para fabricar la nave de Jasón.

3-4 'bajo mi sombra solían dormir los jornaleros, como si yo fuera su cabaña'.

6 *encogido*: se refiere al acto de 'encogerse' para protegerse del frío. Nótese la hipálage, que adjudica este adjetivo al *invierno* y no al sujeto que lo padece; *cano ceño*: 'la nieve', porque es blanca y de un frío cortante ('ceñuda').

7 *segur*: 'hacha grande'; *villano*: 'campesino'.

9-10 *la patria fría / de los granizos*: 'el cielo, el aire'.

11 *tránsito*: 'medio de transporte'.

13 *blandas*: 'amables'.

28

Túmulo de don Francisco de la Cueva y Silva, grande jurisconsulto y abogado

Fue varón muy noble, limosnero y poeta

Este, en traje de túmulo, museo;
sepulcro en academia transformado,
en donde está en cenizas desatado
Jasón, Licurgo, Bártulo y Orfeo;

este polvo, que fue de tanto reo   5
asilo dulcemente razonado,
cadáver de las leyes consultado
en quien, si lloro el fin, las glorias leo;

este de don Francisco de la Cueva
fue prisión, que su vuelo nos advierte   10
dónde piedad y mérito le lleva.

Todas las leyes con discurso fuerte
venció, y ansí parece cosa nueva
que le venciese, siendo ley, la muerte.

* * *

Francisco de la Cueva y Silva: falleció en 1628, fue miembro de una familia aristocrática, además de un importante abogado, literato y autor de algunas piezas dramáticas, como la tragedia *Narciso*.

Participó en famosos procesos de la época: por ejemplo, actuó en defensa del duque de Osuna entre 1621 y 1622.

1 *museo*: 'lugar destinado al estudio de las ciencias y las letras'.

2 *academia*: 'junta o reunión de poetas'. Eran entidades, de origen renacentista, que se dedicaban al cultivo de la poesía y las letras.

3 *desatado*: 'disuelto, deshecho'.

4 *Orfeo*, legendario poeta griego, aparece aquí junto a varios juristas famosos: *Jasón*, Giasone del Maino (1435-1519); *Licurgo*, mítico legislador de Esparta; *Bártulo*, Bartolo da Sassoferrato (1314-1357).

5 *reo*: 'persona demandada en un juicio'. El cual se amparaba (*asilo*) en las habilidades jurídicas y retóricas (*dulcemente razonado*) de Francisco de la Cueva como abogado defensor.

7 *cadáver*: 'difunto', quien en vida fue tan sabio que, en vez de consultar las leyes, eran estas las que lo consultaban a él (hipérbole).

10 *vuelo*: el ascenso al paraíso del alma de Francisco de la Cueva, motivado por las buenas obras (*piedad y mérito*) que hizo a lo largo de su vida; *advierte*: 'manifiesta, muestra'.

14 *siendo ley, la muerte*: según la doctrina estoica, morir es ley común a todos los seres humanos, y no una condena, como Quevedo recuerda también en el soneto «Todo tras sí lo lleva el año breve» al hablar de la muerte: «mas, si es ley y no pena, ¿qué me aflijo?» (v. 14).

29

Lamentable inscripción para el túmulo del rey de Suecia, Gustavo Adolfo

Después de muchas victorias, murió con una bala peleando en una batalla

Rayo ardiente del mar helado y frío
y fulminante aborto, tendí el vuelo;
incendio primogénito del hielo,
logré las amenazas de mi brío.

Fatigué de Alemania el grande río,   5
crecile y calenté con sangre el suelo;
azote permitido fui del cielo
y terror del augusto señorío.

Y bala providente y vengadora,
burlando de mi arnés, defensa vana,   10
me trujo negro sueño y postrer hora.

Y, despojo a venganza soberana,
alma y cuerpo me llora quien me llora:
el que los pierde, ¿qué victorias gana?

* * *

Gustavo Adolfo: el rey de Suecia, Gustavo II Adolfo (1594-1632). Quevedo lo recuerda sobre todo como enemigo político y religioso de España por su participación en la guerra de los Treinta

Años en el bando protestante, con su campaña en Alemania empezada en 1630 y que para él concluiría en 1632, con la batalla de Lützen, donde fue muerto por un balazo de mosquete en la cabeza.

1 *mar helado y frío*: parece aludir al mar Báltico.

2 *aborto*: 'algo fuera de lo común o monstruoso'. Gustavo Adolfo se presenta como una fuerza destructora (*Rayo*; *incendio*; *brío*) venida de tierras frías (*helado y frío*; *hielo*), cuya acción abrasadora se extingue rápidamente (*fulminante*).

3 *incendio primogénito*: Gustavo Adolfo fue el primer hijo de Carlos IX de Suecia y de su segunda mujer, Cristina de Holstein-Gottorp.

5 *de Alemania el grande río*: probable alusión al Rin, donde Gustavo Adolfo obtuvo importantes victorias militares.

6 *crecile*: hipérbole; Gustavo Adolfo hizo crecer el caudal del río con la sangre derramada por los soldados enemigos.

7 *azote permitido fui del cielo*: visión providencialista que entiende a Gustavo Adolfo como un castigo divino enviado para escarmentar a los monarcas católicos. Es la misma providencia que, como se indica unos versos más abajo, acaba con él por medio de una *bala providente*.

8 *augusto señorío*: 'el imperio'; en este caso, el Sacro Imperio Romano Germánico, cuyo emperador era Fernando II de Habsburgo (1578-1637).

10 *arnés*: 'armadura'.

11 *trujo*: 'trajo'; *postrer hora*: 'la última hora' es la muerte.

12 *despojo*: 'botín del vencedor en la guerra'; el rey de Suecia fue *despojo* de Dios ('soberano'), que lo castigó (*venganza*) por su atrevimiento político (enfrentarse a España) y religioso (ser protestante).

14 *pierde*: el *cuerpo* (porque muere) y el *alma* (por ser protestante se condena al infierno).

30

Túmulo a la señora doña María Enríquez, marquesa de Villamaina

¿Quién alimentará de luz al día?
¿Quién de rayos al sol? ¿Quién a la aurora
de perlas, que en tu risa y boca llora;
del coral, que en tus labios encendía?

Ya falleció del mundo la alegría;   5
melancólica y mustia yace Flora,
cuando el cabello de tu frente dora
en negro luto la ceniza fría.

Por solo unirse a Dios tu alma pudo
desunirse del cuerpo, que, en el suelo,   10
si fue cuerpo o deidad aún hoy lo dudo.

Dichoso en tanto llanto fue su vuelo,
pues que sube tu spíritu, desnudo
de un cielo, por vestirse de otro cielo.

* * *

doña María Enríquez, marquesa de Villamaina: María Magdalena Enríquez de Guzmán (†1638), dama de honor de la reina Isabel de Borbón y esposa de Alonso Antonio Álvarez de Toledo Mendoza y Espinosa, primer marqués de Villamaina (o Villamagna).

En 1622, Quevedo le dedicó el *Sueño de la Muerte*, usando el anagrama de 'Mirena Riqueza'.

6 *Flora*: diosa romana de las flores y de la primavera.

13 *spíritu*: 'espíritu'.

14 *cielo*: equívoco; el espíritu de la marquesa sube al paraíso (*otro cielo*) desnudo de su cuerpo (*un cielo*).

31

Canción fúnebre en la muerte de don Luis Carrillo y Sotomayor, caballero de la orden de Santiago y cuatralbo de las galeras de España

Miré ligera nave
que con alas de lino en presto vuelo
por el aire suave
iba segura del rigor del cielo
y de tormenta grave.   5
En los golfos del mar el sol nadaba
y en sus ondas temblaba,
y ella, preñada de riquezas sumas,
rompiendo sus cristales
le argentaba de espumas   10
cuando, en furor iguales,
en sus velas los vientos se entregaron
y, dando en un bajío,
sus leños desató su mesmo brío
que de escarmientos todo el mar poblaron,   15
dejando de su pérdida en memoria
rotas jarcias, parleras de su historia.

En un hermoso prado
verde laurel reinaba presumido,
de pájaros poblado,   20
que, cantando, robaban el sentido
al Argos del cuidado.

De verse con su adorno tan galana
la tierra estaba ufana
y en aura blanda la adulaba el viento,   25
cuando una nube fría
hurtó en breve momento
a mis ojos el día,
y, arrojando del seno un duro rayo,
tocó la planta bella   30
y juntamente derribó con ella
toda la gala, primavera y mayo.
Quedó el suelo de verde honor robado
y vio en cenizas su soberbia el prado.

Vi, con pródiga vena,   35
de parlero cristal un arroyuelo
jugando con la arena
y enamorando de su risa al cielo;
a la margen amena,
una vez murmurando, otra corriendo,   40
estaba entreteniendo.
Espejo guarnecido de esmeralda
me pareció al miralle,
del prado la guirnalda;
mas abriose en el valle   45
una invidiosa cueva de repente,
enmudeció el arroyo,
creció la obscuridad del negro hoyo
y sepultó recién nacida fuente,
cuya corriente breve restauraron   50
ojos que, de piadosos, la lloraron.

Un pintado jilguero
más ramillete que ave parecía,
con pico lisonjero,
cantor del alba que despierta al día,   55
dulce cuanto parlero,
su libertad alegre celebraba
y la paz que gozaba
cuando en un verde y apacible ramo,
codicioso de sombra   60
que sobre varia alfombra
le prometió un reclamo,
manchadas con la liga vi sus galas
y de enemigos brazos,
en largas redes, en nudosos lazos,   65
presa la ligereza de sus alas,
mudando el dulce no aprendido canto
en lastimero son, en triste llanto.

Nave tomó ya puerto;
laurel se ve en el cielo trasplantado   70
y de él teje corona;
fuente hoy más pura a la de gracia corre
desde aqueste desierto;
y pájaro, con tono regalado,
serafín pisa ya la mejor zona   75
sin que tan alto nido nadie borre.
Ansí que el que don Luis llora no sabe
que pájaro, laurel y fuente y nave
tiene en el cielo, donde fue escogido,
flores y curso largo y puerto y nido.   80

* * *

don Luis Carrillo y Sotomayor, caballero de la orden de Santiago y cuatralbo de las galeras de España: como indica el título, Luis Carrillo y Sotomayor (1585/1586-1610) fue cuatralbo de galeras, caballero de la orden de Santiago y poeta destacado. Sus *Obras* fueron editadas póstumamente por su hermano Alonso en 1611, y en ellas Quevedo publicó esta canción fúnebre, luego recogida en el *Parnaso*. Existe otra versión, dedicada a un tal «don Juan», en las *Las tres Musas* («Estando solo un día»).

17 *parleras*: 'habladoras'; las *jarcias* ('aparejos del navío') rotas esparcidas por el mar 'cuentan' (dan a entender) la triste historia de la nave.

22 *Argos del cuidado*: Argo (o Argos) es un gigante de la mitología griega con cien (o mil) ojos, usado por los dioses como guardián, puesto que cuando dormía solo cerraba la mitad de ellos. Hera le encargó que vigilara la vaca Io. Según algunas versiones de esta leyenda, Hermes consiguió dormirlo por completo tocando la flauta de Pan antes de matarlo y hacerse con la vaca. Aquí Argo se asocia con el *cuidado* ('las preocupaciones', que nunca nos dejan descansar), derrotado por el canto de los pájaros (esto es, la poesía; representada también por los laureles).

24 *ufana*: 'presumida, engreída'.

36 *parlero cristal*: 'agua dicharachera'; el sonido del agua fluyendo en la fuente.

42-44 *Espejo*: el arroyo está adornado por el prado (*esmeralda*), comparado con una guirnalda vegetal.

52 *pintado*: matizado de varios colores.

56 *parlero*: 'hablador'; aquí usado con el sentido de 'cantor'.

62 *reclamo*: 'ave amaestrada para atraer a otras de su especie con su canto'.

63 *liga*: materia vegetal, viscosa y pegajosa que se empleaba para cazar a los pájaros.

67 *no aprendido canto*: posible recuerdo de la *Égloga II* de Garcilaso, «canto no aprendido» (v. 68).

71 *y de él teje corona*: Carrillo se corona de laurel, símbolo de la poesía. La fama del autor perdura más allá de la muerte, así

como su vida espiritual, representada aquí por los varios elementos metafóricos empleados para referirse a él (*nave*; *laurel*; *fuente*; *jilguero*).

72 *fuente* [...] *de gracia*: 'Dios'.

74 *regalado*: 'agradable, apacible'.

75 *la mejor zona*: el paraíso.

Poemas amorosos

La *Musa IV, Erato*, contiene los poemas amorosos de Quevedo. En este conjunto se encuentran algunos de los sonetos más memorables del autor, como «Cerrar podrá mis ojos la postrera», y es sobre todo en textos como este donde se ha asentado la imagen de un Quevedo apasionado, moderno y maestro en reflejar los sentimientos más íntimos del ser humano. Ello se debe en parte al gusto posromántico que, desde el siglo XIX en adelante, ha situado la lírica a la cabeza de los géneros poéticos. En ella se han reconocido los valores de sinceridad y de la expresión del yo frente a los otros cauces clásicos, considerados a menudo como huecas construcciones retóricas basadas en la imitación de modelos previos. Sin embargo, la poesía amorosa de Quevedo está concebida de la misma forma que los demás géneros que cultivó: como una personal (y vehemente) relectura de la tradición literaria. En este sentido, sus precedentes más importantes fueron autores latinos como Horacio, Propercio, Tíbulo y Ovidio; pero, sobre todo, la corriente poética europea del petrarquismo, que nace con el *Canzoniere* de Francesco Petrarca (1304-1374), donde el autor canta su amor infeliz por una muchacha llamada Laura, que murió muy joven. El petrarquismo fue uno de los cauces más exitosos de los siglos XVI y XVII. En España tuvo a su primer gran modelo en Garcilaso de la Vega (*ca.* 1499-1536), considerado entonces el «príncipe de los poetas castellanos». Por tanto, para Quevedo escribir lírica amorosa era también una forma de medirse con el gran maestro de la poesía española moderna.

La *Musa IV* se divide en dos partes. La primera contiene versos amorosos dirigidos a diferentes personajes femeninos, *Canta hazañas del amor y de la hermosura*; y la segunda está reservada a una sola amada, Lisi: *Canta sola a Lisi y la amorosa pasión de su amante*. Se trata de un sucinto cancionero donde Quevedo sigue muchas de las convenciones del petrarquismo, combinadas con un estilo barroco y atrevidas metáforas e hipérboles. Como en el *Canzoniere*, la voz poética se concentra en una dama y relata los pormenores de su relación: dónde, cuándo y cómo conoció a Lisi, etc. Al igual que sucede en Petrarca, la amada del poeta ha muerto: se trata de una historia sentimental terminada, que pervive solo en los recuerdos del yo poético. En efecto, más que Laura o Lisi, el verdadero protagonista de estos versos es la voz del emisor.

La lírica favorece un discurso introspectivo y la oportunidad de centrar toda la atención del lector en los sentimientos del personaje, que en el texto se presenta como la transposición ficcional del poeta: ese narrador que nos cuenta, a modo de autobiografía, la historia de su amor frustrado.

Como la gran mayoría de los poemas amorosos occidentales, los de Quevedo narran el devenir de relaciones imposibles, jamás consumadas. Las mujeres de estas composiciones son seres inalcanzables, perfectos y distantes en su belleza; castos e intocables, a menudo crueles. Ya desde la lírica medieval, que desarrolló esta concepción a través de lo que se suele conocer como amor cortés, el poeta se muestra a sí mismo como un vasallo o un esclavo de su amada. Esta pasión frustrada se presenta como un camino lastrado de peligros y dolores, y da pie a una serie de metáforas hiperbólicas que se concentran en la representación de polos opuestos: los contrarios de amor. Uno de los más empleados es el que compara a la dama con el hielo, debido a su frialdad, y al amado con el fuego, que se abrasa solitario en su pasión, como se ve claramente en el soneto «Hermosísimo invierno de mi vida».

Estas convenciones dan pie a interminables paradojas, que a menudo rayan en el masoquismo: el amante está atrapado en una cárcel o lucha en una guerra interminable y quisiera morir para dejar de sufrir, pero al mismo tiempo teme la muerte porque lo separaría de su amada; el dolor que siente lo hace infeliz, pero es asimismo la fuerza que lo mantiene vivo. Fuego-hielo, vida-muerte, dolor-felicidad, todos estos ejes se entrecruzan y permiten la creación de imágenes contradictorias que ponen a prueba el ingenio del autor. El objeto principal de este vórtice paradójico es la dama, cuya presencia es fantasmal: muy poco sabemos de su aspecto o de su personalidad. Nada diferencia a Aminta de Lisi, a Laura de Floris; todas estas mujeres de papel vienen representadas a través de cadenas de metáforas y símiles estereotipados: sus ojos son estrellas, sus labios, corales; su cabello, oro; su rostro, el sol; y sus dientes, perlas.

El uso y abuso de estas imágenes, prolongado durante siglos, hace del petrarquismo un cauce algo desgastado en el siglo XVII. Por ello, en el Barroco se experimentaron diversas vías de innovación temática y estilística. En los versos de Quevedo se aprecia el desarrollo de nuevos recursos y motivos, algunos de los cuales se remontan a la tradición clásica. Por ejemplo, en los sonetos «Ya, Laura, que descansa tu ventana» y «Cuando tuvo, Floralba, tu hermosura», el amor pasado se convierte en venganza, y la lírica linda con la poesía burlesca: Laura, la protagonista del soneto, se ha hecho mayor y sus encantos se han marchitado. Este motivo aparece ya en la *Antología griega* y su fortuna se extiende hasta el siglo XX, como en el poema *When You Are Old* de W. B. Yeats.

Otros poemas se ocupan de insignificantes gestos cotidianos, como el cubrirse la amada los ojos o el rostro, tópico petrarquista que conoció bastante difusión en el Barroco europeo, y que Quevedo reproduce en el soneto «Lo que me quita en fuego me da en nieve», y con el que juega en «Bostezó Floris, y su mano hermosa», donde la protagonista cubre un bostezo con la mano, desencadenando toda una serie de asociaciones conceptuosas. En otros casos, el cabello de Lisi ocupa un poema entero, «En crespa tempestad del oro undoso», en el que las referencias mitológicas se cruzan con la hipérbole, y transforman el pelo de la amada un océano poderoso que envuelve al amado en su pasión y al lector en sus giros agudos e imaginativos. Partiendo de un tópico manido («el cabello rubio de Lisi es como el oro»), el autor retuerce el lenguaje y la tradición poética creando un mundo verbal a partir de una minucia. A su vez, el espacio breve y casi asfixiante del soneto es fiel reflejo de la imagen en miniatura de Lisi contenida en una sortija, «En breve cárcel traigo aprisionado». El poeta conceptista se impone el desafío de manifestar en catorce versos la belleza de su amada, comprimida a su vez en un retrato diminuto: el dios Amor, las Indias con sus riquezas, el firmamento y el cosmos; todo cabe, se expande y se concentra en este ejercicio verbal del arte de la agudeza.

Tales desafíos a veces adquieren tonos que al lector moderno pueden quizás resultarle frívolos, como el soneto «Antes alegre andaba; agora apenas», donde todas las palabras comienzan por la letra A. Esta gimnasia verbal va de la mano de otros temas inusitados, que alcanzaron considerable fama en la poesía europea del siglo XVII: los encomios paradójicos (o elogios imposibles), donde la amada se representa como un ser bellísimo a pesar de sus discapacidades físicas, según ocurre en el soneto a una mujer tuerta «Para agotar sus luces la hermosura». El cuerpo, sus necesidades y sus flaquezas también tienen cabida dentro de estos poemas, a veces incluso de forma sorprendente, por ejemplo, en el soneto «Ay, Floralba, soñé que te... ¿Direlo?», que se hace eco de un lugar común secundario de la poesía europea, mucho menos utilizado que las metáforas al uso petrarquista: el soneto del sueño erótico, juguete onírico y sensual.

No faltan entre las composiciones amorosas de Quevedo ejercicios intelectuales de mayor envergadura, donde el escritor se mide con la gran filosofía del amor que se impuso desde el siglo XV en adelante: el neoplatonismo (véase «Alma es del mundo amor; amor es mente»). Según esta doctrina (que hoy llamaríamos «amor platónico»), difundida por el humanista italiano Marsilio Ficino (1433-1499) y sus seguidores, el amor perfecto trasciende lo corporal. La persona amada es mero reflejo de la belleza de Dios y del universo; el amor humano es un medio que nos permite alcanzar la perfección espiritual, renunciando a nuestras limitaciones terrenales. Estas ideas alcanzaron una enorme popularidad en los siglos XVI y XVII. Es por ello también por lo que Quevedo intenta a veces alejarse de sus lugares comunes revisando sus presupuestos. Así lo hizo en el soneto «No es artífice, no, la simetría», breve disquisición intelectual, que, sin embargo, se cierra con un giro apasionado donde la lírica triunfa sobre la filosofía.

La poesía amorosa de Quevedo es, pues, un compendio de la literatura occidental y, al mismo tiempo, reflejo de las innovaciones de la estética barroca. Más aún, su obra lírica es una de las máximas expresiones de su originalidad artística. En ella la palabra se enciende y se retuerce como una llama, asciende y busca una salida de la cárcel del amor y de las constricciones del petrarquismo. *Canta sola a Lisi* es un conciso cancionero conceptista, donde se estira el petrarquismo hasta sacarlo de sus casillas. Sin embargo, algunos de los experimentos más atrevidos de Quevedo, sobre todo desde el punto de vista temático, se hallan en los poemas de la primera parte de la *Musa IV*. Chanzas, agudezas y erotismo animan la ambición quevediana de agotar todas las posibilidades que le ofrecía la tradición literaria, concentrándolas en textos como el madrigal donde se relata una *Transformación imaginaria* («Cuando al espejo miras»)[1]. En

---

1. El madrigal es un poema estrófico de extensión variada donde se combinan versos de once y de siete sílabas que riman en consonante.

esta pequeña obra maestra de ocho versos el escritor descri-
be el rostro de una dama reflejado en un espejo y las trans-
formaciones de las que es objeto en la mente del enamora-
do. Lo que se nos muestra aquí es el espejo mismo de la
fantasía y de la literatura, donde todo nace de la nada, don-
de el amor y la lírica engendran magias misteriosas.

Canta hazañas del amor
y de la hermosura

32

Compara el discurso de su amor
con el de un arroyo

Torcido, desigual, blando y sonoro,
te resbalas secreto entre las flores
hurtando la corriente a los calores,
cano en la espuma y rubio con el oro.

En cristales dispensas tu tesoro,   5
líquido plectro a rústicos amores,
y, templando por cuerdas ruiseñores,
te ríes de crecer con lo que lloro.

De vidro en las lisonjas divertido,
gozoso vas al monte y, despeñado,   10
espumoso encaneces con gemido.

No de otro modo el corazón cuitado
a la prisión, al llanto, se ha venido:
alegre, inadvertido y confiado.

* * *

discurso: juega con dos significados: 'razonamiento' / 'cauce' (de un río o, en este caso, de un arroyo).

3 *hurtando la corriente a los calores*: el arroyo se desliza por la sombra de las flores, resguardando (*hurtando*) así sus aguas (*corriente*) del calor del sol.

4 *cano*: blanco; *rubio con el oro*: las pepitas de oro transportadas por la corriente (alude a un río aurífero).

5 *cristales*: las aguas del arroyo, a través de las que distribuye (*dispensas*) sus pepitas de oro (*riquezas*), pero también la belleza que lo rodea; como la música que se describe en los versos siguientes.

6 *líquido plectro*: metáfora que asocia el agradable ruido de la corriente con un imaginario instrumento de cuerda tocado por una púa (*plectro*) hecha de agua (*líquido*).

7 *templando por cuerdas ruiseñores*: continúa la metáfora musical del verso anterior; el arroyo es visto como un músico que produce melodías con sus corrientes acompañadas por el canto de las aves que lo rodean (*ruiseñores*), comparadas con cuerdas de un instrumento afinadas (*templando*) por el arroyo.

8 *de crecer con lo que lloro*: hipérbole; las lágrimas del enamorado aumentan el caudal del arroyo.

9 *vidro*: 'vidrio'; *divertido*: 'distraído' a causa de los cristales 'lisonjeros' de las aguas (porque reflejan su imagen como si fuera un galán vanidoso que se contempla en un espejo). Alude metafóricamente al enamorado distraído en los placeres (*lisonjas*) engañosos del amor.

11 *encaneces con gemido*: el arroyo, al despeñarse del monte, produce espuma blanca (*encaneces*) y un estrépito (*gemido*) que contrasta con la dulce melodía de los versos anteriores. Tras los deleites iniciales, el enamorado choca con el desengaño y el dolor que experimenta quien ha madurado ('encanecido') y conocido las penas de amor.

33

Venganza en figura de consejo
a la hermosura pasada

Está tomado ingeniosamente el argumento deste soneto de
la costumbre antigua de dedicar a Venus sus espejos las
hermosas y tiranizadas de la edad

Ya, Laura, que descansa tu ventana
en sueño, que otra edad tuvo despierta,
y, atentos, los umbrales de tu puerta
ya no escuchan de amante queja insana,

pues, cerca de la noche, a la mañana   5
de tu niñez sucede tarde yerta:
mustia la primavera, la luz muerta,
despoblada la voz, la frente cana;

cuelga el espejo a Venus, donde miras
y lloras la que fuiste en la que hoy eres,   10
pues, suspirada entonces, hoy suspiras;

y, ansí, lo que no quieren ni tú quieres
ver no verán los ojos ni tus iras,
cuando vives vejez y niñez mueres.

* * *

dedicar a Venus sus espejos: posible referencia al epigrama 53 del poeta latino Ausonio (siglo IV d. C.), traducido de la *Antología griega* (6.1). El poema está dirigido a la prostituta Lais, y la retrata, ya vieja, consagrando su espejo a la diosa Venus porque no quiere ver reflejada en él su decadencia física. El poeta Diego Hurtado de Mendoza (†1575) tradujo este epigrama al castellano («Lais, que ya fui hermosa»).

1-4 *descansa*: se refiere a los pretendientes de Laura que solían rondar la casa de la muchacha de noche. Sin embargo, todo el bullicio pasado se ha terminado ahora que ya no es joven.

6 *tarde yerta*: la vejez, que ha dejado a Laura *yerta* ('tiesa') como un cadáver.

8 *despoblada la voz*: la boca desdentada.

12-13 *lo que no quieren ni tú quieres / ver*: 'lo que ni tú ni tus antiguos pretendientes queréis ver'; esto es, el rostro avejentado de Laura.

34

A Aminta, que se cubrió los ojos con la mano

Lo que me quita en fuego me da en nieve
la mano que tus ojos me recata,
y no es menos rigor con el que mata
ni menos llamas su blancura mueve.

La vista frescos los incendios bebe,   5
y, volcán, por las venas los dilata;
con miedo atento a la blancura trata
el pecho amante, que la siente aleve.

Si de tus ojos el ardor tirano
le pasas por tu mano por templarle,   10
es gran piedad del corazón humano,

mas no de ti, que puede al ocultarle,
pues es de nieve, derretir tu mano,
si ya tu mano no pretende helarle.

* * *

1-4 *la mano*: la mano de Aminta resguarda al enamorado del *fuego* de la pasión que produce la vista de los ojos de su amada. No obstante, su mano, blanca como la *nieve*, es tan hermosa como sus ojos y causa el mismo efecto que estos. Aminta 'mata' con su belleza y con la fría distancia con la que trata al enamorado.
5-6 *la vista*: oxímoron; ver la hermosa mano de Aminta produce 'frescos incendios' en el corazón (*volcán*) del enamorado; su *nieve*

quema como si fuera *fuego*, despertando una pasión que le recorre todas las venas.

8 *aleve*: 'traidora, cruel'. El corazón (*pecho*) del enamorado intenta precaverse (*con miedo [...] trata*) de la belleza de Aminta, pues la percibe como una amenaza debido a su actitud desdeñosa.

9-11 'El tuyo sería un gesto piadoso hacia el corazón del enamorado si de veras pudieras, tapándote los ojos, templar tu belleza y los estragos que produce'.

12-14 'pero no cabe esperarse esto de ti, pues el fuego de tus ojos es tan intenso que puede traspasar tu mano ('derritiéndola') o, peor aún, esta puede helar el corazón con su frialdad'.

35

A una dama tuerta y muy hermosa

Para agotar sus luces la hermosura
en un ojo no más de vuestra cara,
grande ejemplar y de belleza rara
tuvo en el sol, que en una luz se apura.

Imitáis, pues, aquella arquitectura   5
de la vista del cielo, hermosa y clara;
que muchos ojos y de luz avara
sola la noche los ostenta obscura.

Si en un ojo no más, que en vos es día,
tienen cuantos le ven muerte y prisiones,   10
al otro le faltara monarquía.

Aun faltan a sus rayos corazones,
victorias a su ardiente valentía,
y al triunfo de sus luces, aun naciones.

* * *

1-4 *el sol*: hipérbole basada en la comparación, tópica en la poesía
amorosa de la época, entre los ojos de la amada y los haces de luz
(soles, estrellas, rayos, etc.): la hermosura tomó ejemplo (*ejemplar*)
del sol, origen único de la luz en la tierra (*en una luz se apura*), para
condensar (*agotar*) todas sus virtudes en el ojo sano de la tuerta
protagonista del soneto.

4-8 *Imitáis*: la dama tuerta es como el sol (*vista del cielo*), que reparte su luz con generosidad, y no como la noche, que tiene *muchos ojos* (las estrellas), pero es oscura (*de luz avara*).

9-11 *en un ojo no más*: hipérbole; el único ojo de la tuerta es tan hermoso que somete con la mirada a *todos cuantos le ven*, de modo que, si tuviera dos, el segundo se quedaría sin pretendientes (*le faltara monarquía*).

12-14 *victorias*: al ojo de la tuerta todavía le quedan muchos hombres por seducir: todos aquellos que aún no lo han visto. Nótese cómo se extiende la metáfora política empleada en el verso 11 (*monarquía*) y se combina con el tópico del amor como guerra: los futuros enamorados de la dama son como *naciones* derrotadas por su belleza (*victorias*). En este caso, los dos *aun* no se acentúan pese a que equivalgan a *todavía* debido a razones métricas, para mantener así el cómputo de once sílabas en los versos 12 y 14.

36

Quiere que la hermosura consista en el movimiento

Inquiere Platón si la hermosura consiste en medidas, en números o armonía; y es cuestión muy contenciosa en qué consista, pero la sentencia que sigue este soneto es la más cierta: Bernardino Telesio la comprobó con no pocos argumentos. Últimamente, compara la hermosura al fuego que, vivo, no se quieta

No es artífice, no, la simetría
de la hermosura que en Floralba veo,
ni será de los números trofeo
fábrica que desdeña al sol y al día.

No resulta de música armonía   5
(perdonen sus milagros en Orfeo),
que bien la reconoce mi deseo
oculta majestad que el cielo envía.

Puédese padecer, mas no saberse;
puédese codiciar, no averiguarse,   10
alma que en movimientos puede verse.

No puede en la quietud difunta hallarse
hermosura que es fuego en el moverse,
y no puede, viviendo, sosegarse.

* * *

Bernardino Telesio: humanista e innovador filósofo italiano (1509-1588). Su obra más importante es *De rerum natura iuxta propria principia* (1565). Aquí defiende que el movimiento, producido por el calor inherente a todos los seres vivientes, es la esencia de la vida. Las ideas de Telesio fueron retomadas por Iacopo di Gaeta en su *Ragionamento chiamato l'academico, overo della bellezza* (1591), quien las aplicó a la belleza. Gaeta explica que la hermosura no es algo tangible, y que depende en primer lugar del movimiento que permite que todas las cualidades de lo bello sean percibidas por los individuos. Este es uno de los muchos textos en los que se pudo haber inspirado Quevedo para poetizar complejos conceptos filosóficos que trascienden las ideas al uso en aquella época, basadas en presupuestos platónicos (la belleza es armonía y proporción).

3 *trofeo*: la belleza no depende (no es *trofeo*) de la *simetría* ni de la proporción matemática (*números*) entre las partes de un cuerpo.

4 *fábrica*: 'edificio suntuoso'; esto es, Floralba, más bella que el sol y que la luz del día.

6 *Orfeo*: legendario poeta y músico griego que era capaz de conmover a los animales y alterar la naturaleza (deteniendo la corriente de los ríos, por ejemplo) con su música. Pese a que la música sea capaz de estos *milagros*, la belleza no depende de ella.

9-11 *en movimientos puede verse*: la belleza se asimila a través de los sentidos, pero no se puede racionalizar (*no saberse*; *no averiguarse*). Como explica Gaeta, se basa en la percepción y no en la razón.

12 *quietud difunta*: como explicara Telesio, la falta de movimiento es propia de los seres inanimados o muertos (*difunta*).

37

Admírase de que Flora, siendo toda fuego y luz, sea toda hielo

Hermosísimo invierno de mi vida,
sin estivo calor constante hielo,
a cuya nieve da cortés el cielo
púrpura en tiernas flores encendida;

esa esfera de luz enriquecida,   5
que tiene por estrella al dios de Delo,
¿cómo en la elemental guerra del suelo
reina, de sus contrarios defendida?

Eres Scitia del'alma que te adora
cuando la vista que te mira inflama;   10
Etna, que ardientes nieves atesora.

Si lo frágil perdonas a la fama,
eres al vidrio parecida, Flora,
que, siendo hielo, es hijo de la llama.

* * *

4 *púrpura en tiernas flores encendida*: las mejillas rosadas de Flora.
6 *dios de Delo*: Apolo, el sol, nacido en la isla de Delos.
7-8 '¿Cómo puede ser que Flora (la *esfera de luz*) consiga imponerse en la guerra natural entre los elementos del agua (*nieve*) y del fuego (*luz*), y quedar a salvo de sus fuerzas opuestas (*contrarios*)?'.

El soneto reproduce el motivo tradicional de los contrastes de amor expresados a través de series de oxímoros (fuego/nieve) que manifiestan los sentimientos contradictorios del amante desdeñado.

9 *Scitia*: Escitia, región del mundo clásico cuya extensión varía según las fuentes, pero que suele incluir los territorios al sur de Rusia y Ucrania y al norte del Cáucaso. Se usaba por antonomasia en la poesía de la época para referirse a una tierra fría.

10 *inflama*: el sujeto es *Scitia* (Flora), que enciende de pasión (*inflama*) los corazones de los pretendientes que la observan (*mira*) y, a su vez, los 'congela' con su frío desdén.

11 *Etna*: famoso volcán de Sicilia, cuyas cumbres nevadas contrastan con la lava que despide su cráter (*ardientes nieves*).

12-14 'Si no te incomoda la reputación de frágil que tiene el vidrio, me atrevería a compararte con él; pues ambos os parecéis al hielo (él por su aspecto, tú por tu frialdad), y os habéis formado a partir de llamas de fuego' (el *vidrio*: alude a la antigua creencia de que el cristal se origina del hielo cuajado; *Flora*: porque 'enciende' los corazones de sus pretendientes, lo cual engendra su frío desdén). En este contexto, *frágil*, asociado a una dama, podía tener connotaciones negativas respecto a su laxitud moral y a su promiscuidad; también por ello el emisor se disculpa (*perdonas a la fama*) por la comparación con el vidrio.

38

En sentencia platónica, que la armonía
y contextura universal del mundo consta del amor,
halla presunción amorosa

Alma es del mundo amor; amor es mente
que vuelve en alta espléndida jornada
del sol infatigable luz sagrada
y en varios cercos todo el coro ardiente;

espíritu fecundo y vehemente,   5
con varonil virtud siempre inflamada,
que, en universal máquina mezclada,
paterna actividad obra clemente.

Este, pues, burlador de los reparos
que atrevidos se oponen a sus jaras,   10
artífice inmortal de efectos raros,

igualmente nos honra, si reparas;
pues, si hace trono de tus ojos claros,
Flora, en mi pecho tiene templo y aras.

* * *

presunción: 'indicios, pruebas'. Quevedo traduce y adapta el sone-
to del autor italiano Torquato Tasso (1544-1595), «Amore alma è
del mondo, Amore è mente». Varios tratadistas neoplatónicos del
Renacimiento, como Marsilio Ficino o León Hebreo, creían que

el amor era la fuerza que regía el cosmos y que, por tanto, influía en todos los seres animados e inanimados. A partir de este razonamiento, el yo poético deduce (*presunción*) que está enamorado de Flora, pasando de lo general a lo particular.

1-4 *Alma es del mundo amor*: el amor es el alma y la mente del universo, que hace dar vueltas (*vuelve*) e impulsa el sol (imagen de Dios: *luz sagrada*) y las órbitas (*cercos*) de los cuerpos celestes (*coro ardiente*); *jornada*: 'viaje, itinerario'. La idea del 'coro de los astros' se remonta al pitagorismo, que creía que el cosmos estaba regido por un sistema de armonías musicales. El verso alude también a los 'coros de los ángeles', los varios órdenes jerárquicos en los que tradicionalmente se distribuyen los ángeles en el cielo.

5-8 *espíritu fecundo*: el amor 'fecunda' el universo, engendrando la vida. Según las teorías médicas de la época, era el varón (*varonil virtud*) quien, durante el acto de la procreación, proporcionaba la esencia de la vida con su semen; mientras que la mujer cumplía solo un rol pasivo, como recipiente. El amor es 'padre' de todo y, por ello, rige el universo y *obra* con clemencia. Es frecuente en el discurso teológico y político comparar a Dios y al rey con la figura de un padre justo.

9 *reparos*: 'precauciones, defensas'. Nadie puede resistirse al amor.

10 *jaras*: 'flechas'. El dios amor (Cupido) solía representarse como un niño alado armado de arco y flechas, con las que hacía enamorar a sus víctimas.

11 *raros*: 'extraordinarios, sorprendentes'. El amor es un dios *inmortal* y tiene un poder desmesurado que provoca consecuencias (*efectos*) inesperadas, contra las que no es posible precaverse.

12-14 'el amor nos honra a los dos, Flora: a ti, porque se sirve de tus ojos como un rey de un trono (desde donde reina sobre mi corazón con tu belleza); a mí, porque mi corazón (*pecho*) le sirve de templo y aras (donde le adoro como si fuera mi dios)'.

39

Celebra a una dama poeta llamada Antonia

Antes alegre andaba; agora apenas
alcanzo alivio, ardiendo aprisionado;
armas a Antandra aumento acobardado:
aire abrazo, agua aprieto, aplico arenas.

Al áspid adormido, a las amenas   5
ascuas acerco atrevimiento alado;
alabanzas acuerdo al aclamado
aspecto, a quien admira antigua Atenas.

Agora, amenazándome atrevido,
Amor aprieta aprisa arcos, aljaba;   10
aguardo al arrogante, agradecido.

Apunta airado; al fin amando acaba
aqueste amante al árbol alto asido,
adonde alegre, ardiendo, antes amaba.

* * *

Antonia: ¿quizás Antonia de Alarcón? Natural de Madrid, sabe-
mos muy poco de ella. Se dio a conocer en el certamen en honor
a la muerte de la reina Margarita, ganando el segundo premio en
la categoría de redondillas con las décimas «Si a su rey con dolor
viera» (*Relación de las honras que hizo la Universidad de Salamanca
a la majestad de la reina doña Margarita de Austria*, 1611). Participó

en otras justas y certámenes en Salamanca y Madrid. Como indica una nota del *Parnaso*: «Todas las dicciones empiezan con A» (menos tres: *las, quien, fin*) en honor de la inicial de su nombre (*Antonia*). Juegos como estos eran frecuentes en la época, sobre todo en los poemas escritos en academias literarias. En estas reuniones era también usual emplear pseudónimos, como el de Antandra. Por otro lado, era común en la poesía amorosa de la época ocultar la identidad de una mujer real tras nombres literarios como Antandra, Filis, Lisi, etc.

4 *aplico*: 'junto, recojo'.

5 *adormido*: 'dormido'.

6 *atrevimiento alado*: porque se 'levanta' hacia donde no debiera. El atrevimiento y la osadía se asocian tradicionalmente con la fábula mitológica que narra el vuelo de Ícaro hacia el sol con las alas de cera que le había fabricado su padre Dédalo; las mismas se deshicieron, causando la caída de Ícaro y su muerte.

7 *acuerdo*: 'concedo'.

8 *antigua Atenas*: la sabiduría y el arte de la poeta Antonia son tales que admirarían a la misma Atenas, una de las cunas de la civilización occidental. El *aclamado aspecto* es el 'rostro famoso' de Antandra (Antonia).

9 *Agora*: 'ahora'.

10 *Amor*: representado aquí como el dios Cupido, con arco y aljaba, donde guarda las flechas que usa para enamorar.

11 *arrogante*: el Amor; *agradecido*: el yo poético prendado de las bellezas de Antonia.

40

Amante agradecido a las lisonjas mentirosas
de un sueño

¡Ay, Floralba! Soñé que te... ¿Direlo?
Sí, pues que sueño fue: que te gozaba.
¿Y quién, sino un amante que soñaba,
juntara tanto infierno a tanto cielo?

Mis llamas con tu nieve y con tu hielo,   5
cual suele opuestas flechas de su aljaba,
mezclaba amor, y honesto las mezclaba,
como mi adoración en su desvelo.

Y dije: «Quiera Amor, quiera mi suerte
que nunca duerma yo, si estoy despierto,   10
y que, si duermo, que jamás despierte».

Mas desperté del dulce desconcierto
y vi que estuve vivo con la muerte,
y vi que con la vida estaba muerto.

* * *

lisonjas mentirosas: 'placeres imaginarios'. El motivo del sueño erótico tiene su origen en la poesía romana y se desarrolla en la lírica neolatina de los siglos XV y XVI, aunque la fuente principal de este soneto es otro del padre Pedro de Tablares (1500/1506-1565): «¡Ay!, dulce sueño y dulce sentimiento». En ambos poemas se ha perdido la sensualidad de algunos de estos textos anteriores, que describen detalladamente el placer del amante contemplando o tocando el cuerpo de la amada. Sin embargo, los primeros versos de Quevedo expresan de forma explícita el acto sexual (*te gozaba*), rompiendo con las restricciones del petrarquismo y del neoplatonismo, que exaltaban el amor espiritual.

4 *infierno*: por el 'fuego' de la pasión amorosa, pero también por lo pecaminoso del acto sexual, que contrasta con la pura belleza (*cielo*) de la amada.

6 *opuestas flechas*: Cupido, el dios del amor, tenía dos clases de flechas en su aljaba: unas eran de oro, y generaban atracción entre dos personas; las otras eran de plomo, y provocaban rechazo.

7-8: *honesto*: el yo poético matiza el erotismo del primer cuarteto, especificando que en su sueño el amor era casto (*honesto*), al igual que lo son sus pensamientos amorosos (*admiración*) cuando está despierto (*desvelo*). No obstante, el inequívoco sentido sexual de *gozaba* pervive en la mente del lector, creando una sensación de ambigüedad propia del marco onírico donde se desarrolla el soneto.

41

Venganza de la edad en hermosura presumida

Cuando tuvo, Floralba, tu hermosura
cuantos ojos te vieron en cadena,
con presunción de honestidad ajena
los despreció, soberbia, tu locura.

Persuadiote el espejo conjetura   5
de eternidades en la edad serena,
y que a su plata el oro en tu melena
nunca del tiempo trocaría la usura.

Ves que la que antes eras sepultada
yaces en la que vives y, quejosa,   10
tarde te acusa vanidad burlada.

Mueres doncella, y no de virtuosa,
sino de presumida y despreciada:
esto eres vieja, esotro fuiste hermosa.

* * *

la edad: el tiempo; que se 'venga' de Floralba, ya mayor, quien en
su juventud fue hermosa.

2 *en cadena*: la belleza de Floralba tenía embelesados ('encadena-
dos') los *ojos* de todos sus pretendientes cuando era joven.

3-4 *locura*: 'vanidad, arrogancia'. Floralba rechazó con *soberbia* a
todos sus pretendientes, so pretexto de que lo hacía para defen-
der su *honestidad*, virtud que en realidad le era *ajena*.

5-6 'Cuando eras joven (*en la edad serena*) el espejo te hizo creer (*Persuadiote*) que ibas a mantenerte eternamente hermosa'.

7 *plata*: las canas; *oro*: el cabello rubio.

8 *usura*: siguiendo las metáforas del verso anterior, Quevedo compara el tiempo con un ávido usurero que trueca el oro de la juventud por la plata de la vejez.

12-13 *Mueres doncella*: Floralba va a morir virgen (*doncella*), pero no por ser *virtuosa*, sino por *presumida*, ya que siempre consideró que todos sus pretendientes no estaban a su altura.

14 *esto*: despreciada; *esotro*: presumida. Nótese el quiasmo en los versos 13-14: *presumida-hermosa / despreciada-vieja*.

42

A un bostezo de Floris
MADRIGAL

Bostezó Floris, y su mano hermosa,
cortésmente tirana y religiosa,
tres cruces de sus dedos celestiales
engastó en perlas y cerró en corales,
crucificando en labios carmesíes   5
o en puertas de rubíes,
sus dedos de jazmín y casta rosa.

Yo, que alumbradas de sus vivas luces,
sobre claveles rojos vi tres cruces,
hurtar quise el engaste de una de ellas   10
por ver si mi delito o mi fortuna,
por mal o buen ladrón, me diera una;
y fuera buen ladrón robando estrellas.

Mas no pudiendo hurtarlas
y mereciendo apenas adorarlas,   15
divino humilladero
de toda libertad, dije: «Yo muero,
si no en cruces, por ellas; donde veo
morir virgen y mártir mi deseo».

* * *

3 *tres cruces de sus dedos*: los dedos de Floris son comparados con tres cruces. Alude a la costumbre de hacerse la señal de la cruz sobre la boca cuando se bostezaba para evitar, según una antigua superstición, que entraran por ella el diablo o malos espíritus.

4 *perlas*: los dientes; *corales*: los labios.

6 *puertas de rubíes*: los labios.

8 *vivas luces*: los ojos.

10 *hurtar*: el yo poético se propone 'robar' un beso (*engaste*: 'dientes') a Floris.

12 *por mal o buen ladrón*: el buen y el mal ladrón que, según el Evangelio, fueron crucificados con Cristo en el monte Calvario. Los tres dedos de Floris recuerdan, pues, estas cruces. Nótese la constante mezcla del discurso amoroso y el sagrado.

13 *buen ladrón*: equívoco; se refiere a un ladrón que es 'bueno' (habilidoso) en su oficio, pues es capaz de robar *estrellas*: los ojos de Floris (su mirada). Es posible que juegue también con el otro sentido de *estrella*: 'inclinación, voluntad', para significar que le 'roba la voluntad' a Floris; esto es, que la seduce.

16 *humilladero*: lugar devoto en la entrada o salida de pueblos y en los caminos donde se coloca una imagen sagrada o una cruz. Los pretendientes de Floris pueden tan solo postrarse ante su belleza y entregarle su libre albedrío (*libertad*).

43

Transformación imaginaria
MADRIGAL

Cuando al espejo miras,
el gesto hermoso, Flori, con que admiras,
honra y gloria del suelo,
de espejo le haces cielo;
pues, siendo como el cielo transparente,   5
a su luna, creciente
ya de splendor, añades rayos rojos:
sol con tu cara, estrellas con tus ojos.

* * *

4 'cuando miras en el espejo, lo transformas en una imagen del cielo'.

6 *luna*: juega con los dos sentidos de 'satélite de la Tierra' y 'cristal del espejo'. La *luna* está en fase *creciente* debido al *esplendor* que produce la imagen de Flori reflejada en el espejo.

7 *splendor*: 'esplendor'.

44

Error acertado en condición mudable
MADRIGAL

El día que me aborreces, ese día
tengo tanta alegría
como pesar padezco cuando me amas
y tu dueño me llamas,
porque cuando indignada me aborreces,   5
en tu mudable condición me ofreces
señas de luego amarme con estremo;
y cuanto más me amas, Laura, temo
de tus mudanzas, como firme amante,
que me has de aborrecer en otro instante.   10
Ansí que, por mejor elegir, quiero
la esperanza del gusto venidero,
aunque esté desdeñado,
que el engañoso estado
de posesión tan bella,   15
sujeto al torpe miedo de perdella.

* * *

Error acertado: este oxímoron marca el tono contradictorio de
todo el poema, reflejando la mudable condición de la amada.
4 *dueño*: 'amado'
11 *Ansí*: 'así'.

Canta sola a Lisi y la amorosa pasión de su amante

45

Que de Lisi el hermoso desdén fue la prisión de su alma libre

¿Qué importa blasonar del albedrío,
alma, de eterna y libre tan preciada,
si va en prisión de un ceño y, conquistada,
padece en un cabello señorío?

Nació monarca del imperio mío   5
la mente, en noble libertad criada;
hoy en esclavitud yace amarrada
al semblante severo de un desvío.

Una risa, unos ojos, unas manos
todo mi corazón y mis sentidos   10
saquearon, hermosos y tiranos;

y no tienen consuelo mis gemidos,
pues ni de su vitoria están ufanos
ni de mi perdición compadecidos.

* * *

1 *blasonar*: 'vanagloriarse, jactarse'.
3 *ceño*: el rostro enfadado de la amada.
4 *padece en un cabello señorío*: hipérbole; el alma es 'dominada' por solo un cabello de la amada.
8 *desvío*: 'despego, desdén'.
13 *están ufanos*: la *risa*, los *ojos* y las *manos*, mentados en el terceto anterior, no se conforman ('ufanan') de su *victoria* sobre el libre albedrío del enamorado.

46

Afectos varios de su corazón fluctuando en las ondas de los cabellos de Lisi

En crespa tempestad del oro undoso
nada golfos de luz ardiente y pura
mi corazón, sediento de hermosura,
si el cabello deslazas generoso.

Leandro, en mar de fuego proceloso,   5
su amor ostenta, su vivir apura;
Ícaro, en senda de oro mal segura,
arde sus alas por morir glorioso.

Con pretensión de fénix, encendidas
sus esperanzas, que difuntas lloro,   10
intenta que su muerte engendre vidas.

Avaro y rico y pobre; en el tesoro,
el castigo y la hambre imita a Midas,
Tántalo en fugitiva fuente de oro.

* * *

5 *Leandro*: amante de la tradición griega que, según la leyenda, cruzaba a nado el Helesponto cada noche para reunirse con su amada, Hero, hasta que se ahogó una noche de tempestad. El corazón del yo poético es comparado con Leandro y con otros personajes mitológicos: Ícaro, el fénix, Midas, Tántalo; todos ellos cautivos del hermoso e inasequible cabello rubio de Lisi.

6 *apura*: 'consume, concluye'.

7 *Ícaro*: hijo de Dédalo, que construyó unas alas artificiales para que ambos pudieran huir del laberinto de Creta. Pese a las admoniciones de su padre, Ícaro se acercó demasiado al sol y la cera que sostenía sus alas se derritió, lo que causó su caída en el mar y su muerte.

9 *Fénix*: ave mítica que renace de sus cenizas cada vez que muere.

13 *Midas*: rey de Frigia que pidió el don de transformar en oro todo lo que tocaba. Su deseo se hizo realidad y pronto se tornó contra él cuando incluso los alimentos que intentaba comer se convertían en oro.

14 *Tántalo*: castigado a padecer hambre y sed perpetuas en el infierno, sumergido en agua hasta el cuello. El agua se retraía cada vez que intentaba beber, y una rama cargada de fruta que pendía sobre su cabeza se alejaba cuando estiraba sus brazos hacia ella.

47

Amor impreso en el alma,
que dura después de las cenizas

Si hija de mi amor mi muerte fuese,
¡qué parto tan dichoso que sería
el de mi amor contra la vida mía!
¡Qué gloria que el morir de amar naciese!

Llevara yo en el alma a donde fuese   5
el fuego en que me abraso, y guardaría
su llama fiel con la ceniza fría
en el mismo sepulcro en que durmiese.

De esotra parte de la muerte dura
vivirán en mi sombra mis cuidados,   10
y más allá del Lete mi memoria.

Triunfará del olvido tu hermosura;
mi pura fe y ardiente, de los hados;
y el no ser, por amar, será mi gloria.

* * *

9-11 *Lete*: según la mitología griega, las almas de los muertos be-
bían el agua de Lete, el río del Olvido situado en el otro mundo
(*esotra parte*), y perdían así la memoria de quiénes habían sido en
vida.

48

Exhorta a Lisi a efectos semejantes de la víbora

Esta víbora ardiente que, enlazada,
peligros anudó de nuestra vida,
lúbrica muerte en círculos torcida,
arco que se vibró, flecha animada;

hoy, de médica mano desatada,   5
la que en sedienta arena fue temida
su diente contradice, y la herida
que ardiente derramó cura templada.

Pues tus ojos también con muerte hermosa
miran, Lisi, al rendido pecho mío,   10
templa tal vez su fuerza venenosa,

desmiente tu veneno ardiente y frío:
aprende de una sierpe ponzoñosa,
que no es menos dañoso tu desvío.

* * *

1-4 *víbora*: la crueldad de Lisi es como la de una víbora que se en-
laza alrededor de sus víctimas (*anudó, círculos*) y las envenena dán-
doles *lúbrica muerte* (nótese la hipálage en el desplazamiento del
adjetivo *lúbrico*, 'resbaladizo', que en realidad corresponde a la
víbora). Quevedo compara los movimientos y la forma retorcida
de la víbora con un *arco* y una *flecha* envenenada.

5-8 *médica mano*: los médicos anulan (*desatar*: 'deshacer') la fuerza mortífera del veneno, pues su antídoto se produce a partir del mismo veneno extraído de los dientes de la víbora, que 'contradicen' así su función original; *templada*: 'moderada, benévola'. Podría haber también una referencia a la vara de Asclepio, dios griego de la medicina, que tiene una serpiente enrollada (*enlazada*) y a la que se atribuían poderes curativos mágicos.

11 *tal vez*: 'de vez en cuando, alguna vez'.

14 *desvío*: 'desdén, rechazo'.

49

Retrato de Lisi que traía en una sortija

En breve cárcel traigo aprisionado,
con toda su familia de oro ardiente,
el cerco de la luz resplandeciente
y grande imperio del amor cerrado.

Traigo el campo que pacen estrellado   5
las fieras altas de la piel luciente
y, a escondidas del cielo y del oriente,
día de luz y parto mejorado.

Traigo todas las Indias en mi mano,
perlas que, en un diamante, por rubíes   10
pronuncian con desdén sonoro hielo,

y razonan tal vez fuego tirano:
relámpagos de risa carmesíes,
auroras, gala y presunción del cielo.

* * *

1 *breve cárcel*: la *sortija* del enamorado, donde lleva un retrato de
Lisi.
2 *familia de oro ardiente*: los rayos que emanan del sol (*cerco de luz*),
equiparado al rostro de Lisi.
4 *imperio del amor*: el poder del amor que produce la vista de Lisi.
5 *campo*: el firmamento.

6 *fieras*: son las constelaciones y signos del Zodíaco vinculados con animales (Osa Mayor, Tauro, Aries, Capricornio, Leo...) 'paciendo' en el *campo* del cielo.

7-8 *día de luz*: hipérbole; la belleza de Lisi es como un día luminoso, y supone una versión 'mejorada' de la salida del sol. Por eso se trae su retrato *a escondidas* del *cielo*, donde reside el sol, y del *oriente*, donde nace (*parto*), para que estos no se resientan de su competencia.

9-12 *Indias*: tierra de riquezas como las del rostro de Lisi (*diamante*); esto es, sus dientes (*perlas*) y sus labios (*rubíes*) hermosos. Tradicionalmente se creía que los cristales y diamantes se formaban a partir del hielo que se había congelado en grado sumo. Lisi es como un diamante: fría (*hielo*) y dura (*desdén*) con sus pretendientes, aunque a veces sus palabras puedan inspirar la pasión (*fuego*).

13 *relámpagos de risa carmesíes*: la belleza deslumbrante (*relámpagos*) de la sonrisa (*risa*) en los labios (*carmesíes*) de Lisi.

50

Amor constante más allá de la muerte

Cerrar podrá mis ojos la postrera
sombra que me llevare el blanco día,
y podrá desatar esta alma mía
hora a su afán ansioso lisonjera;

mas no de esotra parte en la ribera   5
dejará la memoria en donde ardía:
nadar sabe mi llama el agua fría
y perder el respeto a ley severa.

Alma, a quien todo un dios prisión ha sido;
venas, que humor a tanto fuego han dado;   10
medulas, que han gloriosamente ardido,

su cuerpo dejará, no su cuidado;
serán ceniza, mas tendrá sentido;
polvo serán, mas polvo enamorado.

* * *

1-2 'cuando llegue la muerte (*postrera sombra*) se llevará la luz del
día (la vida)'.
3-4 'y la *hora* de la muerte será agradable (*lisonjera*), pues separará
(*desatar*) a mi alma de mi cuerpo cumpliendo así el mayor deseo
(*afán ansioso*) de esta: morir de amor'.
5-8 *la memoria*: según la mitología griega, al descender al otro
mundo las almas de los difuntos debían cruzar el río Aqueronte

sobre la barca de Caronte, el barquero del Hades; y una vez llegados a la otra orilla (*de esotra parte en la ribera*), bebían las aguas del río Lete que les hacían olvidar su vida terrenal. El alma del yo poético se propone desafiar su destino humano (*ley severa*) cruzando a nado (*nadar*) el Aqueronte para regresar al recuerdo de su amor.

9 *dios*: Cupido, el dios del amor.

11 *medulas*: en el siglo XVII era común la acentuación llana de *médula*.

51

*Solicitud de su pensamiento
enamorado y ausente*

¿Qué buscas, porfiado pensamiento,
ministro sin piedad de mi locura,
invisible martirio, sombra oscura,
fatal persecución del sufrimiento?

Si del largo camino estás sediento,   5
mi vista bebe, su corriente apura;
si te promete albricias la hermosura
de Lisi por mi fin, vuelve contento.

Yo muero, Lisi, preso y desterrado,
pero, si fue mi muerte la partida,   10
de puro muerto estoy de mí olvidado.

Aquí para morir me falta vida,
allá para vivir sobró cuidado:
fantasma soy en penas detenida.

* * *

2 *ministro*: 'ministro de justicia, verdugo'; esto es, el oficial que se
encarga de ejecutar una pena.
4 *fatal*: 'que depende del hado'; el *pensamiento* es representado
como un castigo del destino que agota las fuerzas del yo poético;
sufrimiento: 'aguante, paciencia'.

5 *largo camino*: el protagonista del poema se presenta, metafórica-
mente, como un desterrado, alejado por los desdenes de la amada.

6 *apura*: 'bebe, consume'; el yo poético se dirige a su pensamiento
y le aconseja saciar la sed con sus lágrimas (la *corriente* de su *vista*).

7-8 'si esperas (*te promete*) una recompensa (*albricias*) de la hermo-
sura de Lisi si le llevas noticias de mi muerte (*fin*), vuelve *contento*
a ella (pues he muerto, y obtendrás tu premio)'.

11 'estoy tan desesperado (*puro muerto*) que me he olvidado de mí
mismo'.

12-13 'Aquí (en la lejanía) no puedo morirme porque no estoy
vivo (el dolor me hace vivir como si estuviera muerto); allá (junto
a la amada) tengo demasiadas penas (*cuidado*) que no me dejan
vivir'.

14 *detenida*: concuerda con *fantasma*, palabra femenina en el si-
glo XVII. El yo poético vive en un limbo, suspenso entre la vida y
la muerte, la cercanía y la lejanía.

52

Exhorta a los que amaren que no sigan los pasos por donde ha hecho su viaje

Cargado voy de mí, veo delante
muerte que me amenaza la jornada;
ir porfiando por la senda errada
más de necio será que de constante.

Si por su mal me sigue ciego amante   5
—que nunca es sola suerte desdichada—,
¡ay!, vuelva en sí y atrás, no dé pisada
donde la dio tan ciego caminante.

Ved cuán errado mi camino ha sido,
cuán solo y triste y cuán desordenado,   10
que nunca ansí le anduvo pie perdido;

pues, por no desandar lo caminado,
viendo delante y cerca fin temido,
con pasos que otros huyen le he buscado.

* * *

1 *Cargado voy de mí*: es recuerdo directo del soneto 82 de Juan
Boscán (1492-1542): «Cargado voy de mí doquier que ando». El
yo poético se representa aquí según el tópico del «peregrino de
amor», en una senda hecha de dolor y frustración que lleva a la
muerte. Su voz se dirige a los otros amantes, exhortándolos a que
no sigan su ejemplo.

2 *jornada*: 'viaje, ruta'.

6 *vuelva en sí y atrás*: 'tome conciencia de su situación, y vuelva hacia atrás'.

11 *ansí*: 'así'; 'nunca hubo alguien tan perdido como yo (metonimia: *pie perdido*) que anduviese por un camino tan equivocado (*errado*)'.

13 *fin temido*: la muerte, ya mentada en el v. 2.

14 *huyen*: 'evitan, temen' (los *pasos*, con uso transitivo).

53

Laméntase, muerta Lisi, de la vida,
que le impide el seguirla

¿Cuándo aquel fin a mí vendrá, forzoso,
pues por todas las vidas se pasea,
que tanto el desdichado le desea
y que tanto le teme el venturoso?

La condición del hado desdeñoso   5
quiere que le codicie y no le vea;
el descanso le invidia a mi tarea
parasismo y sepulcro, perezoso.

Quiere el tiempo engañarme lisonjero,
llamando vida dilatar la muerte,   10
siendo morir el tiempo que la espero.

Celosa debo de tener la suerte,
pues, viendo, ¡oh, Lisi!, que por verte muero,
con la vida me estorba el poder verte.

* * *

1 *fin*: la muerte, inevitable (*forzoso*) y deseada por el enamorado
para reunirse con Lisi, ya difunta. Este es el último soneto de
Canta sola a Lisi, y cierra con un tono fúnebre la historia de amor
entre el yo poético y su amada.
5 *condición del hado*: el hado se hace de rogar (*desdeñoso*) y retrasa
la llegada de la muerte.

7 *invidia*: 'envidia'.

8 *parasismo*: 'paroxismo'; esto es, convulsiones y pérdidas de sentido causadas por una enfermedad grave y que suelen preceder a la muerte. Estos versos son de difícil comprensión. Los interpreto así: el *descanso* tiene 'envidia' del amor (*tarea*) del locutor y retrasa (*perezoso*) su muerte (*parasismo y sepulcro*), impidiendo así que pueda ver a Lisi en la otra vida. La misma idea se reitera en los versos siguientes.

11 *dilatar*: 'extender' la vida, que en realidad es muerte para el enamorado que ha perdido a Lisi.

13 *la suerte*: 'el hado', que se comporta como un amante celoso (*celosa*) y prolonga la vida del yo poético, que en realidad se 'muere de ganas' de que llegue su hora para reencontrarse con Lisi en la otra vida (*por verte muero*).

14 *me estorba*: 'me dificulta, me impide'.

Letrillas, jácaras y bailes

La *Musa V, Terpsícore*, según su epígrafe, «Canta poesías que se cantan y bailan»; esto es, letrillas, jácaras y bailes. La música es el rasgo definitorio de estas piezas, que estaban pensadas para interpretarse en público, para ser cantadas y bailadas en la calle, en fiestas y en los tablados de los teatros. Son, desde luego, textos que tienen un sabor más popular que los sonetos que hemos encontrado en las *Musas* anteriores, plagados de recuerdos de la literatura clásica y de los poetas italianos del Renacimiento, y escritos en endecasílabos (versos de once sílabas). Aquí, en cambio, predomina la variedad métrica y, sobre todo, los octosílabos, que se remontan a la poesía castellana tradicional. Se trata de poemas con una estructura abierta y menos rígida que los sonetos, lo cual les permite una mayor flexibilidad y cercanía con la lengua hablada. Sin embargo, más allá de este tono conversacional, los poemas de la *Musa V* son también brillantes ejemplos de agudeza verbal, llenos de dobles sentidos y metáforas conceptuosas.

Pese a estos rasgos compartidos, letrillas, jácaras y bailes tiene sus propias características que las diferencian entre sí. Las letrillas se remontan a los villancicos, textos de seis y ocho sílabas con estribillo que se desarrollaron a partir del siglo XV, y que solían tratar temas religiosos o relativos a la vida rural. La letrilla tiene una estructura métrica semejante, pero suele ocuparse de temas satíricos y burlescos, aunque no falten tampoco ejemplos de letrillas líricas. Lo que predomina en el género de la letrilla es la voz de un emisor cínico, que mira a la sociedad de su tiempo con desdén e ironía. En sus versos se suceden galerías de personajes grotescos: maridos consentidos que se benefician de las infidelidades de sus esposas, viejos hipócritas que se tiñen las canas, mujeres pedigüeñas, abogados corruptos; toda una serie de máscaras ridículas que se remonta a la tradición medieval de la sátira de estados y oficios.

No es infrecuente que la voz que habla en estos poemas sea de un personaje femenino. Es el caso, por ejemplo, de la más famosa letrilla de Quevedo, «Madre yo al oro me humillo», que recuerda los cantares medievales donde una moza le pide consejo a su madre, con ejemplos ya en las jarchas mozárabes y, más tarde, en las cantigas de amigo gallego-portuguesas. En este caso el «amado» es don Dinero, personificado como si fuera un galán al uso, representando el materialismo imperante en la corte de Madrid. El estribillo de las letrillas sirve de coletazo verbal, como admonición que recalca de forma lapidaria (a veces con un solo verso) su contenido satírico. Así, estribillos como *con su pan se lo coma* o *y no lo digo por mal* marcan la cadencia y el tono casi proverbial de las letrillas, tendiendo un puente entre la cultura popular y la letrada; esta segunda corriente predomina en «Dime, cantor ramillete», donde la descripción de un jilguero se extiende a través de una serie de metáforas de gran riqueza visual, devolviendo al lector a la tradición lírica que caracteriza a la *Musa IV, Erato*.

La difusión de las letrillas conoce su mayor auge a partir de finales del siglo XVI, sobre todo gracias al arte de Luis de Góngora. El poeta cordobés llevó este género a su culminación y fue, sin lugar a dudas, el maestro de Quevedo en esta forma métrica. Este último, sin embargo, fue el mayor innovador de la jácara, cauce que remeda el lenguaje de los delincuentes y rufianes (*jaques* o *rufos*), conocido como germanía. El iniciador del género parece haber sido Rodrigo de Reinosa, que vivió entre mediados del siglo XV y las primeras décadas del XVI, autor de unos poemas germanescos que abrieron el camino al desarrollo de este tipo de obras que triunfarán definitivamente en el siglo XVII. Una buena muestra de ello es la publicación en 1609 de la antología de Juan Hidalgo, *Romances de germanía de varios autores con su vocabulario*. Quevedo se inspirará en estas obras para componer su primera y más conocida jácara, protagonizada por el jaque Escarramán, «Ya está guardado en la trena», y escrita como una epístola que este dirige a su *iza* ('ramera') la Méndez, relatando los pormenores de su encarcelamiento. Compuesta probablemente entre 1610 y 1612, esta pieza conoció una enorme fortuna, siendo interpretada en los tablados teatrales, y recordada e imitada por varios autores como Cervantes, Lope de Vega y el mismo Góngora.

Quevedo llevó la jácara a un nivel de agudeza sin par, con una sorprendente densidad verbal y conceptuosa. En cada jácara el lector tiene que enfrentarse al doble desafío de desentrañar el código de la germanía y, a su vez, captar las muestras de ingenio que impregnan el texto. Si lo que domina en las letrillas son los equívocos y los dobles sentidos, estos se multiplican y se potencian de forma considerable en las jácaras. El mundo degradado del hampa se ofrece al lector no como un escenario realista ni como un mensaje de condena moral hacia sus protagonistas de coloridos nombres (Cardeñoso, Coscolina, Perotudo, la Méndez...). Los castigos públicos, los azotes y la pena capital se convierten en marcas de distinción que el delincuente acepta con resignación estoica, perfilando un grotesco código del honor apicarado. Por consiguiente, los jaques o rufos son sobre todo maestros del lenguaje, hábiles en ocultar toda la miseria física y moral que contienen sus palabras tras eufemismos agudos enlazados, siguiendo un procedimiento que Quevedo llamó «honestar lo malo con buenas palabras». Tales piruetas verbales llegan a menudo a crear imágenes que resultan casi vanguardistas, como las que abren «Zampuzado en un banasto»: el protagonista de la jácara ha sido encerrado (*zampuzado*) en una cárcel (*banasto*) cuya oscuridad es representada por una serie de metáforas que desconciertan al lector; primero se encuentra en un «callejón Noruega» (por las escasas horas de luz en esta nación), y luego en una imaginaria universidad de la noche («Graduado de tinieblas»), en un oscuro poema gongorizante («en culto algún madrigal») o en una tenebrosa ermita casera («ermitaño de un desván»).

El tercer grupo de poemas recogidos en la *Musa V* son los bailes. La danza gozó de enorme popularidad en el Siglo de Oro, tanto en los ambientes populares como en los cortesanos. Bailes como la chacona, la zarabanda o la folía eran practicados en fiestas públicas y privadas, además de figurar en los espectáculos teatrales, generalmente al final de las comedias. Tal popularidad favoreció el desarrollo de una forma teatral breve, el baile dramático, a veces llamado también baile entremesado, donde los personajes no se limitan a danzar al son de la música, sino que tienen también diálogos que escenificar. Estos textos carecen casi siempre de indicaciones específicas sobre el tipo de música o la coreografía, y tienen una acción dramática bastante esquemática, interrumpida por bailes y cantos. Sus contenidos suelen centrarse en la sátira social, buscando la hilaridad del público. A esta categoría pertenecen los bailes incluidos en la *Musa V*, entre los que figura *Las valentonas y destreza* («Helas, helas por do vienen»), que retoma el léxico de germanía de las jácaras, además de proponer la inversión de los roles de género tradicionales, con mujeres que asumen el papel de «valientes» y bravuconas.

Es posible que esta pieza se inspire en bailes populares, como la danza de espadas, pero su temática se centra sobre todo en la burla de la verdadera destreza o el arte de la esgrima, tema que se había popularizado en España gracias a los manuales de autores como Jerónimo de Carranza (†1600) y Luis Pacheco de Narváez (1570-1640), y que Quevedo abordó también en su entremés *La destreza*. En este baile, la destreza con la espada es equiparada a la habilidad de las mujeres del hampa para hacerse con el dinero de sus pretendientes, lo cual permite desarrollar el tópico satírico de la mujer pedigüeña. La obra se presenta como el choque entre expertas estafadoras, en el que participan también un maestro de esgrima y un jaque: la descripción de los movimientos del duelo se convierte en una coreografía de pasos de danza, acompañados por música y canto. Se trata, pues, de un tipo de poemas dramatizables, que combinan la literatura con la música y la danza, y que con sus chispazos verbales y teatrales iluminan el escenario de la gran fiesta barroca.

54

Letrilla satírica

Sabed, vecinas,
que mujeres y gallinas
todas ponemos:
unas, cuernos; y otras, huevos.

Viénense a diferenciar   5
la gallina y la mujer
en que ellas saben poner;
nosotras, solo quitar.
Y en lo que es cacarear
el mismo tono tenemos.   10
Todas ponemos:
unas, cuernos; y otras, huevos.

Docientas gallinas hallo
yo con un gallo contentas,
mas, si nuestros gallos cuentas,   15
mil que den son nuestro gallo;
y cuando llegan al fallo,
en cuclillos los volvemos.
Todas ponemos:
unas, cuernos; y otras, huevos.   20

En gallinas regaladas
tener pepita es gran daño,
y en las mujeres de hogaño

lo es el ser despepitadas.
Las viejas son emplumadas   25
por darnos con que volemos.
Todas ponemos:
unas, cuernos; y otras, huevos.

* * *

8 *quitar*: sátira contra la mujer infiel y pedigüeña, que 'quita' dinero a sus pretendientes.

16 *gallo*: las mujeres pedigüeñas no se conforman con un solo *gallo*, sino que necesitan de miles de pretendientes.

18 *cuclillos*: el cuco o cuclillo se usaba como eufemismo de 'cornudo', porque su canto (*cu cu*) resulta evocador de la palabra *cuerno*. Las mujeres 'transforman' (*volvemos*) a sus gallos en esta clase de aves cuando ellos caen en sus lazos y deciden ('fallan') ceder a sus encantos; *fallo* se usa tanto con el sentido jurídico de 'fallar algo' (tomar una decisión, emitir una sentencia) como de 'cometer un error'.

21 *regaladas*: 'hermosas, delicadas'.

22 *pepita*: es una enfermedad de la gallina, pero aquí se usa también con el sentido de 'pepita de oro', cuya falta en las damas pedigüeñas actuales (*de hogaño*: 'de hoy') es una grave carencia, señalada usando el adjetivo *despepitado* ('impulsivo, desbocado') con un significado diferente al que poseía: 'el que carece de pepitas de oro' (neologismo semántico).

25 *viejas*: se refiere a la figura de la tercera o celestina, que facilitaba las relaciones ilícitas de las pedigüeñas con sus galanes, 'dando alas' a sus tretas y enriquecimiento personal. Además, era castigo común en la época *emplumar* a las mujeres acusadas de alcahuetas o de hechiceras: desnudas de medio cuerpo arriba, se las cubría de miel o brea y se les pegaban plumas; luego, se las paseaba por las calles para que fueran objeto de escarnio público. Por ello, *darnos con que volemos* puede entenderse también como una referencia a la magia negra, pues se creía que las brujas podían volar.

55

Letrilla satírica

Que el viejo que con destreza
se ilumina, tiñe y pinta
eche borrones de tinta
al papel de su cabeza;
que enmiende a naturaleza,   5
en sus locuras protervo;
que amanezca negro cuervo
durmiendo blanca paloma,
con su pan se lo coma.

Que campe la muy traída   10
de que la ven distraerse,
cuando de ninguno verse
puede por aborrecida;
que se case envejecida
para concebir cada año,   15
no concibiendo el engaño
del que por mujer la toma,
con su pan se lo coma.

Que mucha conversación,
que es causa de menosprecio,   20
en la mujer del que es necio
sea de más precio ocasión;
que case con bendición
la blanca con el cornado,

sin que venga dispensado   25
el parentesco de Roma,
con su pan se lo coma.

Que en la mujer deslenguada,
que a tantos hartó la gula,
hurte su cara a la bula   30
el renombre de cruzada:
que ande siempre persinada
de puro buena mujer,
y Calvario quiera ser
cuando en los vicios Sodoma,   35
con su pan se lo coma.

Que el sastre que nos desuella
haga, con gran sentimiento,
en la uña el testamento
de lo que agarró con ella;   40
que deba tanto a su estrella
que las faltas en sus obras
sean para su casa sobras,
mientras la muerte no asoma,
con su pan se lo coma.   45

* * *

1-8 *el viejo*: teñido, cuya cabeza canosa es comparada con un papel blanco cubierto de manchas (*borrones*) de tinta, y con una paloma blanca que se convierte en un cuervo negro; *iluminar* era una técnica pictórica que consistía en dar brillo a las imágenes retratadas, añadiendo sombras en la parte contraria a aquella por donde se proyectaba la luz; *protervo*: 'insolente, vanidoso'.

10 *traída*: 'usada'; la mujer que ha tenido muchas relaciones sexuales. Ella se jacta (*campe*) de que la vean con muchos hombres (*distraerse* en el sentido moral de 'ser licencioso'), pero, en realidad, nadie 'puede verla' (esto es, todos la aborrecen).

14-17 *se case envejecida*: esta dama, promiscua y avejentada, se casa con la promesa de concebir hijos todos los años, pero su marido no se da cuenta (*no concibiendo*) del *engaño*, pues su edad avanzada ya no le permite quedarse embarazada.

19-22 *mucha conversación*: mujer que tiene trato con mucha gente (sobre todo hombres), la que recibe en casa a muchas personas. Esto debería ocasionarle mala fama (*menosprecio*), pero, en cambio, el marido *necio* se enorgullece (*más precio*) viendo que ella es el centro de todas las atenciones. *Conversación* era eufemismo frecuente por 'relación ilícita, amancebamiento', con alusión a la prostitución que podría así vincular *precio* también con su sentido monetario ('ganancia').

24 *blanca*; *cornado*: eran monedas de poco valor y, por lo tanto, 'parientes cercanos' que necesitarían de un permiso especial ('dispensa') de la Iglesia para casarse. El juego onomástico indica la baja catadura moral e intelectual de esta pareja de novios, destacando además los 'cuernos' del esposo (*cornado*).

28-29 *deslenguada*: mujer chismosa que habla mal de todos, habiendo ella satisfecho las apetencias sexuales (*gula*) de muchos.

30-35 *su cara*: 'la cara de la mujer está más *cruzada* que la bula'; se refiere a la Bula de la Santa Cruzada, indulgencias concedidas por el papa a aquellos que iban a luchar contra los infieles. El juego con los dos significados de *cruzada* alude a las hipócritas muestras de piedad religiosa de la mujer que se persigna (*persinada*) constantemente, 'haciéndose más cruces de las que había en el Calvario', cuando en realidad su vida sexual es más propia de Sodoma, capital de los vicios por antonomasia, destruida por Dios como castigo por sus pecados (*Génesis* 19). Su cara *cruzada* evoca también a las mujeres de mala vida, marcadas por cuchilladas en el rostro como señal de desprecio y agravio.

37 *nos desuella*: 'nos roba, nos estafa'. Los sastres son uno de los blancos favoritos de la sátira del siglo XVII, acusados de ser

unos estafadores y de guardar para sí las sobras de tela de sus labores.

38 *gran sentimiento*: 'afectada demostración de pena'.

39 *el testamento en la uña*: frase hecha que indica a aquellos que gastan toda su hacienda en vida, sin dejar nada en su testamento. Además, la palabra *uña* o *uñas* era usada jocosamente para referirse al robo y a la acción de robar: son las que usó el sastre para 'agarrar' el dinero de sus clientes.

41-44 El sastre tiene tanta suerte (*estrella*) que toda la tela sobrante (*faltas*) de sus labores redunda en su provecho (*para su casa sobras*), hasta que no llegue la muerte y lo castigue; esto es, la justicia no hace nada al respecto y los delitos del sastre quedan impunes.

56

Letrilla satírica

Deseado he desde niño,
y antes, si puede ser antes,
ver un médico sin guantes
y un abogado lampiño,
un poeta con aliño,   5
un romance sin orillas,
un sayón con pantorrillas,
un criollo liberal;
y no lo digo por mal.

Ayer sobre dos astillas   10
andaba el señor Bicoca,
y hoy, la barriga a la boca,
lleva ya las pantorrillas.
Eran todas espinillas
ayer las piernas de Antón,   15
y la una es hoy colchón
y la otra es hoy costal;
y no lo digo por mal.

El vejete palabrero
que, a poder de letuario,   20
acostándose canario,
se nos levanta jilguero;
su Jordán es el tintero,

y con barbas colorines
trae bigotes arlequines,   25
como el arco celestial;
y no lo digo por mal.

Con más barbas que desvelos,
el letrado cazapuestos
la caspa alega por testos,   30
por leyes cita los pelos;
a puras barbas y duelos
pretende ser el doctor
de Brujas corregidor,
como el barbado infernal;   35
y no lo digo por mal.

Que amanezca con copete
la vejiga del notario,
anteyer monte Calvario,
agora monte Olivete;   40
si no Calvino, calvete
con casco de morteruelo,
hoy garza y ayer mochuelo,
coronilla de atabal;
y no lo digo por mal.   45

Cura gracioso y parlando
sus vecinas el doctor,
y, siendo grande hablador,
es un matalascallando:
a su mula mata andando,   50
sentado mata al que cura,

a su cura sigue el cura
con réquiem y funeral;
y no lo digo por mal.

El signo del escribano   55
dice un astrólogo inglés
que el signo de Cáncer es,
que come a todo cristiano;
es su pluma de milano,
que a todo pollo da bote,   60
y también es de virote,
tirando al blanco de un real;
y no lo digo por mal.

El pobretón más cruel,
que sin dineros se viere,   65
tendrá mosca, si se hiciere
en el verano pastel:
pastelerito novel
que, sin mormurar excesos,
nos desentierras los huesos   70
y eres Cuaresma en carnal;
y no lo digo por mal.

* * *

1-8 La primera estrofa aparece atribuida a Góngora en varios ma-
nuscritos y ediciones del Siglo de Oro, lo cual confirma la conco-
mitancia de temas y estilo entre las letrillas de ambos autores. En
estos versos se juega con los estereotipos sociales de la época: los
médicos siempre usan guantes, los abogados llevan barbas largas,
los poetas son pobres y desarrapados, incontables romances em-

piezan con la frase *A la orilla de...*, a los verdugos (*sayón*) no se les ven las pantorrillas porque suelen vestir capas o mantos largos y los criollos (alguien nacido en el Nuevo Mundo de padres españoles) son tacaños ('no liberales').

10-17 *Antón*: apodado *señor Bicoca* (o 'don Nadie'; *bicoca*: 'algo insignificante'), ha pasado de ser un muerto de hambre, que paseaba con sus piernas descubiertas y delgadas como *astillas*, a tener un aspecto mucho más carnoso debido a que usa ropa cara de galán; *barriga a la boca*: 'pecho abultado', que resulta de llevar *peto* (vestidura rellena de lana que se colocaba sobre el pecho); *pantorrillas*: las medias de algodón se solían rellenar con lana a la altura de las pantorrillas. Por eso, las piernas de Antón, que antes eran puro hueso (*espinillas*), ahora parecen una un *colchón* y la otra un *costal* ('saco grande').

19-26 *palabrero*: un viejo 'embaucador', usa mejunjes (*letuario* o *electuario*: 'confección medicinal') para pintarse las canas, pasando de ser *canario* ('el que tiene canas') a ser *jilguero*, ave multicolor asociada generalmente a las cuitas de amor: el viejo se pinta para poder galantear a las mozas y rejuvenecer (*Jordán*: se creía que quien se bañaba en él rejuvenecía). Pero el tinte está mal distribuido y le deja barbas con matices de colores diversos como el arco iris o como Arlequín, personaje de la comedia del arte italiana que solía vestirse con un traje de varios colores.

28-35 *letrado*: un abogado trepa oculta su falta de estudios (*desvelos*) tras su larga barba, signo de respetabilidad que solían emplear médicos y letrados. Su catadura moral y su aspecto le hacen un aspirante perfecto a ser *corregidor* ('magistrado') de *Brujas* (juego onomástico: 'ciudad de los Países Bajos' / 'hechiceras seguidoras del demonio') como el demonio (*barbado infernal*), tradicionalmente representado como un ser peludo y barbado.

37-42 *notario*: notario calvo (como una *vejiga*) que usa peluca (*copete*); juegos onomásticos: se acuesta calvo (*Calvario*; *Calvino*) y de día lleva una peluca con cabello grasiento, como el aceite de las aceitunas u olivas (*Olivete*; el monte se encuentra en Navarra, pero alude también al monte de los Olivos, donde Cristo fue apresado, vinculado con el verso anterior: *monte Calvario*, donde murió en la cruz). La forma semiesférica que conforma el cuenco de un mortero (*casco de morteruelo*) recuerda a la calva.

43-44 *mochuelo*; *garza*: ayer parecía un *mochuelo*, ave pequeña y casera que evoca la palabra *mocho* ('rapado, calvo'), mientras que hoy parece una *garza* real, ave grande que puede llegar a medir hasta un metro de altura y que se caracteriza por un llamativo penacho. Su calva se compara también con la superficie rasa del cuero o pergamino que cubre los tambores ('atabales').

46-53 *doctor*: médico incapaz y embaucador (*parlero*; *hablador*) que *mata* a sus pacientes; juega con la expresión *mátalas callando* ('el que consigue algo sin llamar la atención, mañoso y astuto'), usada aquí también en su sentido literal. Atributos típicos de los médicos en la sátira del siglo XVII eran sus guantes y su mula, con la que se desplazaban para visitar a sus pacientes: este doctor tiene tantos que hiere (*mata*) a su mula de tanto cabalgarla. Nótense los equívocos sobre *mata* ('asesinar' / 'herir a la cabalgadura con el roce del aparejo') y *cura* ('remedio' / 'sacerdote', que administra la extremaunción).

55-58 *Cáncer*: signo del Zodíaco, pero aquí también usado con el sentido de 'enfermedad tumoral que corroe (se *come*) el organismo'; este escribano corrupto y codicioso estafa a todo el mundo (*todo cristiano*). El astrólogo es *inglés* en oposición a *cristiano*, por la fama de herejes que tenían los ingleses.

59-62 *milano*: la pluma que usa para escribir es de *milano* (ave de rapiña), con la que roba (*da bote*: 'hiere, asalta') a sus poco advertidos clientes (*pollo*: 'persona ingenua'); y es también un *virote* ('saeta') con la que apunta al blanco de un *real* ('moneda', pero también 'ejército o campamento militar').

63-66 *mosca*: 'insecto', pero también 'dinero' en la jerga coloquial de la época. Los pasteles de carne eran una comida popular y económica, de dudosa higiene y calidad: se solían satirizar afirmando que estaban hechos de carne de animales callejeros o incluso de muertos, y plagados de moscas.

67-70 *desenterrar los huesos*: juega con esta frase hecha que significa 'murmurar acerca del origen de alguien'. Para ganar dinero, el pobretón aprendiz (*novel*) de estafador tiene simplemente que chantajear a los personajes de la corte de dudoso origen (humilde o converso), convirtiéndose en un aguafiestas que deshace falsos linajes ajenos: *Cuaresma* (época de ayuno) en *carnal* ('carnaval', época de regocijo). Como los pasteles, hechos de muertos, el pobre chantajista se alimenta de los 'difuntos' (ancestros) de los demás, sin tener siquiera necesidad de relatar sus vicios (*excesos*).

57

Letrilla satírica

Poderoso caballero
es don Dinero.

Madre, yo al oro me humillo;
él es mi amante y mi amado,
pues de puro enamorado   5
de contino anda amarillo;
que pues, doblón o sencillo,
hace todo cuanto quiero,
poderoso caballero
es don Dinero.   10

Nace en las Indias honrado,
donde el mundo le acompaña,
viene a morir en España
y es en Génova enterrado.
Y pues quien le trae al lado   15
es hermoso, aunque sea fiero,
poderoso caballero
es don Dinero.

Es galán y es como un oro,
tiene quebrado el color,   20
persona de gran valor,
tan cristiano como moro.

Pues que da y quita el decoro
y quebranta cualquier fuero,
poderoso caballero   25
es don Dinero.

Son sus padres principales
y es de nobles descendiente,
porque en las venas de oriente
todas las sangres son reales.   30
Y pues es quien hace iguales
al duque y al ganadero,
poderoso caballero
es don Dinero.

Mas, ¿a quién no maravilla   35
ver en su gloria sin tasa
que es lo menos de su casa
doña Blanca de Castilla?
Pero pues da al bajo silla
y al cobarde hace guerrero,   40
poderoso caballero
es don Dinero.

Sus escudos de armas nobles
son siempre tan principales
que sin sus escudos reales   45
no hay escudos de armas dobles.
Y pues a los mismos robles
da codicia su minero,
poderoso caballero
es don Dinero.   50

Por importar en los tratos
y dar tan buenos consejos
en las casas de los viejos
gatos le guardan de gatos.
Y pues él rompe recatos   55
y ablanda al juez más severo,
poderoso caballero
es don Dinero.

Y es tanta su majestad,
aunque son sus duelos hartos,   60
que con haberle hecho cuartos
no pierde su autoridad.
Pero pues da calidad
al noble y al pordiosero,
poderoso caballero   65
es don Dinero.

Nunca vi damas ingratas
a su gusto y afición,
que a las caras de un doblón
hacen sus caras baratas.   70
Y pues las hace bravatas
desde una bolsa de cuero,
poderoso caballero
es don Dinero.

Más valen en cualquier tierra   75
—mirad si es harto sagaz—
sus escudos en la paz
que rodelas en la guerra.

Y pues al pobre le entierra
y hace proprio al forastero,   80
poderoso caballero
es don Dinero.

* * *

6 *amarillo*: color del oro; tradicionalmente es también el color de los enfermos y de los que sufren mal de amores.

7 *doblón*: moneda de oro, de más valor que el *sencillo* ('moneda pequeña'). Juega también con el uso de *sencillo* como 'ingenuo' frente a *doble* ('astuto, hipócrita').

11-14 *Nace en las Indias*: del Nuevo Mundo llegaban a España flotas cargadas de oro y plata, de las que se beneficiaban los banqueros genoveses, con quienes la corona española estuvo fuertemente endeudada durante los siglos XVI y XVII; *donde el mundo le acompaña*: 'honrado y agasajado por todo el mundo'.

16 *fiero*: 'feo'.

19 *como un oro*: 'bello, elegante'; juega con el sentido literal de esta frase hecha.

20 *quebrado el color*: 'color enfermizo, pálido'; quizás aluda también a los 'números quebrados' (fracciones), con referencia a los *cuartos* (moneda de cobre usada en la época).

22 *el oro hace cristiano al moro*: expresión que destaca el poder igualador del dinero, sobre el que insiste también en los versos siguientes.

29 *venas*: 'de oro' y 'de sangre' (por la estirpe real); *oriente* se usa aquí como lugar de riquezas por antonomasia.

30 *real*: juego con dos significados del término: 'que pertenece a la realeza' / 'moneda de plata'.

38 *doña Blanca de Castilla*: Infanta de Castilla, nacida en 1188. Casó con Luis VIII, rey de Francia. Pero aquí hay también un juego sobre *blanca*: 'moneda de vellón', de muy poco valor en la época.

39 *da al bajo silla*: 'concede dignidades (*silla*) al que es de baja extracción social'.

45 *escudos reales*: reitera el doble sentido sobre *reales* (v. 30), al que suma otro sobre *escudo*: 'insignia heráldica' / 'tipo de moneda'.

46 *armas dobles*: 'armas de doble filo', pero alude también al *doblón*, moneda que equivalía a dos escudos.

48 *minero*: 'mina, vena de oro'. Hasta las personas más íntegras ('duras' como *robles*) codician el oro.

51 *tratos*: 'acuerdos, transacción comercial'.

53-54 *gatos*: equívoco a partir de varios significados de *gato*: 'por ser los *viejos* sabios y astutos guardan el oro en *gatos* ('bolsas de dinero') para protegerlo de los *gatos* ('ladrones')'.

60 *duelos*: 'pesares, cuitas'.

61 *hecho cuartos*: 'despedazado'; pero alude también a los *cuartos* ('dinero').

70 *caras*: usado a la vez como sustantivo ('rostros') y como adjetivo ('costosas'): las damas se venden barato (con facilidad) cuando hay oro de por medio.

71 *bravatas*: 'burlas, ofensas'. El dinero se burla de las damas como si fuera un galán bravucón.

77-78 *escudos; rodelas*: los *escudos* ('arma defensiva' / 'moneda') de oro son más útiles en tiempos de paz que las *rodelas* ('escudo circular') en la guerra.

79-80 *le entierra*: el pobre es como si estuviera muerto ('enterrado'), pues nadie le hace caso, mientras que el *forastero* rico es tratado con familiaridad, como si fuera natural (*proprio*) de un sitio.

58

Letrilla lírica

Flor que cantas, flor que vuelas,
y tienes por facistol
el laurel, ¿para qué al sol,
con tan sonoras cautelas,
le madrugas y desvelas?   5
Digasmé,
dulce jilguero, ¿por qué?

Dime, cantor ramillete,
lira de pluma volante,
silbo alado y elegante,   10
que en el rizado copete
luces flor, suenas falsete,
¿por qué cantas con porfía
invidias que llora el día
con lágrimas de la aurora,   15
si en la risa de Lidora
su amanecer desconsuelas?

Flor que cantas, flor que vuelas,
y tienes por facistol
el laurel, ¿para qué al sol,   20
con tan sonoras cautelas,
le madrugas y desvelas?
Digasmé,
dulce jilguero, ¿por qué?

En un átomo de pluma,   25
¿cómo tal concento cabe?
¿Cómo se esconde en una ave
cuanto el contrapunto suma?
¿Qué dolor hay que presuma
tanto mal de su rigor   30
que no suspenda el dolor
al iris breve que canta,
llena tan chica garganta
de Orfeos y de vigüelas?

Flor que cantas, flor que vuelas,   35
y tienes por facistol
el laurel, ¿para qué al sol,
con tan sonoras cautelas,
le madrugas y desvelas?
Digasmé,   40
dulce jilguero, ¿por qué?

Voz pintada, canto alado,
poco al ver, mucho al oído,
¿dónde tienes escondido
tanto instrumento templado?   45
Recata de mi cuidado
tus músicas y alegrías,
que las malas compañías
te volverán los cantares
en lágrimas y pesares,   50
por más que a sirena anhelas.

Flor que cantas, flor que vuelas,
y tienes por facistol
el laurel, ¿para qué al sol,
con tan sonoras cautelas,   55
le madrugas y desvelas?
Digasmé,
dulce jilguero, ¿por qué?

* * *

2 *facistol*: 'atril donde se colocan los libros del coro'. El jilguero usa como atril (para posarse) al laurel, desde donde emite su canto. Recuérdese que el laurel es árbol asociado con Apolo y, por ende, con la música y la poesía. Esta letrilla imita metáforas e imágenes de uno de los poemas más innovadores del siglo XVII: el canto VII del *Adone* (1623) de Giovan Battista Marino.

4 *cautelas*: 'prevenciones'.

5 *le madrugas*: 'haces madrugar al sol'.

10 *silbo*: 'silbido'.

12 *luces flor*: 'pareces flor'.

14 *invidias*: hipérbole; la música tan bella del jilguero causa la envidia del día.

15 *lágrimas de la aurora*: el rocío.

16-17 '¿por qué te empeñas en desvelar al sol para luego afligirlo en cuanto sale por las penas que causa la sonrisa de Lidora?'. El emisor se identifica con el día y con el sol, dolidos en cuanto amanecen (despiertan) y recuerdan a la bella e inalcanzable Lidora.

26 *concento*: 'canto acordado y armonioso de diversas voces'.

28 *contrapunto*: término musical que expresa 'una concordancia armoniosa de voces contrapuestas'. Indica aquí complejidad musical abreviada y concentrada en el pequeño jilguero.

32 *iris breve*: metáfora por el jilguero, pequeño arco iris multicolor.

34 *Orfeos*: el canto del jilguero aleja los pesares, como Orfeo, el poeta por antonomasia, personaje mítico que se decía era capaz

de emocionar a las fieras con su música; *vigüela*: 'vihuela' ('instrumento de cuerda').

46 *Recata de mi cuidado*: 'protege de mi tristeza'.

51 *por más que a sirena anhelas*: 'aunque aspires a ser como una sirena'; las sirenas eran seres marinos que, según la mitología, tenían el poder de atraer a los navegantes con su canto.

59

Carta de Escarramán a la Méndez
JÁCARA

Ya está guardado en la trena
tu querido Escarramán,
que unos alfileres vivos
me prendieron sin pensar.

Andaba a caza de gangas   5
y grillos vine a cazar,
que en mí cantan como en haza
las noches de por San Juan.

Entrándome en la bayuca,
llegándome a remojar   10
cierta pendencia mosquito
que se ahogó en vino y pan,

al trago sesenta y nueve,
que apenas dije «¡Allá va!»,
me trujeron en volandas   15
por medio de la ciudad.

Como al ánima del sastre
suelen los diablos llevar,
iba en poder de corchetes
tu desdichado jayán.   20

Al momento me embolsaron,
para más seguridad,
en el calabozo fuerte
donde los godos están.

Hallé dentro a Cardeñoso,   25
hombre de buena verdad,
manco de tocar las cuerdas
donde no quiso cantar.

Remolón fue hecho cuenta
de la sarta de la mar,   30
porque desabrigó a cuatro
de noche en el Arenal.

Su amiga la Coscolina
se acogió con Cañamar,
aquel que, sin ser san Pedro,   35
tiene llave universal.

Lobrezno está en la capilla;
dicen que le colgarán
sin ser día de su santo,
que es muy bellaca señal.   40

Sobre el pagar la patente
nos venimos a encontrar
yo y Perotudo el de Burgos:
acabose la amistad.

Hizo en mi cabeza tantos   45
un jarro que fue orinal,
y yo con medio cuchillo
le trinché medio quijar.

Supiéronlo los señores,
que se lo dijo el guardián,   50
gran saludador de culpas,
un fuelle de Satanás.

Y otra mañana a las once,
víspera de San Millán,
con chilladores delante   55
y envaramiento detrás,

a espaldas vueltas me dieron
el usado centenar,
que, sobre los recibidos,
son ochocientos y más.   60

Fui de buen aire a caballo,
la espalda de par en par,
cara como del que prueba
cosa que le sabe mal.

Inclinada la cabeza   65
a monseñor cardenal,
que el rebenque, sin ser papa,
cría por su potestad.

A puras pencas se han vuelto
cardo mis espaldas ya;   70
por eso me hago de pencas
en el decir y el obrar.

Agridulce fue la mano:
hubo azote garrafal;
el asno era una tortuga,   75
no se podía menear.

Solo lo que tenía bueno
ser mayor que un dromedal,
pues me vieron en Sevilla
los moros de Mostagán.   80

No hubo en todos los ciento
azote que echar a mal,
pero a traición me los dieron,
no me pueden agraviar.

Porque el pregón se entendiera,   85
con voz de más claridad,
trujeron por pregonero
las sirenas de la mar.

Invíanme por diez años
(¡sabe Dios quién los verá!)   90
a que, dándola de palos,
agravie toda la mar.

Para batidor del agua
dicen que me llevarán,
y a ser de tanta sardina   95
sacudidor y batán.

Si tienes honra, la Méndez,
si me tienes voluntad,
forzosa ocasión es esta
en que lo puedes mostrar.   100

Contribúyeme con algo,
pues es mi necesidad
tal que tomo del verdugo
los jubones que me da;

que tiempo vendrá, la Méndez,   105
que alegre te alabarás
que a Escarramán por tu causa
le añudaron el tragar.

A la Pava del cercado,
a la Chirinos, Guzmán,   110
a la Zolla y a la Rocha,
a la Luisa y la Cerdán,

a mama y a taita el viejo,
que en la guarda vuestra están,
y a toda la gurullada   115
mis encomiendas darás.

Fecha en Sevilla, a los ciento
de este mes que corre ya,
el menor de tus rufianes
y el mayor de los de acá.　　　　　　120

* * *

1 *trena*: 'cárcel, calabozo'.

3 *alfileres*: 'alguaciles', porque ambos 'prenden'.

5-6 *andar a caza de gangas*: 'pretender hallar algo sin trabajo'. Las *gangas* son un tipo de ave; sin embargo, lo que ha encontrado Escarramán son *grillos* ('insectos', pero aquí: 'argollas de hierro para encadenar a los presos').

7-8 *San Juan*: la noche de San Juan (24 de junio) aparece en muchos poemas tradicionales sobre la vida rural vinculada a romerías y fiestas campestres. Los grillos 'metálicos' de Escarramán cantan como si estuvieran en un *haza* ('campo donde se ha segado el trigo') en una noche de verano.

9 *bayuca*: 'taberna'.

11 *pendencia mosquito*: se creía que los mosquitos eran aficionados al vino y que nacían de él. Escarramán, tras haber bebido ('remojádose') demasiado, se metió en una pelea.

15 *trujeron*: 'trajeron'.

17-18 *sastre*: los sastres tenían fama de estafadores, y se citan a menudo en las sátiras del siglo XVII.

19 *corchetes*: oficiales al servicio de los alguaciles que se encargaban de 'prender' (como los *corchetes*: 'broches') a los delincuentes.

20 *jayán*: 'rufián, jaque'.

23 *calabozo fuerte*: lo que hoy llamaríamos un 'calabozo de máxima seguridad'.

24 *godos*: los jaques de más importancia y rango.

27-28 *Cardeñoso*: se quedó manco al negarse a *cantar* ('confesar, delatar a otros') en las *cuerdas*: instrumento de tortura que consistía en colgar a un reo de las manos y luego dejarlo caer con violencia sin que tocara el suelo. Juega con el doble sentido de *cuerdas* de un instrumento musical.

29-30 *Remolón*: acabó atado ('ensartado') con otros presos en galeras, condenado a remar.

31 *desabrigó*: 'robó las capas' a cuatro en el Arenal de Sevilla, ciudad muy asociada a la mala vida y delincuencia en el siglo XVII. En particular, el Arenal era una zona muy frecuentada por prostitutas y criminales.

34 *Coscolina*: su prostituta (*amiga*) pasó a trabajar para otro jaque, *Cañamar*. Juega con la expresión *acogerse a sagrado*: refugiarse en una iglesia cuando uno es perseguido por la justicia.

35-36 *san Pedro*: así como san Pedro tiene la llave del paraíso, Cañamar tiene una *llave universal* ('ganzúa') que usa para forzar todas las puertas.

37 *está en la capilla*: está previniéndose para la muerte antes de que se ejecute la pena capital.

38 *colgar*: le van a ahorcar; juega con la costumbre de *colgar a uno el día de su santo*, que consistía en colgar una cadena de oro o cinta de seda de la persona que celebraba el día de su santo.

41 *patente*: tributo que pagaban los presos nuevos a los viejos.

42 *nos venimos a encontrar*: 'vinimos a las manos'.

45 *hacer tantos*: 'romper algo en pedazos'.

48 *quijar*: 'quijada'.

49 *señores*: 'jueces'.

51-52 *guardián*: el carcelero es un soplón; literalmente, 'hace aire', y por eso se compara con un *fuelle* y con un *saludador*: 'curandero que sopla sobre los enfermos'.

55 *chilladores*: 'pregonero' que publica las culpas del reo cuando lo sacan a azotar públicamente.

56 *envaramiento*: 'conjunto de varas', esto es, 'los alguaciles', que llevaban varas como insignias de su autoridad.

57 *a espaldas vueltas*: 'a traición'; expresión aquí usada también en sentido literal.

58 *el usado centenar*: los cien azotes que se solían dar a los reos.

61 *de buen aire*: 'con garbo, con gracia'. Lo habitual era que los reos fueran paseados en burros: lo del *caballo* es un adorno irónico del rufián, que intenta dignificar su humillación pública.

66 *cardenal*: 'título eclesiástico', pero también 'marca en el cuerpo que deja un golpe'; aquí producidos por el *rebenque* ('látigo').

69 *penca*: 'látigo', pero también 'hoja de cardo'.

71 *hacerse de pencas*: 'hacerse de rogar', frase hecha usada aquí también en su sentido literal.

74 *garrafal*: 'grande'; los azotes fueron dados con intensidad, y el asno avanzaba despacio (*tortuga*), con lo cual su travesía se alargó y recibió más azotes.

78 *dromedal*: 'dromedario'. El burro era alto, lo cual permitía ver a Escarramán y apreciar su 'valentía' desde muy lejos (*Mostagán*: ciudad de Argelia).

86 *trujeron*: 'trajeron'.

87 *sirenas*: el pregonero es como las *sirenas*, que atraían con su canto a los navegantes; esto es, anuncia que Escarramán ha sido condenado a bogar en galeras.

89 *Invíanme*: 'envíanme'.

91 *dándola de palos*: Escarramán va a 'apalear' al mar: esto es, va a remar.

96 *batán*: máquina hecha con mazos de madera que giran impulsados por una corriente de agua que se usa para apretar paños y ablandar pieles.

104 *jubones*: Escarramán es tan pobre que se viste con los *jubones* ('prenda de vestir de medio cuerpo arriba') que le da el verdugo; juega con el otro sentido de *jubones* usado en el léxico de germanía: 'cardenales que cubren la espalda del azotado'.

108 *añudaron*: le 'anudaron' el tragar: lo ahorcaron.

113 *mama*; *taita* ('papá'): apelativos usados en germanía para referirse a los proxenetas que dirigen un burdel.

115 *gurullada*: 'tropa de corchetes'; Quevedo se burla de la corrupción endémica de la justicia, pues también los representantes de la ley frecuentan los burdeles y se dejan comprar por los jaques.

117-18 *Fecha en Sevilla*: remeda el cierre típico de las cartas ('Hecha en Sevilla a día...'), citando el número de azotes (*ciento*) en vez del día del mes.

119 *el menor de tus rufianes*: parodia la forma de cortesía usada al final de las cartas: 'El menor de sus servidores...'.

60

Relación que hace un jaque de sí y de otros
JÁCARA

Zampuzado en un banasto
me tiene su majestad,
en un callejón Noruega
aprendiendo a gavilán.

Graduado de tinieblas,⠀⠀⠀⠀⠀⠀⠀⠀5
pienso que me sacarán
para ser noche de hibierno
o en culto algún madrigal.

Yo, que fui norte de guros
enseñando a navegar⠀⠀⠀⠀⠀⠀⠀⠀10
a las godeñas en ansias,
a los buzos en afán,

enmoheciendo mi vida
vivo en esta oscuridad,
monje de zaquizamíes,⠀⠀⠀⠀⠀⠀⠀⠀15
ermitaño de un desván.

Un abanico de culpas
fue principio de mi mal:
un letrado de lo caro,
grullo de la puridad.⠀⠀⠀⠀⠀⠀⠀⠀20

Dios perdone al padre Esquerra,
pues fue su paternidad
mi suegro más de seis años
en la cuexca de Alcalá:

en el mesón de la ofensa,   25
en el palacio mortal,
en la casa de más cuartos
de toda la cristiandad.

Allí me lloró la guanta,
cuando por la Salazar   30
desporqueroné dos almas
camino de Brañigal.

Por la Quijano, doncella
de perversa honestidad,
nos mojamos yo y Vicioso   35
sin metedores de paz.

En Sevilla el árbol seco
me prendió en el Arenal,
porque le afufé la vida
al zaino de Santo Horcaz.   40

El zapatero de culpas
luego me mandó calzar
botinicos vizcaínos,
martillado el cordobán.

Todo cañón, todo guro,   45
todo mandil y jayán,
y toda iza con greña,
y cuantos saben fuñar

me lloraron soga a soga
con inmensa propriedad,   50
porque llorar hilo a hilo
es muy delgado llorar.

Porque me metí una noche
a Pascua de Navidad
y libré todos los presos   55
me mandaron cercenar.

Dos veces me han condenado
los señores a trinchar,
y la una el maestresala
tuvo aprestado sitial.   60

Los diez años de mi vida
los he vivido hacia atrás,
con más grillos que el verano,
cadenas que el Escurial.

Más alcaides he tenido   65
que el castillo de Milán,
más guardas que monumento,
más yerros que el Alcorán,

más sentencias que el derecho,
más causas que el no pagar,   70
más autos que el día del Corpus,
más registros que el misal,

más enemigos que el agua,
más corchetes que un gabán,
más soplos que lo caliente,   75
más plumas que el tornear.

Bien se puede hallar persona
más jarifa y más galán,
empero más bien prendida
yo dudo que se hallará.   80

Todo este mundo es prisiones,
todo es cárcel y penar:
los dineros están presos
en la bolsa donde están;

la cuba es cárcel del vino,   85
la troj es cárcel del pan,
la cáscara, de las frutas,
y la espina, del rosal;

las cercas y las murallas
cárcel son de la ciudad,   90
el cuerpo es cárcel de l'alma,
y de la tierra, la mar;

del mar es cárcel la orilla,
y, en el orden que hoy están,
es un cielo de otro cielo   95
una cárcel de cristal;

del aire es cárcel el fuelle,
y del fuego, el pedernal;
preso está el oro en la mina,
preso el diamante en Ceilán;   100

en la hermosura y donaire
presa está la libertad;
en la vergüenza, los gustos,
todo el valor, en la paz.

Pues si todos están presos,   105
sobre mi mucha lealtad
llueva cárceles mi cielo
diez años sin escampar.

Lloverlas puede, si quiere,
con el peine y con mirar,   110
y hacerme en su Peralvillo
aljaba de la Hermandad.

Mas, volviendo a los amigos,
todos barridos están:
los más se fueron en uvas,   115
y los menos, en agraz.

Murió en Nápoles Zamora,
ahíto de pelear;
lloró a cántaros su muerte
Eugenia la Escarramán.   120

Al Limosnero Azaguirre
le desjarretó el tragar;
con el Limosnero pienso
que se descuidó san Blas.

Mató a Francisco Jiménez   125
con una aguja un rapaz,
y murió muerte de sastre,
sin tijeras ni dedal.

Después que el padre Perea
acarició a Satanás   130
con el alma del corchete
vaciada a lo catalán,

a Roma se fue por todo,
en donde la enfermedad
le ajustició en una cama,   135
ahorrando de procesar.

Dios tenga en su santa gloria
a Bartolomé Román,
que aun con Dios, si no le tiene,
pienso que no querrá estar.   140

Con la grande polvareda
perdimos a don Beltrán,
y, porque paró en Galicia,
se teme que paró en mal.

Jeldre está en Torre Bermeja: 145
mal aposentado está,
que torre de tan mal pelo
a Judas puede guardar.

Ciento por ciento llevaron
los inocentes de Orgaz,   150
peonzas que a puro azote
hizo el bederre bailar.

Por pedigüeño en caminos,
el que, llamándose Juan,
de noche para las capas   155
se confirmaba en Tomás,

hecho nadador de penca,
desnudo fue la mitad,
tocándole pasacalles
el músico de «Quien tal...».   160

Solo vos habéis quedado,
¡oh, Cardoncha singular!,
roído del «Sepan cuantos...»
y mascado del varal.

Vos, Bernardo entre franceses   165
y entre españoles, Roldán,
cuya espada es un Galeno
y una botica la faz;

pujamiento de garnachas
pienso que os ha de acabar,   170
si el avizor y el calcorro
algún remedio no dan.

A Micaela de Castro
favoreced y amparad,
que se come de gabachos   175
y no se sabe espulgar.

A las hembras de la caja,
si con la expulsión fatal
la desventurada corte
no ha acabado de enviudar,   180

podéis dar mis encomiendas,
que al fin es cosa de dar:
besamanos a las niñas,
saludes a las de edad.

En Vélez, a dos de marzo,   185
que por los putos de allá
no quiere volver las ancas,
y no me parece mal.

* * *

1 *Zampuzado*: 'encerrado'; *banasto*: 'calabozo'.

3 *callejón Noruega*: 'pasillo oscuro'; *Noruega*, mentada aquí como tierra donde hay pocas horas de sol.

4 *gavilán*: en el léxico de germanía es eufemismo de 'ladrón' y aquí se usa para destacar la oscuridad del calabozo, pues a las aves de cetrería como el gavilán se les suele poner una caperuza que les tapa los ojos.

7 *hibierno*: 'invierno'.

8 *culto*: la poesía gongorista o culta se tachaba de 'oscura' por su lenguaje intrincado.

9 *norte de guros*: 'blanco de alguaciles', porque todos quieren arrestarlo.

10 *navegar*: 'vivir del crimen'.

11 *godeñas*: 'prostitutas de categoría'.

12 *buzos*: 'ladrones diestros'.

15 *zaquizamíes*: 'desvanes'.

17 *abanico*: 'soplón'.

20 *grullo*: 'alguacil' que se las da de honrado (*puridad*) y que solo se deja corromper por altas cifras (*lo caro*).

21 *padre*: el que dirige un burdel. Esquerra (o Ezquerra) aparece en otra jácara de Quevedo: «Estábase el padre Ezquerra».

22 *su paternidad*: parodia de apelativos de cortesía como 'su majestad' o 'su santidad'.

23 *suegro*: porque el protagonista de la jácara estaba 'casado' (esto es, frecuentaba, sacaba provecho de) con la mancebía dirigida por Esquerra, su *padre*.

24 *cuexca*: 'prostíbulo'.

26 *palacio mortal*: juego sobre 'pecado mortal'. La mancebía de Esquerra es un lugar de perdición (*ofensa*).

27 *cuartos*: 'habitaciones' y 'dinero, paga de la prostituta'; pero también 'miembros del cuerpo', aquí aludiendo a las 'carnes' de las prostitutas.

29 *guanta*: 'burdel'.

31 *desporqueroné*: 'maté'; neologismo a partir de *porquerón*: 'el corchete que prende a los delincuentes y los lleva a la cárcel'. El emisor del poema ha 'liberado' de las ataduras del cuerpo a las almas de dos rivales.

32 *Brañigal* (o Abroñigal): arroyo de Madrid, afluente del río Manzanares.

35 *nos mojamos*: 'reñimos, nos acuchillamos'.

36 *metedores*: 'paño de lienzo para los pañales de los niños pequeños'. Siguiendo con la metáfora del verbo anterior, ambos jaques se 'mojaron' y no hubo *metedores* que los 'secaran' (esto es, nadie que consiguiera apaciguarlos, puesto que juega con la expresión *meter en paz*: 'apaciguar').

37 *árbol seco*: el alguacil, representado aquí por su vara de madera.

39 *le afufé*: 'le quité'.

40 *zaino*: 'falso, traidor'; *Santo Horcaz*: Santorcaz, pueblo cercano a Madrid famoso por sus vinos.

41 *zapatero de culpas*: 'carcelero', ya que pone en los pies de los reos los grilletes, llamados aquí *botinicos vizcaínos* porque Vizcaya era conocida por su producción de hierro.

44 *cordobán*: piel curtida con la que se fabricaban los zapatos, pero como en este caso el calzado es de hierro (grilletes) ha sido fabricado con clavos (*martillado*) y no cosido con hilo.

45-48 Serie de personajes que pueblan el mundo germanesco; *cañón*: 'soplón'; *guro*: 'alguacil'; *mandil*: 'criado de rufián'; *jayán*: 'rufián principal'; *iza*: 'prostituta' (*con greña*, porque no está calva, que era señal de padecer sífilis); *fuñar*: 'alborotar, causar pendencias'.

49-52 *hilo a hilo*: 'líquido que cae constante y lentamente'; juega con esta frase hecha aumentándola hiperbólicamente a *soga* debido a la intensidad de las lágrimas de los rufianes. Recuerda también la *soga* con la que se ahorcaba a los reos.

54 *Pascua de Navidad*: festividad que celebra el nacimiento de Cristo, en la que se solía soltar un preso. El jaque se erige ('se mete') en 'salvador' de los reos y los libera de la cárcel.

56 *cercenar*: 'ahorcar'.

58 *señores*: 'jueces'; *trinchar*: 'ahorcar y luego hacer cuartos al reo'; los pedazos del cuerpo del condenado se dejaban por los caminos como escarmiento.

60 *sitial*: 'asiento usado por dignidades públicas y religiosas en las funciones públicas'. El jaque exagera la importancia de su ejecución, imaginándose la asistencia de monarcas y prelados. El *maestresala* era el 'mayordomo' que se encargaba de coordinar el servicio en la mesa de los miembros de las clases privilegiadas. Aquí es metáfora por el verdugo.

61-62 *los he vivido hacia atrás*: ha pasado diez años de su vida condenado a galeras; esto es, sentado en un banco y remando de espaldas (*hacia atrás*) a la proa de la nave. Sigue una serie de dobles sentidos, que se explican a continuación.

63 *grillos*: 'tipo de insecto' / los 'grilletes'.

64 *cadenas*: los 'eslabones de hierro' que lleva el preso / 'las cadenas de oro', señal de nobleza (por los reyes enterrados en El Escorial).

65 *alcaides*: 'carceleros' / 'gobernadores'; el castillo de Milán, o Castillo Sforzesco, construido en el siglo XIV.

67 *guardas*: 'celadores' / 'guardas de capilla', que se encargaban de abrir y cerrar las capillas, y del mantenimiento de los sepulcros de personajes distinguidos albergados en estas (*monumento*: 'túmulo o entierro'). Podría jugar también con otro sentido de *guarda*: 'el hierro que impide pasar la llave para correr el pestillo en una cerradura'.

68 *yerros*: juega con *hierros* ('cadenas') y *yerros* ('errores'), pues, según el punto de vista de intransigencia católica que dominaba la España del siglo XVII, el Corán está lleno de errores e impiedades.

69 *sentencia*: 'declaración de la resolución de un juez' (las penas recibidas por el jaque) / 'dicho breve que encierra doctrina y moralidad', usados a menudo por los abogados para apoyar sus argumentos.

70 *causas*: 'pleitos' / 'razones' o 'excusas' para no pagar una deuda.

71 *auto*: 'sentencia' / 'breve pieza teatral religiosa que se representaba en el día del Corpus'.

72 *registro*: 'expediente carcelario' / 'cinta o cordón que se usa para marcar las páginas en un misal'.

73 *más enemigos que el agua*: porque todos siempre prefieren el vino.

74 *corchetes*: 'oficiales de los alguaciles' / 'broches' usados para sujetar los *gabanes* ('capotes de tela gruesa').

75 *soplos*: 'el acto de soplar sobre la comida caliente para enfriarla' / 'delaciones' de los *soplones*.

76 *plumas*: 'plumas empleadas por los escribanos para rellenar los documentos legales que contienen las culpas y sentencias del jaque' / 'plumas que usaban los caballeros como adorno cuando participaban en un torneo (esto es, cuando *torneaban*)'.

78 *jarifa*: 'vistosa, de buena presencia'.

79 *prendida*: 'encarcelada' / 'adornada, ataviada'.

86 *troj*: 'almacén de trigo', con el que se hace el pan.

94-96 *el orden*: según las ideas cosmológicas geocéntricas de la época, la Tierra está rodeada por cielos concéntricos que la rodean. Cada uno de ellos encierra al que se encuentra directamente debajo.

100 *Ceilán*: Sri Lanka, famosa en la época por sus diamantes.

107 *llueva cárceles mi cielo*: nótese el tono paródico del poema, donde su protagonista se presenta como un resignado filósofo estoico o un nuevo Job. Parece recordar la sentencia atribuida a Epicteto adaptada por Quevedo en el primer verso de uno de sus sonetos morales: «Llueve, ¡oh Dios!, sobre mí persecuciones». Estos versos van dirigidos también a la amada del rufo, aquí apodada *mi cielo*, toda vez que lo tiene preso con su belleza.

109-12 *peine*: instrumento de tortura de puntas aceradas; *mirar* ('apuntar') con la ballesta para arrojar saetas. *Peralvillo* era donde la Santa Hermandad asaeteaba a los reos: el protagonista del poema recibe tantas saetas que se compara con una *aljaba* llena de ellas. Estos tormentos son también las penas de amor causadas por la amada con su hermosura: las de sus cabellos (*peine*) y sus ojos (*mirar*), que la convierten en un instrumento de Cupido, armado de flechas.

114 *barridos*: 'muertos'.

116 *en agraz*: murieron demasiado jóvenes, antes de tiempo, como la uva sin madurar. Juega con el verso anterior, donde dice que algunos de sus amigos murieron por borrachos (*uvas*).

118 *ahíto*: 'harto'.

122 *le desjarretó*: 'lo degolló'. *Desjarretar*: cortar las patas por el jarrete para abatir a cuadrúpedos, como toros o caballos.

124 *san Blas*: santo patrono de los enfermos de garganta.

126 *aguja*: 'puñal delgado'.

130-32 'agasajó a Satanás regalándole el alma de un corchete'. Satiriza nuevamente la corrupción de los oficiales de la justicia. *Vaciar* en germanía es 'asesinar'; el padre Perea le ha 'robado' el alma a un corchete *a lo catalán*, aludiendo a los bandoleros catalanes, cuya reputación estaba muy arraigada en la cultura popular.

133 *A Roma por todo*: frase hecha; 'ir a absolverse de los delitos todos juntos, hacer todo de una vez'. Aquí se refiere también a sus relaciones carnales con prostitutas sifilíticas, cuya nariz cancerada (*roma*: 'sin punta') era un rasgo evidente de su enfermedad.

139 *tiene*: 'detiene, ase'.

141-42 *Con la grande polvareda*: son versos de un conocido romance sobre la derrota de Roncesvalles («con la mucha polvareda / perdimos a don Beltrane»), que se usaban como frase hecha para destacar la pérdida de algo.

144 *paró en mal*: 'acabó mal, tuvo un fin desgraciado'. Esto es porque acabó en Galicia, que tenía muy mala fama en la época; se solía describir como una región pobre, rústica y gris, habitada por gente ignorante y de mala catadura.

145-48 *Torre Bermeja*: puede referirse a varias torres de este nombre (Benalmádena, Granada...). El chiste estriba en el uso literal del nombre (*bermejo*: 'rojo'), pues tradicionalmente se creía que Judas era pelirrojo.

149-52 Estos delincuentes de Orgaz (llamados irónicamente *inocentes*) recibieron cien azotes del verdugo (*bederre*), que los meneó como si fueran *peonzas* (alude a las llamadas 'peonzas de látigo', que se hacen girar azotándolas).

156 *Tomás*: porque 'toma' (roba) las capas de noche por los caminos.

157-60 *nadador*: porque va desnudo de medio cuerpo y se sacude a los golpes de la *penca* ('látigo'). El pregonero es comparado con un músico que toca el pasacalle (baile popular de la época) al son de la fórmula «Quien tal hace que tal pague...» mientras el verdugo lo hace 'bailar' con sus azotes. Nótese que hay también una agudeza a partir de *pasacalles*: el reo es 'paseado' por las 'calles'.

163-64 *Sepan cuantos*: era la fórmula con la que se abría la sentencia recitada por el pregonero a la vez que el reo era castigado; el jaque Cardoncha lleva las marcas ('roeduras') de los azotes recibidos; *varal*: las varas de los alguaciles.

165-68 Cardoncha es un espadachín letal, como *Bernardo* y *Roldán*, héroes de Roncesvalles. El primero hizo estragos entre las tropas francesas y el segundo entre las españolas. Además, la espada y el mal ceño (*faz*) de Cardoncha son tan letales como los médicos (*Galeno*) y los boticarios, satirizados a menudo en el siglo XVII.

169-72 *pujamiento*: enfermedad que produce un exceso de sangre; *garnacha*: vestidura talar que usaban los jueces. La 'enfermedad' de Cardoncha es la 'abundancia de jueces', que lo van a condenar a muerte si este no tiene ojo (*avizor*) y consigue escapar (*calcorro*: 'zapato' en germanía).

175 *se come de gabachos*: tiene sífilis (se conocía como *mal francés*, de ahí los *gabachos*) que la está consumiendo, como si fueran pulgas.

177 *caja*: 'burdel'.

178 *expulsión fatal*: el 14 de febrero de 1623 el rey mandó cerrar las mancebías madrileñas.

182 *es cosa de dar*: sátira de la codicia femenina, que se conforma con que le den recuerdos, con tal de que le den algo.

186-87 *volver las ancas*: agudeza a partir del refrán *si marzo vuelve de rabo, no quedará oveja ni pastor enzamarrado*, aludiendo a sus fuertes vientos. *Volver el rabo* se interpreta aquí literalmente como 'dar la espalda'; y puesto que en la cárcel abundan los sodomitas (*putos*), el mes de marzo se niega a exponer sus *ancas*.

61

Las valentonas y destreza
BAILE

Helas, helas por do vienen
la Corruja y la Carrasca,
a más no poder mujeres,
hembros de la vida airada;
    mortales de miradura   5
y ocasionadas de cara,
el andar a lo escocido,
el mirar a lo de l'hampa.
    Llevan puñazos de ayuda
como perrazos de Irlanda,   10
avantales voladores,
chapinitos de en volandas,
    sombreros aprisionados
con porquerón en la falda,
guedejitas de la tienda,   15
colorcita de la plaza.
    Miráronse a lo penoso,
cercáronse a lo borrasca,
hubo hocico retorcido,
hubo agobiado de espaldas.   120
    Ganaron la palmatoria
en el corral de las armas,
y encaramando los hombros
avalentaron las sayas:

CORRUJA: De las de la hoja   25
soy flor y fruto,
pues a los talegos
tiro de puño.

CARRASCA: Tretas de montante
son cuantas juego: 30
a diez manos tomo
y a dos peleo.

      Luego —acedada de rostro
y ahigadada de cara,
un tarazón de mujer,   35
una brizna de muchacha—
      entró en la escuela del juego
Maripizca la Tamaña,
por quien Ahorcaborricos
murió de mal de garganta.   40
      Presumida de ahorcados
y preciada de gurapas
por tener dos en racimo
y tres patos en el agua,
      con valentía crecida   45
y con postura bizarra,
desembrazando a las dos,
en esta manera garla:

[MARIPIZCA:]   Llamo uñas arriba
a cuantos llamo,   50
y al recibo los hiero
uñas abajo.

Para el que me embiste
pobre y en cueros
siempre es mi postura   55
puerta de hierro.

Rebosando valentía,
entró Santurde el de Ocaña;
zaino viene de bigotes
y atraidorado de barba.   60
    Un locutorio de monjas
es guarnición de la daga
que en *puribus* trae al lado
con más hierro que Vizcaya;
    capotico de ante mulas,   65
sombrerico de la carda,
coleto de «por él vivo»,
más probado que la Pava.
    Entró de capa caída,
como los valientes andan,   70
azumbrada la cabeza
y bebida la palabra:

[*SANTURDE*:]   Tajo no le tiro,
menos le bebo;
estocadas de vino   75
son cuantas pego.

Una rueda se hicieron,
¿quién duda que de navajas?
Los codos tiraron coces,
azogáronse las plantas,   80

trastornáronse los cuerpos,
desgoznáronse las arcas,
los pies se volvieron locos,
endiabláronse las plantas.

No suenan las castañetas,   85
que, de puro grandes, ladran,
mientras al son se concomen,
aunque ellos piensan que bailan.

Maripizca tomó el puesto;
Santurde tomó la espada;   90
con el montante el maestro
dice que guarden las caras:

[*MARIPIZCA*:]   De verdadera destreza
soy Carranza,
pues con tocas y alfileres   95
quito espadas.

Que tengo muy buenos tajos
es lo cierto,
y algunos malos reveses
también tengo.   100

El que quisiere triunfar,
salga de oros,
que el salir siempre de espadas
es de locos.

MAESTRO: Siente ahora la Corruja.   105
CORRUJA: Aquesta venida vaya.
MAESTRO: Jueguen destreza vuarcedes.
SANTURDE: Somos amigos, y basta.
MAESTRO: No es juego limpio brazal.
CORRUJA: Si no es limpio, que no valga.   110

MAESTRO:	Siente vuarced.
SANTURDE:	Que ya siento,
	y siento pese a su alma.

    Tornáronse a dividir
en diferentes escuadras,   115
y, denodadas de pies,
todas juntas se barajan:

[*TODAS*:] *Cuchilladas no son buenas;*
puntas, sí, de las joyeras.

[*CORRUJA*:]   Entráronme con escudos,   120
cansáronme con rodelas;
cobardía es sacar pies,
cordura sacar moneda.

    Aguardar es de valientes,
y guardar es de discretas;   125
la herida de conclusión
es la de la faltriquera.

[*TODAS*:] *Cuchilladas no son buenas;*
puntas, sí, de las joyeras.

[*CARRASCA*:]   Ángulo agudo es tomar;   130
no tomar, ángulo bestia;
quien viene dando, a mi casa
se viene por línea recta.

    La universal es el dar;
cuarto círculo, cadena;   135
atajo, todo dinero;
rodeo, toda promesa.

[*TODAS*:] *Cuchilladas no son buenas;*
puntas, sí, de las joyeras.

[*MARIPIZCA:*]   El que quisiere aprender   140
la destreza verdadera,
en este poco de cuerpo
vive quien mejor la enseña.

* * *

1 *Helas, helas*: parodia el verso «Helo, helo por do viene», que aparecía en varios romances muy conocidos.

2 *Corruja*: era un baile popular en la época, aquí personificado como mujer varonil y valentona (nótese el neologismo *hembros* aplicado a las dos protagonistas).

6 *ocasionadas*: 'provocadoras, pendencieras'.

7 *escocido*: 'molesto, resentido'.

9-10 *puñazos de ayuda*: juega con los *perros de ayuda*, que eran los perros guardianes encargados de defender a sus amos. Las dos mujeres llevan grandes puños de camisa, comparados con perros irlandeses, muy apreciados en la época.

11 *avantales*: 'delantales'.

12 *chapinitos*: los *chapines* eran un calzado femenino que se sobreponía a los zapatos, tenían suela alta de corcho. Servían para resguardarse del lodo y de la nieve. Estos chapines les permiten a las dos mujeres moverse *en volandas* ('elevadas, como si se movieran por el aire').

13-14 *falda*: 'ala' del sombrero, que las dos damas llevan recogida y sostenida por broches o corchetes (*porquerones*). Recuérdese que los *porquerones* eran los corchetes encargados de prender a los delincuentes.

15 *guedejitas de la tienda*: cabello postizo, peluca.

16 *colorcita de la plaza*: tez maquillada ('colores comprados en la plaza').

20 *agobiado de espaldas*: hombros encogidos, en actitud bravucona.

21 *palmatoria*: instrumento de madera usado por los maestros para golpear en la mano a los estudiantes poco diligentes. Al estudiante madrugador que llegaba antes a clase le era concedido

como premio poder usar la palmatoria, de ahí que la expresión *ganar la palmatoria* signifique 'llegar temprano, ser el primero'.

22 *corral*: en germanía quiere decir 'mancebía', pero también todo lugar donde se reunían los rufianes. En este caso, parece evocar también el corral de comedias, el teatro donde se escenificaban estos bailes dramáticos.

25 *ser de la hoja*: ser un espadachín consumado.

28 *tirar de puño*: 'estocada a fondo'. Metafóricamente, sonsaca el dinero (*talegos*) a sus pretendientes.

29 *treta*: los tratados de esgrima del Siglo de Oro la suelen definir como una técnica planeada o engañosa (aquí, obviamente, indica también los engaños de la astuta Carrasca a expensas de sus pretendientes); *montante*: espada de grandes gavilanes que se solía manejar con las dos manos.

31 *a diez manos*: parodia hiperbólica de la expresión *tomar a dos manos*: 'tomar con ganas, con vehemencia'. Como su rival, Carrasca es una maestra en el arte de sustraer dinero.

34 *ahigadado*: 'valiente, bravucón'. Es un neologismo quevediano ('el que tiene mucho hígado').

35 *tarazón*: 'trozo'. Se trata de Maripizca la Tamaña (nombre irónico donde los haya), tan bajita que parece solo media mujer.

40 *mal de garganta*: 'ahorcado'.

42 *gurapas*: 'galeras'.

43-44 Por culpa de la Tamaña dos jaques han sido ahorcados (*en racimo*) y otros tres han sido mandados a galeras a remar (*patos en el agua*).

47 *a los dos*: en masculino, porque Corruja y Carrasca son *hembros* (v. 4).

48 *garla*: 'habla'.

49 *uñas arriba*: estocada que se tira volviendo los gavilanes y la mano hacia arriba. *Llamar* es en la esgrima descubrir alguna parte del cuerpo y tirar un tajo para provocar la reacción del adversario. Metafóricamente, Maripizca seduce y provoca a los galanes víctima de sus robos.

52 *uñas abajo*: estocada que se da volviendo la mano y los gavilanes de la espada hacia el suelo. Maripizca 'hiere' a sus rivales quitándo-

les su dinero, usando las *uñas*, que en el lenguaje de germanía aluden al robo. Recuérdese que los ladrones eran llamados *gatos*.

56 *puerta de hierro*: postura de la esgrima propia de jaques, que consiste en afirmar el brazo doblando el codo, con la guarnición de la espada casi arrimada al muslo derecho, la punta alta y los pies separados. Aquí alude jocosamente a cómo Maripizca se niega a conceder favores sexuales a los pretendientes sin dinero (*pobre y en cueros*), cerrándoles la *puerta* ('vulva').

59-60 *zaino*: 'traidor, que inspira poca confianza'; caso de hipálage: los rasgos de la dudosa catadura moral del jaque Santurde se transfieren a sus bigotes (y a su barba en el verso siguiente), que lleva largos y con forma de ganchos al uso de los bravos de la época. *Atraidorado* es neologismo quevediano: 'hecho un traidor'.

61-62 *guarnición*: 'defensa junto al puño de la espada o daga para proteger la mano de heridas'. Tales guarniciones (o guardamanos) a veces estaban hechas en forma de rejillas, lo cual permite la asociación hiperbólica con las rejas de los locutorios de monjas, que separaban a estas de sus visitas en los conventos: la daga de Santurde es tan grande que tiene un locutorio en lugar de una guarnición.

63-64 *en puribus*: 'desnuda', esto es, 'desenvainada'. En Vizcaya se producía mucho hierro: el verso insiste en el gran tamaño de la daga.

65-66 *capote*: 'capa de cuello redondo' / 'mal ceño, enfado', doble sentido que permite asociar el gesto enfadado del jaque con los capotes usados por los mozos de mulas, a los cuales Quevedo apoda *ante mulas* porque iban delante de las mulas. La voz *ante* también da pie a una agudeza a partir de dos significados: 'antes' / 'piel adobada usada para fabricar prendas de vestir'. Ser *de la carda* quería decir pertenecer al mundo del hampa y de la delincuencia. Tanto la mirada como los atuendos de Santurde dejan claro su papel de bravo. Nótese también el uso jocoso de los diminutivos en *-ico*.

67-68 *coleto*: 'casaca o jubón', que se usaba como adorno y defensa, y es gracias a él que el jaque ha sobrevivido (*por él vivo*) a sus numerosas pendencias. Debido a ellas, el *coleto* ha quedado muy desgastado (*probado*), así como lo está la prostituta apodada *la Pava*, que ya se mencionó en la jácara «Ya está guardado en la trena» (v. 109). Nótese a su vez el uso paródico de *por él vivo*, que parece evocar el Evangelio: «vivo por el Padre» (Juan 6.58).

69-72 *de capa caída*: alude a la forma de vestir la capa por parte de los jaques, pero también a la frase hecha *ir de capa caída* ('estar triste, amargado'). *Azumbrada* deriva de *azumbres*, medida del vino que equivalía a unos dos litros; indica que Santurde está borracho, y por ello también tiene un hablar farragoso (*bebida la palabra*).

73-74 *Tajo*: 'en la esgrima, es corte de derecha a izquierda', pero aquí es también el río *Tajo*: Santurde, como buen borracho, no bebe agua (del Tajo), sino solo vino.

75 *estocada*: 'golpe que se da de punta con la espada o estoque'; pero *estocada de vino* es una expresión coloquial que indica 'el mal aliento del borracho'.

77-78 *Una rueda se hicieron*: los espadachines 'hicieron un corro'; juega también con la *rueda de navajas*, que en el lenguaje de germanía significa 'la mesa de juego con los tahúres sentados en ella'.

80 *azogáronse*: 'se agitaron' como los temblores que padecen los que se han intoxicado con azogue. Existe también la frase proverbial *temblar como azogado*.

82 *arcas*: donde se guarda el dinero de los pretendientes desprevenidos. Estas no pueden resistir a los movimientos de las valentonas y se abren (pierden los *g'ones*).

86 *castañetas*: son tan grandes y ruidosas que parecen *ladrar* (usado con el sentido de 'chillar' y 'proferir amenazas').

87 *concomen*: se 'revuelven sobre sí, se agitan', como si tuvieran parásitos.

94 *Carranza*: Jerónimo de Carranza (†1600), maestro de esgrima y tratadista, autor del influyente *Libro que trata de la filosofía de las armas y de su destreza* (1582), que difundió los ideales de la así llamada 'verdadera destreza'.

95 *tocas*: 'adorno usado por las mujeres para cubrirse la cabeza'. La valentona usa instrumentos tradicionalmente femeninos (*tocas* y *alfileres*) para derrotar a los hombres, quitándoles su dinero.

99 usa términos de la esgrima: *tajo* (ver v. 73) y *revés* ('golpe de espada que se da diagonalmente, de izquierda a derecha'), aunque aquí *revés* se usa también con el sentido de 'trampa jugando a las cartas'.

101-104 *triunfar*: la valentona quiere 'ganar' y hacerse con el dinero (*oros*) de los galanes. El lenguaje de los naipes ya había aparecido antes (*rueda de navajas*, vv. 77-78; *reveses*, v. 99), y se reitera aquí con referencias a los palos (*espadas y oros*) y a las jugadas de *salir* y *triunfar*.

106 *venida*: 'en la esgrima, es el acometimiento mutuo que se hacen los contrincantes'.

107 *vuarcedes*: deformación de 'vuestras mercedes', propia del habla tosca de los valentones.

109 *brazal*: una de las 'tretas' (ver v. 29) de la esgrima que consiste en detener la espada del contrario con el brazo izquierdo.

115 *denodadas*: 'atrevidas, valientes'.

116 *se barajan*: 'se mezclan'. Se vuelve a usar el lenguaje de los naipes para referirse a las acciones de estas bailarinas esgrimidoras.

118 *puntas*: 'puntas de las espadas', pero también 'encaje de hilo o de seda' de las *joyeras* ('mujeres que hacían y bordaban adornos femeninos'): las valentonas prefieren los regalos caros de sus pretendientes a los lances de esgrima.

119 *escudos*: 'arma defensiva', pero también 'tipo de moneda'.

120 *sacar pies*: 'huir'.

125 *herida de conclusión*: el *movimiento de conclusión* en la esgrima es una de las 'tretas' más eficaces, que se consigue sujetando con la mano izquierda la guarnición de la espada del contrario y quitándosela.

126 *faltriquera*: 'bolsa donde se guarda el dinero'.

129-32 la 'verdadera destreza' se fundamentaba en el empleo de principios matemáticos y geométricos; de allí que la valentona haga referencia a ángulos y líneas rectas. Nótese el juego sobre *ángulo agudo / ángulo bestia*, esto es, 'ángulo obtuso' (doble sentido *agudo*: 'inteligente' / *obtuso*: 'necio' o, como dice Quevedo, *bestia*). Obtusa o necia es la dama que no *toma* el dinero de sus pretendientes.

133 *universal*: equivale al *movimiento de conclusión*, ya menciona-
do en el v. 125.

134 *cuarto círculo*: estocada en la que la espada del diestro alcanza
la cuarta parte del círculo ideal que se considera en los movimien-
tos del esgrimidor. Este sofisticado golpe de esgrima equivale,
para la codiciosa valentona, a cadenas de oro o plata (*cadena*), uno
de los dones usuales que los galanes ofrecían a sus damas.

135-36 *atajo*: para conseguir fácilmente los favores de la valentona
se necesitan dinero y no *promesas* vanas.

141 *poco de cuerpo*: 'libro pequeño, breve tratado', pero recuérde-
se también que Maripizca es pequeñita (vv. 35-36).

Poemas burlescos

La *Musa VI*, llamada *Talía*, corresponde a la poesía burlesca, que constituye el corpus más rico, exitoso y complejo de Quevedo. Más de un tercio de toda su obra en verso puede incluirse dentro de este género. Varios autores del siglo XVII, tanto en España como en la América virreinal, siguieron su ejemplo, imitando a menudo muy de cerca sus composiciones festivas y elevando a la categoría de clásicos textos como el soneto a un narigón, «Érase un hombre a una nariz pegado», cuya presencia en la cultura popular actual es todavía muy evidente. En estos poemas, el lector encuentra una visión degradada de la naturaleza humana y de la sociedad, personajes grotescos y embusteros, y la representación de un mundo que, pese a sus constantes referencias a costumbres y objetos cotidianos, adquiere un cariz surreal, casi onírico o fantasmagórico. Una nariz puede ser objeto de comparaciones vertiginosas con cosas totalmente dispares entre sí, como un reloj de sol, una alquitara, un elefante y hasta las pirámides de Egipto. El objetivo principal de estos versos es el de estimular la imaginación del lector y provocar la risa, y este efecto se consigue sobre todo a partir de dos cosas: la representación de lo «feo», y el empleo de un lenguaje agudo e ingenioso.

Según teorías que se remontan a la Antigüedad clásica y que gozaron de mucho predicamento durante el Siglo de Oro, la risa nace de la percepción de todo aquello que una determinada cultura considera feo, tanto desde el punto de vista ético como físico, pero siempre dentro de un límite. Por ejemplo, puede ser gracioso representar a calvos, narigones y viejas desdentadas, así como a borrachos, mujeres infieles, cornudos o médicos charlatanes; pero hay que andarse con cuidado cuando se trata de minusvalías o de crímenes graves, como por ejemplo la ceguera o el asesinato. Hay límites para la burla, y cada sociedad y cada época marcan los suyos. En los siglos XVI y XVII, dominados en España por una estricta conciencia católica y contrarreformista, además de por un fuerte sentido de orgullo patriótico que a menudo rayaba en la xenofobia, el campo de lo risible era más amplio que hoy día, donde existe una conciencia mucho mayor respecto a la tolerancia religiosa, racial y sexual. La poesía burlesca de Quevedo, pues, no escatima ataques dirigidos a judíos, negros, mujeres, homosexuales y extranjeros, que, por el mero hecho de serlo, se convierten en blanco perfecto de su lengua mordaz.

La difusión de estas poesías burlescas ha contribuido sin duda a establecer la imagen de un Quevedo gracioso y verde, a la vez que racista y misógino. Como ya se ha comentado en la introducción a este volumen, es preciso leer estas obras sin perder de vista el contexto histórico en el que fueron escritas y el género literario al que pertenecen; sin negar, por otro lado, que Quevedo destaca en su época como uno de los autores que supo hacer un uso más violento y agresivo del lenguaje, destruyendo sin piedad a los personajes y personajillos que habitan sus versos jocosos. Por cantidad y calidad, Quevedo es sin duda el autor burlesco más importante que ha conocido la lengua castellana. Detrás de sus retratos absurdos se encuentra una fuerte dosis de intolerancia, a menudo puesta al servicio de la ideología dominante y, al mismo tiempo, de la estética conceptista. Junto a las metáforas y los símiles, lo que predomina en estos textos son las dilogías (o silepsis) y los equívocos (o antanaclasis), sobre los cuales descansa buena parte del ingenio quevediano y de la literatura del siglo XVII en general.

La dilogía consiste en emplear una palabra con dos o más significados posibles. El soneto-epitafio dedicado a una vieja («Fue más larga que paga de tramposo») ofrece numerosos ejemplos de este recurso en cada uno de sus versos. Por ejemplo, cuando dice que esta tuvo «más humos que seis mil hornos de leña» (v. 11), *humos* aparece con un valor dilógico como 'humo de la chimenea', pero también con el de 'vanidad, arrogancia'. El equívoco es un recurso muy cercano a la dilogía, aunque la palabra en cuestión se repite más de una vez con diferentes sentidos. Es el caso de los versos 33-34 de la canción a una mujer flaca («No os espantéis, señora Notomía»), donde la voz poética dice que miente el galán de la dama si en confesión la llama «su pecado de carne; si aún él veros / no pudo en carnes, aun estando en cueros». Aquí *carne* aparece dos veces: en el primer caso alude al 'pecado carnal' (sexo), mientras que en el segundo a la 'desnudez' (*en carnes*). Sin embargo, es frecuente que estos recursos se combinen entre sí y con otros. De hecho, *en carnes* es a su vez una dilogía y una hipérbole: 'desnuda' / 'con carne' (la dama es tan flaca que parece no tener carne, aun cuando el galán la ve desnuda).

Como ya vimos en las letrillas, jácaras y bailes, en la *Musa VI* la agudeza se exprime a través de la acumulación de conceptos, gracias a una síntesis de recursos que dibujan un código verbal donde los límites del lenguaje y de la realidad son puestos constantemente en entredicho. Pese a la rigidez ideológica que trasluce a veces en esta clase de obras y que acabamos de comentar, el lector tiene delante un mundo irreal y casi caótico, donde los vicios y las suciedades de la vida son elevados a la categoría de arte. Más allá de ciertos parecidos evidentes, nos hallamos ante un estilo y un enfoque distantes de los de la poesía moral en la *Musa II*. Buen ejemplo de ello es el soneto «La vida empieza en lágrimas y caca», donde se resume de forma cínica la existencia humana, esclava de los deseos del cuerpo: la comida, la bebida y, sobre todo, el sexo. Las rimas grotescas y cacofónicas (*-ca* y *-co*) son como golpes que marcan el paso inexorable de los años, al tiempo que degradan los patéticos (y cómicos) afanes de los seres humanos por satisfacer sus más bajos instintos. Faltan aquí un lenguaje elevado y sobrio, y la voz poética de un juez que establezca pautas de conducta.

Estamos, a su vez, lejos de las idealizadas imágenes de las damas petrarquistas. En estos versos, el cuerpo se pone al descubierto. Sus protagonistas son viejas, brujas, alcahuetas y prostitutas enfermas de sífilis, y se exponen sus vicios y sus enfermedades, como en los romances de la Chica («Si me llamaron la Chica») y Marica («Tomando estaba sudores»): su aspecto y dudosa catadura moral invierten el código del elogio de la belleza femenina que encontramos en los poemas amorosos de Quevedo. Él mismo se burla de este cauce en el romance «Qué preciosos son los dientes», donde deshace uno por uno todos los tópicos y metáforas de la lírica petrarquista. En definitiva, la poesía burlesca puede definirse como un género parásito, desarrollado en buena medida a partir de la inversión de otros. Los túmulos a viejas viciosas parodian la lírica fúnebre, la poesía encomiástica se pone patas arriba en todos los retratos de personajes degradados física y moralmente que recorren estos versos, igual que los protagonistas de la mitología clásica («Bermejazo platero de las cumbres») son convertidos en rufianes y rameras.

Las formas métricas más empleadas por Quevedo en *Talía* son el soneto y el romance. El primero, como ya ocurriera con la poesía encomiástica y con la fúnebre, se remonta sobre todo a los epigramas grecorromanos, especialmente a los del autor romano Marcial, considerado en el siglo XVII europeo como el verdadero maestro de la agudeza. De hecho, la mayoría de los autores que trataron y teorizaron sobre el arte del ingenio, como Baltasar Gracián, lo citaron como ejemplo sumo. Con Marcial, Quevedo comparte el gusto por el retrato agudo de viejas grotescas y personajes poseídos por el vicio y la hipocresía. Es el caso del soneto sobre la anciana desdentada, «Quéjaste, Sarra, de dolor de muelas», que se inspira en varios epigramas del poeta latino y de la tradición clásica. A su vez, dentro de estas composiciones se hallan huellas de modelos mucho más recientes, que se remontan al humanismo europeo, en especial modo el italiano. Francesco Berni, autor toscano del siglo XVI, marcó profundamente el rumbo de la poesía burlesca gracias a sus encomios paradójicos (o elogios imposibles), en los que alaba cosas triviales, como frutas, insectos o enfermedades, empleando dobles sentidos eróticos. Berni tuvo muchos seguidores en Italia, donde proliferaron los elogios de zanahorias (pene), manzanas (pechos), melocotones (nalgas), etc. Quevedo también cultivó este género, con o sin dobles sentidos eróticos, como vemos en sus sonetos a un narigón, a los mosquitos y en su canción juvenil (compuesta antes de 1603) a una dama flaca, ya mencionada.

Los encomios paradójicos, los epigramas clásicos y el arte del ingenio le sirven a Quevedo para componer unos versos dominados por el exceso verbal, moral e intelectual, que ponen en evidencia todas nuestras limitaciones, riéndose de ellas. Más allá del evidente tono censorio y moralizante de algunos de estos poemas, lo que predomina es una sensación de vértigo y casi de anarquía. Calvos, viejas desdentadas, mujeres coquetas y maridos interesados son pasados por la trituradora verbal de Quevedo, dándonos la imagen de un mundo donde las reglas han sido creadas para ser quebrantadas, donde nada se puede esconder o disimular, donde la esencia de la vida humana en sociedad es puesta en solfa. Todo ello tiene también un poder lúdico y liberatorio, que a veces se ha asociado con la sensación de desahogo que experimentamos en el carnaval, cuando podemos ser todos y nadie a la vez, y nos mofamos de nosotros mismos. Quizás para el lector moderno sea difícil reírse a carcajadas con estas obras, pues tanto nuestro gusto estético como nuestro marco ideológico nos alejan a menudo de este tipo de comicidad. Pero una lectura atenta puede regalar muchas sorpresas y dejarnos boquiabiertos ante los chispazos de ingenio y las galerías imposibles de la poesía burlesca de Quevedo.

62

A un nariz

Érase un hombre a una nariz pegado,
érase una nariz superlativa,
érase una nariz sayón y escriba,
érase un peje espada muy barbado;

era un reloj de sol mal encarado,   5
érase una alquitara pensativa,
érase un elefante boca arriba,
era Ovidio Nasón más narizado;

érase un espolón de una galera,
érase una pirámide de Egito,   10
las doce tribus de narices era;

érase un naricísimo infinito,
muchísimo nariz, nariz tan fiera
que en la cara de Anás fuera delito.

*   *   *

A un nariz: encomio paradójico en el que se alaba a un narigón, fundiendo la forma poética culta por excelencia (el soneto) con giros propios del folclore y de los cuentos, como el «Érase...», repetido al principio de verso (anáfora). Nótese la inversión hiperbólica de las proporciones: la nariz es tan grande que el hombre parece un mero apéndice de ella, esto es, una especie de nariz antropomórfica (*un nariz*).

3 *sayón y escriba*: alude a los judíos y al estereotipo racista de figu-rárselos con grandes narices; *escriba*: 'intérprete y doctor de la Ley entre los hebreos'; *sayón*: 'verdugo' (a los judíos se les culpa-ba por la muerte de Cristo).

4 *peje*: 'pez'; *barbado*: los pelos de la nariz.

5 *mal encarado*: el reloj de sol, cuyo gnomon parece la nariz de un rostro feo (*mal encarado*). Quiere decir también que este efecto vi-sual se produce solo si se 'encara' el gnomon de lado (*mal*) y no de frente.

6 *alquitara*: 'alambique'; la nariz tiene su misma forma alargada y, además, gotea.

7 *boca arriba*: con la trompa levantada.

8 *más narizado*: 'de gran nariz' (neologismo quevediano). *Ovidio Nasón*: juego onomástico a partir de la voz latina *nasus* ('nariz') y del apellido del poeta latino Ovidio, *Naso*. *Nasón* equivale, pues, para Quevedo a 'narigón'.

9 *espolón*: 'punta en que remata la proa de la nave'.

10 *Egito*: 'Egipto'.

11 *doce tribus*: nuevo chiste contra los judíos; alude a las tribus de Israel, descendientes de los doce hijos de Jacob.

12 *naricísimo*: juego gramatical que produce un neologismo, usan-do el superlativo *(-ísimo)* con un nombre y no con un adjetivo.

13 *fiera*: 'fea, desproporcionada'.

14 *Anás*: chiste antijudío; Anás y Caifás eran los sumos sacerdotes que decidieron entregar a Cristo a los romanos. Como en el caso de *Nasón*, aquí también hay una agudeza onomástica sobre el sin-tagma *-nas*, que evoca la nariz: el nombre del sacerdote es porta-dor de rasgos que lo definen como narigón. El protagonista del soneto tiene una nariz de judío tan grande y fea que, incluso com-parada con la de Anás, resultaría excesiva (*fuera delito*).

63

Mujer puntiaguda con enaguas

Si eres campana, ¿dónde está el badajo?
Si pirámide andante, vete a Egito;
si peonza al revés, trae sobrescrito;
si pan de azúcar, en Motril te encajo;

si chapitel, ¿qué haces acá bajo?   5
Si de diciplinante mal contrito
eres el cucurucho y el delito,
llámente los cipreses arrendajo;

si eres punzón, ¿por qué el estuche dejas?
Si cubilete, saca el testimonio;   10
si eres coroza, encájate en las viejas;

si buida visión de san Antonio,
llámate doña Embudo con guedejas;
si mujer, da esas faldas al demonio.

* * *

Mujer puntiaguda con enaguas: se burla de una mujer de aspecto ridículo debido al uso de aparatosas *enaguas* ('tipo de vestido hecho de lienzo blanco, que baja en redondo hasta los tobillos y se ata por la cintura, de que usan las mujeres debajo de los demás vestidos').
1 *badajo*: chiste erótico; la mujer se parece a una campana, debido a la forma redonda de las enaguas, pero le falta el *badajo* (porque carece de pene).

2 *Egito*: 'Egipto'.

3 *sobrescrito*: 'inscripción que se pone en la cubierta de la carta', y que aquí se refiere a las letras que aparecían en las perinolas (*peonzas*): S, P, D, T, equivalentes a *Saca, Pon, Deja, Toma*.

4 *Motril*: ciudad andaluza famosa por su producción de azúcar; *pan de azúcar*: azúcar refinado, obtenido en panes de forma cónica.

5 *chapitel*: 'remate de las torres' (de forma triangular).

6-7 *diciplinante*: disciplinante que va cubierto con un capirote (*cucurucho*) y se azota durante las procesiones de Semana Santa para que se les perdonen los pecados (*delito*). La mujer con enaguas se parece a su capirote y es también instigadora de sus pecados sexuales.

8 *arrendajo*: 'ave que imita el canto de otras' y, por extensión, 'persona que imita a otra'. La mujer con enaguas recuerda la forma puntiaguda de los cipreses.

10 *cubilete*: 'vaso redondo de cobre', era más ancho por la boca que por la base, y se usaba para cocinar sobre todo viandas hechas con carne picada. Si quiere que la creamos un *cubilete*, la mujer debe presentar pruebas y documentos que lo demuestren (*testimonio*): esto es, sus 'carnes'.

11 *coroza*: 'cucurucho que se pone en la cabeza por castigo'. Se usaba a menudo para humillar a las *viejas* acusadas de brujería o de ser alcahuetas.

12 *san Antonio*: san Antonio Abad (†356), monje ermitaño que vivió en el desierto. Fue tentado por el demonio con varias apariciones sensuales y horripilantes, con las que se compara a la protagonista del soneto, que parece una *visión* grotesca y puntiaguda (*buida*).

64

Casamiento ridículo

Trataron de casar a Dorotea
los vecinos con Jorge el extranjero,
de mosca en masa gran sepulturero
y el que mejor pasteles aporrea.

Ella es verdad que es vieja, pero fea;　　　　　5
docta en endurecer pelo y sombrero.
Faltó el ajuar, y no sobró dinero,
mas trújole tres dientes de librea.

Porque Jorge después no se alborote
y tabique ventanas y desvanes,　　　　　10
hecho tiesto de cuernos el cogote,

con un guante, dos moños, tres refranes
y seis libras de zarza, llevó en dote
tres hijas, una suegra y dos galanes.

* * *

1 *Trataron*: 'concertaron la boda'.
3-4 *pasteles*: hechos a base de carne picada y de hojaldre, eran una comida popular y barata que gozaba de mala fama debido a su suciedad y dudoso contenido (*mosca en masa*).
5 *pero*: uso jocoso de la conjunción adversativa, que no relaciona ideas contrapuestas sino complementarias (*vieja* y *fea*).

6 *docta*: Dorotea es 'experta' en poner los cuernos.

8 *trújole*: 'le trajo'; *librea*: 'prendas de vestir que los poderosos regalan a sus pajes y criados', pero esta novia vieja contribuye solo con tres dientes, porque carece de todos los demás.

12 La novia lleva atuendos propios de una dama, pero ridículos y desparejados: le falta un guante y le sobra un moño postizo.

13 *zarza*: 'zarzaparrilla', planta usada para curar la sífilis.

65

Epitafio de una dueña,
que idea también puede ser de todas

Fue más larga que paga de tramposo,
más gorda que mentira de indiano,
más sucia que pastel en el verano,
más necia y presumida que un dichoso;

más amiga de pícaros que el coso,   5
más engañosa que el primer manzano,
más que un coche alcahueta; por lo anciano,
más pronosticadora que un potroso;

más charló que una azuda y una aceña,
y tuvo más enredos que una araña,   10
más humos que seis mil hornos de leña.

De mula de alquiler sirvió en España,
que fue buen noviciado para dueña;
y muerta pide, y enterrada engaña.

* * *

dueña: 'mujer mayor, que ya no es virgen'. Solían servir como da-
mas de compañía y amas de llaves. Tenían fama de enredadoras y
alcahuetas, y fueron blanco de muchos textos burlescos.
1 *larga*: 'alta', pero también 'gastadora' y que 'da largas' en vez de
pagar sus deudas.

2 *gorda*: 'gorda' (físicamente), pero también 'grande', como las mentiras de los que habían regresado de América (*indiano*), y que tenían fama de exagerar las riquezas allí acumuladas.

3 *sucia*: física y moralmente. Recuérdese que los *pasteles* (hechos con carne y hojaldre) eran una comida humilde, cocinada con ingredientes dudosos y en ínfimas condiciones higiénicas.

5 *el coso*: 'plaza o espacio cerrado donde se llevan a cabo fiestas públicas y corridas de toros'. En estas ocasiones solían juntarse toda clase de delincuentes y personajes de mala vida.

6 *el primer manzano*: alude a la fruta del árbol prohibido, comida por Adán y Eva.

7 *coche*: carruajes cerrados que tenían muy mala reputación, como signos de ostentación y como lugares de encuentros sexuales ilícitos.

8 *potroso*: 'el que padece de hernia testicular', lo cual le permite presentir (*pronosticar*) la llegada de tormentas y los cambios de clima. La experiencia y la sabiduría son rasgos tradicionalmente asociados con los ancianos, aquí vinculadas con la clarividencia de los potrosos.

9 *azuda*: 'rueda para sacar agua de los ríos'; *aceña*: 'molino de agua'. El parloteo de la dueña es comparado con el ruido constante de estas máquinas.

10 *humos*: 'vanidad' (tener humos) / 'humo' (producido por el fuego del horno de leña).

11 *mula de alquiler*: 'prostituta' (ofrecía sus servicios a cambio de dinero y se dejaba 'cabalgar').

66

Mañoso artificio de vieja desdentada

Quéjaste, Sarra, de dolor de muelas
porque juzguemos que las tienes, cuando
te duelen por ausentes y, mamando,
bocados sorbes y los sorbos cuelas.

De las encías quiero que te duelas,   5
con que estás el jigote aporreando.
No llames sacamuelas: ve buscando,
si le puedes hallar, un sacaabuelas.

Tu risa es, más que alegre, delincuente;
tienes, sin huesos, pulpas las razones;   10
y el raigón, del mascar lugarteniente.

No es malo en amorosas ocasiones
el no poder jamás estar a diente,
aunque siempre te falten los varones.

* * *

artificio: 'treta, astucia'.
3 *mamando*: a Sarra le quedan pocos dientes, y por eso ya no masca la comida, sino que la *mama*, chupándola como si fuera un recién nacido.
4 *cuelas*: la escasa dentadura de la vieja se parece a un colador.
6 *jigote*: 'guisado, comida picada'.

8 *sacaabuelas*: neologismo jocoso; 'alguien que te pueda hacer rejuvenecer (sacándote lo que tienes de abuela)'.

9 *delincuente*: al sonreír, los contados dientes de la vieja se parecen a barrotes de una celda en su boca.

10 *razones*: 'palabras, discursos', que carecen de dientes (*huesos*) y están reducidos al estado de *pulpas* ('carne sin hueso').

11 *raigón*: 'raíz de las muelas', en quien recae el 'cargo' (*lugarteniente*) de *mascar* en lugar de las muelas, ya perdidas.

13 *estar a diente*: frase hecha que equivale a 'tener muchas ganas de comer, sin haber probado bocado' y, por extensión, 'desear algo fuertemente sin poderlo conseguir'. La vieja, literalmente, no puede *estar a diente* porque no tiene, aunque, figuradamente, sí *está a diente*, pues se queda con las ganas de nuevos amantes.

67

Calvo que no quiere encabellarse

Pelo fue aquí, en donde calavero:
calva no solo limpia, sino hidalga;
háseme vuelto la cabeza nalga,
antes greguescos pide que sombrero.

Si cual Calvino soy, fuera Lutero,   5
contra el fuego no hay cosa que me valga;
ni vejiga o melón que tanto salga
el mes de agosto puesta al resistero.

Quiérenme convertir a cabelleras
los que en Madrid se rascan pelo ajeno,   10
repelando las otras calaveras.

Guedeja réquiem siempre la condeno:
gasten caparazones sus molleras,
mi comezón resbale en calvatrueno.

*   *   *

encabellarse: 'ponerse una peluca' (neologismo jocoso).
1 *Pelo fue aquí*: parodia la fórmula latina *fuit hic* ('estuvo aquí') que
aparece en epígrafes fúnebres y conmemorativos. Para indicar
que algo se había degradado se usaba el modismo *aquí fue Troya*.
El cabello 'se ha ido', dejando en su lugar una cabeza calva o *ca-*
lavero (neologismo construido a partir de la asimilación de *pelo* y

calavera). También podría tratarse de un verbo inventado: *calaverear* ('me vuelvo calavera').

2 *limpia*: 'sin pelo'. Alude también a la *limpieza de sangre*, principio regulador de la segregación racial en la España de la época. La cabeza es tan calva (*limpia*) que merece el título de *hidalga*, reservado para aquellos que tenían probada ascendencia cristiana por los cuatro costados.

4 *greguescos*: 'calzones'.

5 *Calvino*: Juan Calvino (1509-1564), teólogo francés y uno de los líderes de la Reforma protestante. Hay un juego onomástico a partir de *calva*/*Calv*(-*ino*), lo cual propicia la cita de otro gran padre del protestantismo, Martín Lutero (1483-1546). Uno de los castigos más frecuentes para los herejes era ser quemados en la hoguera (*fuego*).

8 *puesta al resistero*: 'expuesta al sol'; *resistero* es el 'medio día, cuando el sol tiene mayor fuerza'.

9 'Quieren que me ponga pelo postizo'. Sigue jugando con conceptos relativos al ámbito religioso (*convertir a*).

10 *pelo ajeno*: las pelucas se fabricaban a menudo con pelo de difuntos (*calaveras*; *guedeja réquiem*).

14 *comezón*: 'picazón', pero también 'remordimiento que ocasiona un deseo no realizado o realizado sin reflexión'. Si ser calvo es una culpa comparable a la herejía (*Calvino*), el protagonista del soneto, calvo rematado, rechaza toda posibilidad de redención (*convertir*) con pelucas y asume su condición: se deja llevar por el 'deseo' (*comezón*), 'cae en el pecado' (*resbala*) de la calvicie y termina siendo un auténtico *calvatrueno*: 'persona alocada', que aquí se usa también en su sentido jocoso de 'tener una gran calva'.

68

Bebe vino precioso con mosquitos dentro

Tudescos moscos de los sorbos finos,
caspa de las azumbres más sabrosas,
que, porque el fuego tiene mariposas,
queréis que el mosto tenga marivinos;

aves luquetes, átomos mezquinos,   5
motas borrachas, pájaras vinosas,
pelusas de los vinos invidiosas,
abejas de la miel de los tocinos;

liendres de la vendimia, yo os admito
en mi gaznate, pues tenéis por soga   10
al nieto de la vid, licor bendito.

Tomá en el trago hacia mi nuez la boga,
que, bebiéndoos a todos, me desquito
del vino que bebistes y os ahoga.

* * *

vino precioso: 'vino de alta calidad'. Se creía que los mosquitos se
engendraban en el vino y eran muy aficionados a él. De ahí que a
los borrachos se les llamara mosquitos.
1 *Tudescos*: 'alemanes', quienes tenían fama de borrachos en la
época; *finos*: porque los *moscos* chupan el vino con sus *finas* trom-
petillas, pero también porque beben vino *fino* ('de calidad'). Nó-

tese la repetición del sonido -s- (aliteración) en el verso, que evoca el ruido de los mosquitos al volar.

2 *azumbres*: 'vino' (que entonces se medía en *azumbres*, cuyo valor aproximado era de dos litros); *caspa*: los mosquitos se depositan sobre el vino como la caspa sobre los hombros.

3 *el fuego tiene mariposas*: las mariposas son atraídas por la luz, y mueren a menudo quemadas por el fuego. Es un tópico muy frecuente en la lírica amorosa, donde el amado es la mariposa atraída por el fuego del amor. Aquí se saca de contexto y se degrada, produciendo el neologismo chistoso *marivinos*.

5 *luquetes*: 'rodajas de limón o naranja que se echan en el vino para darle sabor'; *átomos mezquinos*: 'partículas diminutas'.

6 *pájara*: 'ave', pero también 'borrachera'. Puede significar asimismo 'ramera', dado que las tabernas eran un lugar propicio para encontrar prostitutas.

7 *invidiosas*: 'envidiosas'.

8 *tocinos*: el vino se solía acompañar con tocino, que estimulaba las ganas de beber.

9 *Liendres*: 'huevos de los piojos'; las liendres infestan las cabelleras y los piojos chupan sangre, así como estos mosquitos infestan las copas de vino (*vendimia*) y lo chupan.

10 *gaznate*: 'cuello'; como los ahorcados con la *soga*, los mosquitos mueren asfixiados (ahogados) en el vino (*nieto de la vid*, pues su hijo es la uva).

12 *Tomá*: 'tomad'.

13 *me desquito*: 'me vengo'.

69

Al mosquito de la trompetilla

Ministril de las ronchas y picadas,
mosquito postillón, mosca barbero,
hecho me tienes el testuz harnero
y deshecha la cara a manotadas.

Trompetilla que toca a bofetadas,   5
que vienes con rejón contra mi cuero;
Cupido pulga, chinche trompetero,
que vuelas comezones amoladas;

¿por qué me avisas, si picarme quieres?
Que, pues que das dolor a los que cantas,   10
de casta y condición de potras eres.

Tú vuelas y tú picas y tú espantas,
y aprendes del cuidado y las mujeres
a malquistar el sueño con las mantas.

* * *

1 *Ministril*: 'músico que tañe instrumentos de viento'. Se refiere al
ruido del mosquito al volar.
2 *postillón*: 'joven que va delante tocando una corneta para guiar
a los que corren la posta'. La *posta* eran los caballos apostados en
los caminos, a distancia de dos o tres leguas entre ellos, para que los
mensajeros pudieran viajar más rápido, cambiando una cabalga-

dura cansada por otra más fresca. Hay también una agudeza sobre *postilla* ('costra que se cría en las llagas o granos'), producida por las picaduras de los mosquitos; *barbero*: entre sus múltiples ocupaciones, los barberos también se encargaban de sangrar a los enfermos para curarlos.

3 *testuz*: 'cabeza'; *harnero*: 'criba'. Las picaduras dejan agujeros en la cara.

5 *toca a bofetadas*: parodia de expresiones militares como *tocar al arma*, indicando que la trompeta del mosquito 'da la orden' de abofetearse la cara en el vano intento de cazarlo.

7 *Cupido*: como el dios del amor con sus flechas, el mosquito también 'pica'.

8 *comezones amoladas*: 'picazones afiladas'.

11 *potra*: 'hernia testicular'; los que la padecen pueden presentir los cambios de clima. El mosquito es como las *potras*, porque también *avisa* con su zumbido de que va a picar.

70

Pronuncia con sus nombres los trastos
y miserias de la vida

La vida empieza en lágrimas y caca,
luego viene la *mu* con *mama* y *coco*,
síguense las viruelas, baba y moco,
y luego llega el trompo y la matraca;

en creciendo la amiga y la sonsaca,   5
con ella embiste el apetito loco;
en subiendo a mancebo todo es poco,
y después la intención peca en bellaca.

Llega a ser hombre y todo lo trabuca:
soltero, sigue toda perendeca;   10
casado, se convierte en mala cuca.

Viejo, encanece, arrúgase y se seca;
llega la muerte y todo lo bazuca,
y lo que deja paga y lo que peca.

* * *

1 *caca*: puede referirse tanto a los excrementos expelidos por la
madre al empujar durante el parto, o a los de los recién nacidos.
Nótense las rimas cacofónicas en *-ca* y *-co*.
2 *mu*: 'voz usada para dormir a los niños'; imita el lenguaje infan-
til (*mama*; *coco*).

3 *matraca*: 'instrumento de madera que produce un ruido desapacible'. Como el *trompo*, sirve de juguete infantil.

5 *amiga*: 'amante' que quita (*sonsaca*) el dinero a su pretendiente.

10 *perendeca*: 'pelandusca, prostituta'.

11 *mala cuca*: 'hombre malicioso'; aquí alude al cuco, símbolo popular de los cornudos, porque su canto (*cu cu*) evoca los *cu*-ernos.

13 *bazucar*: 'revolver, poner patas arriba'.

14 *paga*: los hombres 'pagan' en la otra vida los excesos (*lo que deja*: todo aquello que se adquiere en este mundo se queda aquí tras la muerte) y los pecados (*peca*) cometidos.

71

A Apolo siguiendo a Dafne

Bermejazo platero de las cumbres,
a cuya luz se espulga la canalla,
la ninfa Dafne, que afufa y calla,
si la quieres gozar, paga y no alumbres.

Si quieres ahorrar de pesadumbres,   5
ojo del cielo, trata de compralla:
en confites gastó Marte la malla,
y la espada en pasteles y en azumbres.

Volviose en bolsa Júpiter severo,
levantose las faldas la doncella   10
por recogerle en lluvia de dinero.

Astucia fue de alguna dueña estrella,
que de estrella sin dueña no lo infiero;
Febo, pues eres sol, sírvete de ella.

* * *

A Apolo siguiendo a Dafne: según el mito clásico, Apolo (dios del sol, de la música y de la poesía), encendido de pasión por la ninfa Dafne, la persiguió. Cuando estaba a punto de alcanzarla, esta pidió ayuda a su padre, el río Peneo. Para evitar que Apolo la hiciera suya, Dafne fue transformada en laurel (símbolo de la poesía). El mito se sitúa aquí en un contexto burlesco, degradado social y lingüísticamente: si Apolo quiere gozar de Dafne tiene que ofrecerle dinero.

1 *Bermejazo*: 'pelirrojo' (nótese el sufijo coloquial *-azo*), y *platero*, por ser el dios del sol. Los pelirrojos tenían mala fama, y se creía que el mismo Judas lo había sido.

3 *ninfa*: además del sentido mitológico, aquí significa 'prostituta' (léxico de germanía); *afufa*: 'huye'.

6 *compralla*: 'comprarla'.

7-8 *Marte*: se refiere a los amores del dios de la guerra y Venus, diosa del amor. Según esta versión burlesca, Marte pagó los favores de Venus empeñando su *malla* y su *espada* para comprarle *confites* ('azúcar en forma de bolillas'), *pasteles* ('empanadas de carne') y *azumbres* ('vino', que se medía en azumbres, cuyo valor era unos dos litros).

9-11 *la doncella*: según otro mito, Júpiter consiguió seducir a la bella y joven Dánae entrando en su cuarto convertido en lluvia de oro.

12 *estrella*: alude a la creencia de que el influjo de las estrellas determina de quién nos enamoramos; *dueña*: era la criada vieja, astuta y alcahueta. No son los astros los que deciden estos amores, sino el interés, representado aquí por la acción mediadora de la *dueña estrella*.

14 *pues eres sol*: Apolo, pues es el sol y 'rey de las estrellas', debe utilizar los servicios de una de sus 'súbditas': la *dueña estrella*.

72

Hechicera antigua que deja sus herramientas a otra reciente

Esta redoma rebosando babas,
el cedazo que sabe hacer corvetas;
estas, que se metieron a profetas
con poco miramiento, siendo habas;

estas ollas, que fueron almadrabas   5
del marisco de mozas y alcabuetas;
estos lazos que, en vuelcos y en maretas,
a dos gaznates mices fueron trabas;

la cecina de sapos conjurada,
el gato negro, que la dicha aruña,   10
el licenciado imán, piedra barbada;

cansada de ser carne y de ser uña,
los ofrezco a mi nieta la Cascada
para cuando concierte, junte y gruña.

* * *

2 *corvetas*: 'cuando el caballo anda con las patas delanteras levantadas'. Alude a uno de los varios medios de adivinación de la hechicera, la cosquinomancia: el *cedazo* ('criba') se clavaba con unas tijeras o tenazas y se le hacían preguntas; si la respuesta era afirmativa, el cedazo se movía o se daba vuelta (hacía *corvetas*).

4 *habas*: alude a la cleromancia con habas, que se recogían en un recipiente y luego se echaban, tras pronunciar un conjuro; según el modo en que caían permitían adivinar el futuro o resolver dudas.

5 *almadrabas*: 'red o lugar para pescar atunes'; el *marisco* en germanía es el 'robo'. La hechicera usaba sus *ollas* para preparar filtros amorosos para las *mozas* ('prostitutas') y *alcahuetas* ('alcahuetas'); de este modo, se hacía con el dinero que estas le habían sustraído (*marisco*) a los amantes. Sin embargo, *marisco* podría referirse también al sexo de las *mozas*, lo cual variaría ligeramente el significado de estos versos: la hechicera usaba sus *ollas* para preparar filtros amorosos con los que obtenía dos cosas: 'atrapaba' (*almadrabas*) a las *mozas*, haciendo que se enamoraran, y luego sacaba provecho de sus relaciones sexuales, cobrando para favorecer los encuentros con sus amantes (*ollas* [...] *alcahuetas*).

8 *gaznates mices*: 'cuellos de gatos'; *gato* es 'ladrón' en germanía. Las brujas se servían de cuerdas de ahorcados para preparar sus pócimas.

9-11 *sapos*: ingrediente muy usado en los hechizos; *gato negro*: compañero habitual de las brujas; *aruñar*: 'arañar'; *imán*: se le atribuían poderes mágicos y se usaba en talismanes y sortilegios. Los abogados (*licenciado*) solían llevar la barba larga: el imán es 'sabio' como un *licenciado*, y por ello también una *piedra barbada* (nótese la ironía, pues los abogados eran a menudo tachados de embusteros); además, algunos talismanes se fabricaban poniendo los imanes en bolsas junto a limaduras de acero o de metal, que, al pegarse al imán, parecen hilos de barba.

12 *ser uña y carne*: 'ser muy amigos'; desmonta esta frase hecha y la usa con un sentido peyorativo; *carne*: alude a lo sensual y al sexo; *uña*: coloquialmente 'robo' y 'habilidad en robar'.

14 *concierte*: parece referirse a los pactos ('conciertos') con el demonio, o quizás también a los 'virgos concertados' o 'remendados', práctica común de brujas y alcahuetas para hacer pasar a sus muchachas por vírgenes; *junte*: 'una' parejas de amantes con sus filtros mágicos; *gruña*: 'murmure conjuros'. Puede aludir también a los *gruñidos* de las brujas cuando se comunican con el demonio en los aquelarres, donde este se manifiesta bajo la forma de un macho cabrío.

73

Vieja verde, compuesta y afeitada

Vida fiambre, cuerpo de anascote,
¿cuándo dirás al apetito «tate»,
si cuando el *Parce mihi* te da mate
empiezas a mirar por el virote?

Tú juntas en tu frente y tu cogote   5
moño y mortaja sobre seso orate,
pues, siendo ya viviente disparate,
untas la calavera en almodrote.

Vieja roñosa, pues te llevan, vete.
No vistas el gusano de confite,   10
pues eres ya varilla de cohete.

Y pues hueles a cisco y alcrebite,
y la podre te sirve de pebete,
juega con tu pellejo al escondite.

* * *

compuesta y afeitada: 'ataviada y maquillada'. Describe a una mujer vieja que no renuncia a ser coqueta y solicitar amantes (*vieja verde*).
1 *fiambre*: 'comida que se ha dejado enfriar'; la *vida* de la vieja está pasada y fría, debido a su edad; *anascote*: 'tela de lana basta', con el que se hacían mantos baratos.

2 *tate*: interjección que equivale a '¡cuidado!' o '¡basta ya!'.

3 *Parce mihi*: 'ten piedad de mí'; es el comienzo del oficio de difuntos, usado de forma jocosa para aludir a la muerte o al entierro; *da mate*: 'derrota, vence' (expresión tomada del ajedrez).

4 *mirar por el virote*: expresión que quiere decir 'mirar con cuidado, cautelarse', pero aquí tiene un doble sentido sexual, pues *virote* es una especie de saeta ('pene'), y se usaba también como apodo para el 'mozo soltero y ocioso, que se precia de guapo'.

5 *moño y mortaja*: parodia del tópico de la 'cuna y la sepultura', que indica cuán fugaz es la vida humana, pues pasamos de una a otra sin darnos apenas cuenta; el *moño* es símbolo de coquetería juvenil, opuesto a la *mortaja*, que es el hábito del difunto; *orate*: 'necio, loco'.

8 *almodrote*: 'salsa a base de aceite y ajos'; se refiere despectivamente al maquillaje de la vieja.

9 *pues te llevan, vete*: 'vete al infierno, pues te quieren llevar ya los diablos'.

10 *gusano*: el cuerpo de la vieja es comparado con un cadáver comido de gusanos.

11 *varilla de cohete*: pues se consume en un instante; el *cohete* era usado a menudo en la literatura de la época como símbolo de la fugacidad de la vida.

12 *cisco*: 'polvo menudo del carbón'; *alcrebite*: 'azufre', olor asociado con el demonio.

13 *pebete*: 'varilla que, encendida, desprende humo aromático'; usado aquí en sentido irónico.

14 *pellejo*: 'cuero adobado para transportar líquidos'; forma despectiva de apodar la piel arrugada de la vieja.

74

Justifica su tintura un tiñoso

La edad, que es lavandera de bigotes,
con las jabonaduras de los años
puso en mis barbas a enjugar sus paños
y dejó mis mostachos escariotes.

Yo guiso mi niñez con almodrotes   5
y mezclo pelos rojos y castaños,
que la nieve que arrojan los antaños
aun no parece bien en los cogotes.

Mejor es cuervo hechizo que canario;
mi barba es el Cien vinos todo entero: 10
tinto y blanco y verdea y letuario.

Negra fue siempre, negra fue primero;
jalbegola después el tiempo vario:
luego es restitución la del tintero.

* * *

tiñoso: 'el que padece de tiña' (enfermedad en la piel del cráneo
que produce costras y ulceraciones), pero también 'hombre ruin
y roñoso'. El término alude al color disparejo de la barba y bigo-
tes teñidos del protagonista del soneto y a su aspecto desaliñado.
1 *lavandera*: porque el paso del tiempo 'blanquea' los *bigotes* (con
las canas).

4 *escariotes*: 'rojizos', por Judas (Escariote), que, según la tradición, tenía el pelo rojo, y 'traidores' como él, pues reniegan de su color original con el tinte que se aplica el *tiñoso*.

5 *almodrotes*: 'salsa a base de aceite y ajos', se refiere a los mejunjes para teñirse el pelo, que se lo dejan de colores desiguales (*rojos y castaños*).

7 *antaños*: 'el paso de los años'.

9 *hechizo*: 'postizo' (por el tinte negro); *canario*: 'canoso' (juega con los parecidos fónicos entre *cana* y *canario*), pero también un tipo de vino famoso en la época.

10 *Cien vinos*: la 'Casa de los cien vinos' era una famosa taberna madrileña; la barba teñida tiene una mezcla de cien colores, como las variedades de vinos de la taberna.

11 *verdea*: 'tipo de vino, de un color que tira al verde claro'; *letuario*: 'electuario' (confección medicinal a base de miel o azúcar). Los tintes del viejo son pegajosos y 'medicinales', pues le curan la canicie.

13 *jalbegar*: 'enjalbegar' (blanquear); *vario*: 'mudable'.

75

Encarece la suma flaqueza de una dama
CANCIÓN

No os espantéis, señora Notomía,
que me atreva este día,
con esprimida voz convaleciente,
a cantar vuestras partes a la gente,
que de hombres es —y de hombres importantes—   5
el caer en flaquezas semejantes.

La pulga escribió Ovidio, honor romano,
y la mosca Luciano,
Homero, de las ranas. Yo confieso
que ellos cantaron cosas de más peso: 10
yo escribiré —y con pluma más delgada—
materia más sutil y delicada.

Quien tan sin carne os viere, si no es ciego,
yo sé que dirá luego,
mirándoos toda puntas de rastillo,   15
que os engendró algún miércoles corvillo;
y quien os llama pez no desatina,
pues sois, siendo tan negra, tan espina.

Defiéndaos Dios de sastre o zapatero,
que, aunque no sois de acero,   20
o por punzón o lesna es caso llano

que ambos en competencia os echen mano;
mas vos, para sacarlos de la puja,
jurastes de vainicas por aguja.

Bien sé que apasionáis los corazones,   25
pero es con las pasiones
de Cuaresma y traspasos de la cara,
hiriendo Amor con vos como con jara;
y, agudo, vuestro cuerpo tiene voto
de ser aún más sutil que lo fue Scoto.   30

Miente vuestro galán de quien sois dama,
si al confesarse os llama
su pecado de carne, si aun el veros
no pudo en carnes, aun estando en cueros;
pero hanme dicho que andan por la calle   35
picados más de dos de vuestro talle.

Mas sepan que a mujer tan amolada,
consumida, estrujada,
débil, magra, sutil, buida, ligera,
que ha menester, por no picar, contera,   40
cualquiera que con fin malo la toque
se condena a la plaga de san Roque.

Aun la sarna no os come con su gula,
y sola tenéis bula
para no sustentar alma viviente   45
ni aun a vos, con ser toda un puro diente;
y ansí del acostarse en guijas duras
dicen vuestra alma tiene mataduras.

Hijos somos de Adán en este suelo,
la nada es nuestro abuelo   50
y salístesle vos tan parecida
que apenas algo sois en esta vida.
Voz en un güeco sois que llaman eco,
mas cosa de aire son la voz y el güeco.

Bien, pues, sin cuerpo casi, sois un alma,   55
vuestra alma anda en la palma,
pero los enemigos no sois della,
que el mundo es grande y es la carne bella;
mas, si el argumentillo mal no entablo,
por espíritu solo sois el diablo.   60

Hanme dicho también por cosa cierta
que para vos no hay puerta
ni postigo cerrado ni ventana,
porque, como la luz de la mañana
—siendo de noche más vuestros indicios—,   65
os entráis sin sentir por los resquicios.

Pero aunque, flaca mía, tan angosta
estéis y tan langosta,
tan mondada y enjuta y tan delgada,
tan roída, exprimida y anonada   70
que estrechamente os he de amar confío,
siendo amor de raíz el amor mío.

Mas, después de esta vida y de su guerra
que fuereis a la tierra,
si algo queda de vos, será tamaño   75

277

que no saque su vientre de mal año,
pues ¿qué ha de hacer con huésped tan enjuto
que le preparen tumba en un cañuto?

Un consejo os daré, de amor indicio:
que para el día del juicio   80
troquéis con otro muerto en las cavernas
desde la paletilla hasta las piernas,
pues, si devanadera os ven mondada,
no ha de haber condenado sin risada.

Pero, aunque mofen los desnudos gonces,   85
os salvaréis entonces,
que no es posible el premio se os impida
siendo acá tan estrecha vuestra vida,
y que al justo os vendrá, de bulto esenta,
camino angosto y apretada cuenta.   90

Verdadera canción, cortad la hebra,
que aquel refrán no os vale:
«la verdad adelgaza, mas no quiebra»;
pues hay otro refrán, y es más probado:
que «todo quiebra por lo más delgado».   95

* * *

1 *Notomía*: 'anatomía' (esqueleto). El poema usa el molde de la canción petrarquista para dar pie a un encomio paradójico de una dama extremadamente flaca.
3 *esprimida*: 'exprimida'; juega con dos sentidos: 'débil, sin fuerzas' (como si la hubieran exprimido), por lo flaca que está la protagonista del poema, pero también 'clara, articulada' (de *exprimir*: 'decir algo con claridad'), referido a su *voz*.

4 *partes*: 'bellezas, virtudes', pero también *partes* del cuerpo, como si el poema fuera una especie de 'anatomía verbal' del cuerpo demacrado de la dama.

7-9 Alude al elogio de la mosca del autor griego Luciano de Samosata, y a los poemas *De pulice* y *Batracomiomaquia* (o 'Batalla de las ranas y de los ratones') atribuidos, respectivamente, a Ovidio y Homero.

15 *rastillo*: 'rastrillo'.

16 *miércoles corvillo*: denominación popular del Miércoles de Ceniza, primer día de la Cuaresma, durante el cual hay que observar ayuno y abstinencia.

17-18 *pez*: dilogía; *pez* ('animal acuático') / *pez* ('sustancia resinosa de color oscuro'). La dama es flaca como una *espina* y *negra* como la pez. Vuelve a aludir al color de su piel en el v. 65.

21 *lesna*: o lezna; instrumento agudo de hierro usado por los zapateros para coser.

24 'juraste ser una aguja para las vainicas'; *vainica*: bordado que se hace junto a los dobladillos.

27 *traspaso*: 'aflicción, ayuno'.

28 *jara*: 'saeta'. Alude jocosamente a las saetas de Cupido, que hieren a los enamorados.

30 *Scoto*: Juan Duns Escoto (1266-1308), teólogo escolástico apodado «Doctor Subtilis».

33-34 La dama es tan flaca que aun si está desnuda (*en carnes*) no se puede ver su cuerpo, pues es toda huesos.

36 *picados*: 'excitados', pero también 'heridos' (porque la dama flaca es como un arma punzante).

37 *amolada*: 'afilada'.

40 *contera*: pieza de hierro cóncava que se pone en la extremidad de la vaina de la espada para evitar que corte o hiera.

42 *san Roque*: santo protector contra la peste. La dama tiene un aspecto tan demacrado que parece enferma de dicha epidemia. Su delgadez se imagina aquí como una plaga contagiosa que puede terminar afectando a los amantes que llegan a tocarla.

43 *come*: 'pica' (la *sarna*), pero juega también con el significado de 'alimentarse'; al ser tan flaca la dama, la *sarna* no tiene nada que comer.

44 *bula*: permiso especial de la Iglesia para comer ciertos alimentos durante la Cuaresma. Aquí se usa en sentido irónico, pues la dama se compara con un animal que está exento de ser comido. Ella es tan flaca que no se puede comer (resultan obvios en estos versos también los dobles sentidos sexuales).

46 *puro diente*: 'puro hueso'.

48 *mataduras*: 'llagas'.

50 *la nada*: Adán (anagrama de 'nada') fue creado por Dios de la nada, por eso somos sus hijos y nietos de la nada.

53 *güeco*: 'hueco'.

56 Alude al modismo *su alma en su palma*, que equivale a la expresión «allá él (o ella)». Pero *palma* también se usaba como símbolo de entereza moral y de castidad. Al ser la dama flaca como un alma sin cuerpo no comete pecados carnales.

57 *enemigos*: los tres enemigos del alma son carne, mundo y diablo.

60 'lo único que tenéis de diablo es ser un espíritu'; *espíritu*: 'alma', pero aquí usado también con el sentido de 'espíritu maligno' o 'demoníaco'.

65 *noche*: se refiere otra vez a la tez negra de la dama (ver v. 18) y también a que en la oscuridad no se ve nada: debido a su delgadez, no hay nada que ver en la dama.

70 *anonada*: 'anonadada'.

72 *de raíz*: 'total, profundo', pero este modismo permite hacer nuevamente referencia a lo delgada que es la dama (como una raíz).

73 *su guerra*: parece eco jocoso del famoso pasaje de Job 7.1: «¿No es acaso una milicia la vida del hombre sobre la tierra?».

76 El esquelético cuerpo difunto de la dama mal podrá alimentar la tierra (como abono). Alude a la frase hecha *sacar el vientre de mal año*, con que se da a entender que se ha comido demasiado.

77-78 '¿qué remedio le queda a la tierra con una huésped tan pequeña, sino que se le fabrique un ataúd tan estrecho como un canuto?'.

80 *día del juicio*: evoca la creencia según la cual en el día del juicio los muertos resucitarán en carne y huesos. Al ver a la dama tan flaca, los otros resucitados se reirán de ella, como indica en los versos que siguen.

82 *paletilla*: 'omóplato'.

83 *devanadera*: armazón de cañas de madera cruzados, que gira alrededor de un eje vertical y fijo en un pie; se usa para devanar madejas de hilado. Al estar *mondada* ('sin madejas'), la dama se parece al conjunto de pequeños maderos y cañas que componen una devanadera.

85 *gonces*: 'goznes' (articulaciones).

89 *al justo*: 'ajustadamente, igualmente'.

89-90 'y que os cuadrará a la perfección (*al justo*), siendo exculpada (*esenta*; 'exenta') de todo pecado (*bulto* o 'carga'), el seguir un *camino angosto* ('virtuoso, ascético') y dar cuenta detallada (*apretada*, 'estrecha') de vuestros pecados'.

91 *cortar la hebra*: 'interrumpir a alguien' (frase hecha).

93 *la verdad adelgaza, mas no quiebra*: refrán que exhorta a decir siempre la verdad, pues esta sale inevitablemente a relucir, incluso cuando se procura ocultarla.

95 *todo quiebra por lo más delgado*: refrán que aconseja que el pobre y humilde no se enfrente con el rico y poderoso, porque siempre llevará la peor parte. Al usar estos dos refranes en un sentido literal, el poema se burla, nuevamente, de la suma flaqueza de la dama y su fragilidad.

76

Habla con enero, mes de la brama de los gatos
ROMANCE

Enero, mes de coroza
por alcabuete de gatos,
casamentero de mices
sin dote, ajuar ni trastos;

los celos que desperdicias   5
por desvanes y tejados
repártelos por las chollas
de tantos maridos mansos.

Si a la gente de la uña
de celos haces el gasto   10
que maúllen los oficios
en conciencia te lo encargo.

¿Tú piensas que nos obligas
en solicitar el parto
de quien nos come un ratón   15
y nos cena dos gazapos?

La munición más valiente
que flecha amor en sus arcos
gastas en los capeadores
de las ollas y los platos.   20

Anoche, que grulla fui
con mis penas desvelado,
de las mizas cotorreras
mi casa hiciste tabanco.

Si solfeara gruñidos   25
la capilla de los diablos,
no fueran tales las letras
ni los tonos tan bellacos.

Un gato me dio disgusto,
que debe de ser gabacho,   30
porque el *ramiau* pronunciaba
como el que vende rosarios.

Ellos se dicen amores,
pero todos tan baratos
que ninguno oí de aquellos   35
malditos de «dame» y «traigo».

Todo requiebro era «mío»
y ninguno era de entrambos;
discretamente se huelgan,
si no me desmiente el barrio.   40

Pues no aprenden de las niñas,
su buen natural alabo;
el aruño les perdono,
pues que reservan los cuartos.

Por la enemistad antigua   45
—¡oh, qué discreto resabio!—
platican los perros muertos,
no los vivos ni los sanos.

No son los ratones bobos,
pues, viéndolos ocupados,   50
medio queso y un sombrero
me royeron entre tanto.

Por vida del buen enero,
que enamores otro año
los ratones, porque duerman   55
sin recelo mis zancajos.

* * *

brama: es cuando los animales están en celo; los gatos, según la tradición, suelen estarlo en enero. Recuérdense refranes como *en enero el gato en celo* o *andar en celo como gato en enero*.

1 *coroza*: capirote que se ponía a los reos de herejía, brujería o alcahuetería. Enero es un mes 'alcahuete' (*alcabuete*) y casamentero, pues estimula el deseo de los gatos (*mices*).

7 *chollas*: 'cabezas'; alude a los maridos cornudos consentidos (*mansos*).

9 *gente de la uña*: o 'gatos', ambas eran formas coloquiales de apodar a los ladrones y delincuentes.

10 *hacer el gasto*: murmurar de alguien, chismorrear a sus expensas. Los gatos son la comidilla de todos debido a sus ruidosos maullidos en época de celo.

11 *oficios*: los artesanos y profesionales (zapateros, sastres, comerciantes, abogados...). También ellos deberían maullar, pues son todos unos *gatos* ('ladrones').

13 *nos obligas*: 'nos haces un favor'.

16 *gazapo*: 'conejo nuevo'.

19 *capeadores*: 'ladrones de capas' (lo que hoy llamaríamos *carteristas*).

21 *grulla*: ave que representa la vigilancia. Según la tradición, las grullas vigilan sujetando una piedra en una pata y, al dormirse, esta cae y se despiertan. El protagonista del poema pasó la noche en blanco.

23 *cotorreras*: 'rameras' que frecuentan el *cotarro* ('prostíbulo'). Son *mizas* ('gatas') porque roban a sus clientes (sacan dinero a cambio de favores sexuales).

24 *tabanco*: 'prostíbulo'.

26 *capilla*: el cuerpo de músicos mantenidos y asalariados por alguna iglesia o convento.

32 *el que vende rosarios*: alude a los numerosos buhoneros franceses (*gabachos*) que vendían baratijas por las calles de las ciudades españolas.

37 *mío*: pronombre posesivo / onomatopeya que se usaba para llamar a los gatos (juega con las dos acepciones). El poema alaba a los gatos 'galanes' que resisten a las peticiones de dinero de las gatas rameras y pidonas (*discretamente se huelgan*: 'se lo pasan bien de forma astuta').

40 *el barrio*: Quevedo tenía una casa en la calle del Niño. Esto es, 'salvo que los gatos (galanes) se comporten como el nombre del barrio (como 'niños', poco espabilados), no se dejarán embaucar por las *niñas* ('prostitutas', en germanía)'.

41 *no aprenden*: 'no se fían'.

42 *natural*: 'índole, actitud'.

43 *aruño*: 'arañazo', pero en germanía significa 'robo' (dilogía). El locutor les perdona a los galanes que 'arañen' (como gatos), porque consiguen evitar que les sonsaquen ('arañen') el dinero: *reservan los cuartos*.

47 *platican*: 'dan'; *dar perro muerto* (frase hecha): tener relaciones con una prostituta y no pagarle por sus prestaciones.

56 *zancajos*: 'talones'; alude al modismo *roer los zancajos*: 'murmurar de alguien'.

77

Da señas de sí una dama recién venida
y refiere su condición
ROMANCE

Si me llamaron la Chica,
estuvo muy bien llamado:
quien pone nombres no quita,
el poner nunca fue malo.

No he de trocar en vellón   5
los reconcomios que traigo:
datario quiero al galán
y cobrar como el datario.

No les debe mi estatura
a los cipreses lo largo: 10
por corta ni mal echada
no lo perderé si campo.

Ojos tengo de la hoja
y que se precian de zainos:
por lo que cazo, de búho;   15
de agujas, por lo que ensarto.

Boca que en cada bostezo
gasto una cruz de dos palmos,
y aún le quedan arrabales
sin poder crucificarlos.   20

Esto de bocas pequeñas
es de embudos y silbatos;
no quiero hablar por gatera:
por balcón de dientes hablo.

Fueran mis labios claveles,   25
si en tiestos hubiera labios;
cuando pido son tomates
y pimientos cuando callo.

Y no vendo por de leche
a los mamones mis labios;   30
mis manos sí, que por pechos
me las chuparan muchachos.

A ser mis cabellos de oro
tuviera el cogote calvo,
que en la pobreza que corre   35
ya me le hubieran pelado.

Seis puntos de zapatilla
pido y diecisiete calzo:
al mayor hombre del mundo
le meteré en un zapato.   40

Todo lo que tengo he dicho,
pero nada estimo tanto
como lo que yo no tengo,
que son arrugas y años.

A la pila me remito   45
con quince a nueve de mayo,
mes de «eche mano a la bolsa»
con limpiadera y con plato.

Yo llevo bien por la calle
el sobredicho retablo: 50
mi aire lleva las capas,
las bolsas, mi garabato.

Con bullicios cosmeloti
de tramoyas subo y bajo,
y en remolinos del cuerpo   55
mil veces mudo el teatro.

Palabras contra el contante
ni las quiero ni las gasto:
lo que me prometen oigo,
pero lo que me dan palpo.   60

Todos me lo han de pagar,
aunque no trato de agravios;
y advierta todo perrero
que prevengo y no amenazo;

que con «presto cobraré»,   65
y con «agora no traigo»
y «fía de mi palabra»
no se hacen mayorazgos.

Vivo en la Puerta Cerrada
para los dineros trasgos,   70
y para los dadivosos
vivo en la calle de Francos.

* * *

4 *poner*: aquí evoca varios significados relativos al mundo prosti-
bulario al que pertenece la Chica, desde el 'dar' dinero hasta el
'penetrar' sexualmente. Todo el poema se construye a partir de
dobles sentidos de este tipo.

6 *reconcomio*: el movimiento de hombros y espaldas causado por
alguna picazón. Aquí alude tanto al deseo sexual como a su reper-
torio de posturas amorosas. El *vellón* era una moneda de poco va-
lor y no es suficiente para pagar sus prestaciones.

8 *datario*: neologismo de acepción jocosa, 'el que da', para indicar
al galán que paga generosamente a sus amantes. Se construye a
partir del término *datario*: 'prelado que preside el tribunal de la
curia romana conocido como la dataría'.

9-10 'mi altura no se queda corta si se la compara con la de los ci-
preses'. Además de su altura, los cipreses tenían reputación de ser
árboles relacionados con la muerte y los rituales funerarios. La Chi-
ca 'mata' a los hombres metafóricamente, haciéndolos enamorar y
sacándoles su dinero.

11 referencia jocosa al modismo *no quedará por corta ni mal echada*
con que se da a entender que alguna cosa no se dejará de conse-
guir por negligencia. A su vez, *corta* alude a la altura de la Chica
y *echada* ('acostada') a su profesión.

12 'mientras viva (*campo*) no me quedaré sin *lo largo*'; alude a la
altura de la Chica y a la generosidad ('ser largo') de sus galanes.

13 *de la hoja*: 'del gremio de los valentones espadachines y pen-
dencieros'; porque sus ojos 'matan'.

14 *zainos*: 'embusteros, traidores'.

15-16 El *búho* alude a la rapacidad nocturna (roba de noche) y el
acto de *ensartar* es clara alusión a sus actividades sexuales.

18 *cruz*: alude a la costumbre de hacerse la señal de la cruz sobre la boca cuando se bostezaba para evitar, según una antigua superstición, que entren por ella el diablo o malos espíritus. La boca de la Chica es gigantesca: mide dos palmos y aún le quedan partes de ella (*arrabales*) a las que los dedos no alcanzan (*sin poder crucificarlos*). Recuérdese que la boca pequeña era considerada como rasgo de belleza y elegancia en una mujer; la grande, en cambio, indicaba vulgaridad y promiscuidad (teorías fisiognómicas de la época consideraban que existía una relación de proporción entre el tamaño de la boca y el de la vulva).

27-28 La Chica rechaza las metáforas tradicionales de la poesía amorosa (*labios* = *claveles*). En cambio, prefiere otras hortalizas más pedestres, que dan pie a retruécanos jocosos que evocan sus malas artes: *toma-tes* ('tomar') y *pi-miento-s* ('mentir').

30 *mamones*: 'los que maman leche', pero también los 'inocentones, bobalicones' (los amantes que engaña). Quizás aluda a modismos como *tener o estar con la leche en los labios*, que sirve para señalar a la persona con poca experiencia en alguna cosa. Los labios de la Chica abundan en experiencia y, por tanto, no son *de leche*.

31 Las *manos* son de *leche* por su blancura: la metáfora se emplea literalmente, creando una imagen grotesca y fantástica en la que los amantes *mamones* se ven embaucados por las tretas de la Chica (*chupando* de sus *manos*).

33 *cabellos de oro*: nueva parodia de las metáforas de la lírica amorosa.

37 *puntos*: medida de los zapatos. Más de cinco puntos se consideraba un tamaño demasiado grande y poco elegante para un pie de dama, por eso la Chica miente sobre la verdadera medida de sus *zapatillas*.

40 Juega con el modismo *meter en un zapato*: 'amenazar a alguien, regañar con vehemencia'. En el caso de la Chica, sus pies son tan enormes que puede literalmente meter en uno de sus zapatos al hombre más alto del mundo.

47 *eche mano a la bolsa*: la Chica va a cumplir quince años el nueve de mayo. En este mes salían las *mayas*: niñas vestidas de

novia que iban acompañadas por otras que pedían dinero a los transeúntes.

48 *limpiadera*: cepillo para limpiar la ropa. Aquí alude a la habilidad de las *niñas* (y, por extensión, de la Chica) para *limpiar* los bolsillos de los hombres, así como el *plato*, que quieren siempre lleno y sirve para pedir.

50 *retablo*: coloquialmente 'el rostro'.

51-52 *aire*: 'donaire, brío' con el que se lleva el dinero (*las capas*) de sus amantes (como si fuera una corriente de aire); *garabato*: 'gracia, elegancia', pero también 'instrumento de hierro en forma de gancho usado por los ladrones para trepar paredes de noche'.

53 *cosmeloti*: Quevedo convierte un nombre propio en un adjetivo burlesco (como ya lo hiciera en el poema n.º 74, v. 4: «mostachos escariotes»). *Cosme Loti* era un famoso *tramoyista* (escenógrafo) italiano. La Chica posee claras dotes teatrales y habilidades en la cama (*subo y bajo*; *remolinos*) con las que seduce a sus amantes y les quita el dinero. Recuérdese que *tramoya* eran los mecanismos usados para los cambios de decorado y los efectos escénicos en el teatro, pero también quería decir 'treta, engaño'.

56 *mudo el teatro*: 'cambio de escenografía (y de posición sexual)'. Vuelve a aludir a la versatilidad teatral y erótica de la Chica, y quizás también a su promiscuidad: 'cambio de cliente, paso de un amante a otro' (*teatro* quería decir también 'público').

61 *me lo han de pagar*: la Chica explica que no usa esta expresión con su sentido usual de 'satisfacer el honor' a causa de *agravios*, sino con el más práctico de 'todos han de pagarme por mis prestaciones'.

63 *perrero*: galanes que *dan perros muertos*; modismo que indica el tener relaciones con una prostituta y no pagarle.

66 *agora*: 'ahora'.

68 *mayorazgos*: 'herencias, fortuna familiar'.

69-72 *trasgo*: 'demonio casero' (porque es dinero fantasma, que no 'existe', como los trasgos; alude a los amantes que prometen pagar y no cumplen su palabra). Hay también juegos onomásticos con *Cerrada*: la Chica no se concede sexualmente a los galanes que no pagan, y *Francos*: la Chica se entrega sin problemas (es *franca*: 'liberal, desprendida') a los amantes generosos (*dadivosos*). La *Puerta Cerrada* era entonces una antigua puerta de Madrid situada cerca de la actual plaza de Puerta Cerrada; la *calle de Francos* se localizaba en la actual calle de Cervantes.

78

Cura una moza en Antón Martín
la tela que mantuvo
ROMANCE

Tomando estaba sudores
Marica en el hospital,
que el tomar era costumbre
y el remedio es el sudar.

Sus desventuras confiesa   5
y los hermanos la dan
a culpas escarramanes
penitencias de «¡Ay, ay, ay!».

Lo español de la muchacha
traduce en francés el mal: 10
cata a Francia, Montesinos,
si te pretendes pelar.

Por todas sus coyunturas
anda encantado Roldán,
los doce pares y nones   15
no la dejan reposar.

Por no estar a la malicia
labrada su voluntad,
fue su güésped de aposento
Antón Martín el galán.   20

Sus ojos son dos monsiures
en limpieza y claridad,
que están llorando gabachos
hilo a hilo sin cesar.

Por la garganta y el pecho   25
se ve, cuando quiere hablar,
muchos siglos de capacha
en pocos años de edad.

Las perlas almorzadoras
y el embeleco oriental   30
que atarazaban las bolsas
con respecto muerden pan.

Su cabello es un cabello,
que no le ha quedado más;
y en postillas y no en postas   35
se partió de su lugar.

Los labios de coral niegan,
secos, su púrpura ya,
ni de coral tiene gota:
mucha, sí, gota coral.   40

Las gangas que antes cazaba
las vuelve agora en garlar,
y su nariz y su boca
trocaron oficios ya.

En cada canilla suya   45
un matemático está,
y anda el pronóstico nuevo
por sus güesos sin parar.

Desde que salió de Virgo,
Venus entró en su lugar;   50
en el Cáncer sus narices
y en Géminis lo demás.

Entre humores maganceses
de maldita calidad
y dos viejas galalonas   55
fue puesta en cautividad.

La grana se volvió en granos;
en flor de lis el rosal;
su clavel, zarzaparrilla;
unciones, el solimán.   60

Tienen baldados sus güesos
muchachos de poca edad,
hombres malvados de vida:
mucho don y poco dan.

Estas, pues, son de esta niña   65
las partes y calidad:
archivo de todo achaque
y albergue de todo mal.

Las que priváis en el mundo
con el pecado mortal,   70
si no perdéis coyuntura,
las vuestras se perderán.

* * *

Antón Martín: hospital madrileño especializado en enfermedades
cutáneas y venéreas; *la tela que mantuvo*: Marica es una prostituta
que padece sífilis, cuyo tratamiento en aquella época consistía so-
bre todo en curas de sudores provocados por la inhalación de va-
pores mercuriales. La *tela* se refiere al estar tapados para sudar,
pero hay también un juego con otra acepción de *tela* que pertene-
ce al léxico caballeresco (pero aquí alude a la promiscuidad de
Marica): 'la que se arma de tablas para justar, y de allí *mantener
tela*, el que se pone a satisfacer a todos'.
3 *tomar*: dilogía que se refiere tanto a *tomar* el dinero de sus clien-
tes como a la cópula.
5-8 los *hermanos* son los frailes que gestionan el hospital, lo cual
da pie a una agudeza que se refiere al sacramento de la confesión
a través de dos bailes de la época: el *Escarramán* (rufián legenda-
rio, véase el poema n.º 59) y el *¡Ay, ay, ay!*: Marica comete peca-
dos sexuales (*escarramanes*) y sus penitencias son el dolor que le
causan la enfermedad y los sudores («*¡Ay, ay, ay!*»).
9-12 La sífilis se conocía entonces como 'el mal francés', y uno de
sus síntomas era la caída del pelo (*pelar*). Hay una alusión jocosa
al conocido romance «Cata Francia, Montesinos», que pertenece al
ciclo carolingio y trata del enfrentamiento entre castellanos y
franceses.
14-15 *Roldán*: héroe legendario de las tropas de Carlomagno, así
como *los doce pares* de Francia: alusiones burlescas al mal francés.
17 *a la malicia*: alude a las 'casas a la malicia' construidas en Ma-
drid en el siglo XVII para evitar cumplir con la 'regalía de aposen-
to', ley que obligaba a compartir la mitad de una vivienda con
funcionarios y miembros de la corte necesitados de alojamiento,

entonces conocidos como *huéspedes de aposento*. Estas casas solían disimular su tamaño real a través de subterfugios arquitectónicos; por ejemplo, ocultar que tenían dos plantas bajo un tejado excesivamente grande, y de este modo quedaban exentas de la regalía por no cumplir con los requisitos mínimos. En su caso, Marica es muy acogedora, y admite en su 'hogar' (en su cuerpo) al galán Antón Martín, personificación de la promiscuidad y de la sífilis.

19 *güésped*: 'huésped'.

21 *monsiures*: 'messieurs' (señores). Nueva alusión al mal francés (como en *gabachos*). Empieza aquí un retrato burlesco de Marica que sigue un orden descendente, empezando por los ojos, comparados con 'dones' o 'hidalgos' de alto linaje ('limpio' y 'claro' se refieren tanto a la belleza y calidad de la visión de sus ojos como a los estatutos de *limpieza de sangre*, empleados para certificar que alguien no descendía de judíos o de musulmanes).

24 *hilo a hilo*: 'poco a poco'.

27-28 *muchos siglos de capacha*: parodia los famosos versos de Luis de Góngora: «muchos siglos de hermosura / en pocos años de edad» (del romance «Apeose el caballero»). La *capacha* era una cesta usada para pedir limosna, lo cual subraya, una vez más, la rapacidad de la joven con sus clientes.

29-30 *perlas almorzadoras*: 'los dientes'; *embeleco oriental*: 'la boca', que contiene *perlas* (las venidas de oriente eran las más valiosas): parodia de las metáforas de las poesías petrarquistas, donde los dientes se solían comparar con perlas.

31 *atarazaban*: 'cortaban en pedazos, mordían'. Pero los dientes, debilitados y caídos a causa de la sífilis, ahora solo le permiten a Marica morder el pan con cuidado (*con respecto*).

35 Paronomasia en *postillas* ('llagas') y *posta* ('caballo de correos').

40 *gota coral*: 'epilepsia'. Nueva parodia de la poesía petrarquista en la que los rojos labios de la amada suelen compararse con corales.

41 *gangas que antes cazaba*: juega con la frase hecha *andar a caza de gangas* ('intentar conseguir algo sin éxito'); las *gangas* son aves del tamaño de una perdiz y, por semejanza con su canto, se dice hablar *gangoso* ('con voz nasal'); *garlar*: 'hablar mucho' (lenguaje de germanía).

45 *canilla*: 'tibia'. Es creencia popular que el dolor de huesos permite pronosticar los temporales (*matemáticos*: 'meteorólogos').

52 Agudeza a partir de los signos del Zodíaco (*Virgo, Venus, Cáncer*), que juega aquí con otro significado de *géminis*: 'emplasto medicinal cicatrizante'.

53-55 *maganceses*; *galalonas*: referencia a Galalón de Maganza, legendario caballero francés que traicionó a Carlomagno en Roncesvalles. Los *humores* ('fluidos corporales') de Marica son tan malos como Galalón (alude también al mal francés o sífilis). Las *viejas* son dos alcahuetas.

57-60 *grana*: 'tez rosada', convertida en *granos* ('pústulas'): *rosal*: las flores, como la rosa y el clavel, son metáforas habituales para describir la belleza de una joven; *flor de lis*: símbolo heráldico de la monarquía francesa; alude al mal francés; *zarzaparrilla*: un arbusto usado con fines medicinales (sudoríficos) así como las *unciones* ('ungüento mercurial para tratar la sífilis'), que han reemplazado al *solimán* ('maquillaje').

64 *mucho don y poco dan*: paronomasia; los clientes que han dejado discapacitada ('baldada') a Marica no tienen dinero (*dan*, de 'dar'), aunque se proclamen hidalgos (*don*).

66 *partes*: 'belleza natural', pero aquí también 'partes privadas' (genitales).

69 *priváis*: 'tenéis privanza (trato privilegiado)'.

71 *coyuntura*: usada con el doble sentido de 'ocasión' y 'articulación de los huesos'.

79

Refiere su nacimiento y las propriedades
que le comunicó
ROMANCE

«Pariome adrede mi madre
—¡ojalá no me pariera!—,
aunque estaba cuando me hizo
de gorja naturaleza.

Dos maravedís de luna   5
alumbraban a la tierra,
que, por ser yo el que nacía,
no quiso que un cuarto fuera.

Nací tarde, porque el sol
tuvo de verme vergüenza,   10
en una noche templada
entre clara y entre yema.

Un miércoles con un martes
tuvieron grande revuelta
sobre que ninguno quiso   15
que en sus términos naciera.

Nací debajo de Libra,
tan inclinado a las pesas
que todo mi amor le fundo
en las madres vendederas.   20

Diome el León su cuartana,
diome el Scorpión su lengua,
Virgo, el deseo de hallarle,
y el Carnero, su paciencia.

Murieron luego mis padres;   25
Dios en el cielo los tenga
porque no vuelvan acá
y a engendrar más hijos vuelvan.

Tal ventura desde entonces
me dejaron los planetas   30
que puede servir de tinta,
según ha sido de negra.

Porque es tan feliz mi suerte
que no hay cosa mala o buena
que, aunque la piense de tajo,   35
al revés no me suceda.

De estériles soy remedio,
pues, con mandarme su hacienda,
les dará el cielo mil hijos
por quitarme las herencias.   40

Y para que vean los ciegos
pónganme a mí a la vergüenza,
y para que cieguen todos
llévenme en coche o litera.

Como a imagen de milagros   45
me sacan por las aldeas:
si quieren sol, abrigado,
y desnudo porque llueva.

Cuando alguno me convida
no es a banquetes ni a fiestas,   50
sino a los misacantanos
para que yo les ofrezca.

De noche soy parecido
a todos cuantos esperan
para molerlos a palos,   55
y así, inocente, me pegan.

Aguarda hasta que yo pase,
si ha de caerse una teja;
aciértanme las pedradas,
las curas solo me yerran.   60

Si a alguno pido prestado,
me responde tan a secas
que, en vez de prestarme a mí,
me hace prestar paciencia.

No hay necio que no me hable   65
ni vieja que no me quiera
ni pobre que no me pida
ni rico que no me ofenda.

No hay camino que no yerre
ni juego donde no pierda   70
ni amigo que no me engañe
ni enemigo que no tenga.

Agua me falta en el mar
y la hallo en las tabernas,
que mis contentos y el vino   75
son aguados donde quiera.

Dejo de tomar oficio
porque sé por cosa cierta
que, en siendo yo calcetero,
andarán todos en piernas.   80

Si estudiara medicina,
aunque es socorrida sciencia,
porque no curara yo
no hubiera persona enferma.

Quise casarme estotro año   85
por sosegar mi conciencia,
y dábanme un dote al diablo
con una mujer muy fea.

Si intentara ser cornudo
por comer de mi cabeza,   90
según soy de desgraciado,
diera mi mujer en buena.

Siempre fue mi vecindad
malcasados que vocean,
herradores que madrugan,   95
herreros que me desvelan.

Si yo camino con fieltro,
se abrasa en fuego la tierra;
y en llevando guardasol,
está ya de Dios que llueva.   100

Si hablo a alguna mujer
y la digo mil ternezas,
o me pide o me despide,
que en mí es una cosa mesma.

En mí lo picado es roto;   105
ahorro, cualquier limpieza;
cualquiera bostezo es hambre;
cualquiera color, vergüenza.

Fuera un hábito en mi pecho
remiendo sin resistencia,   110
y peor que besamanos
en mí cualquiera encomienda.

Para que no estén en casa
los que nunca salen de ella
buscarlos yo solo basta,   115
pues con eso estarán fuera.

Si alguno quiere morirse
sin ponzoña o pestilencia,
proponga hacerme algún bien
y no vivirá hora y media.   120

Y a tanto vino a llegar
la adversidad de mi estrella
que me inclinó que adorase
con mi humildad tu soberbia.

Y viendo que mi desgracia   125
no dio lugar a que fuera,
como otros, tu pretendiente,
vine a ser tu pretenmuela.

Bien sé que apenas soy algo,
mas tú, de puro discreta,   130
viéndome con tantas faltas
que estoy preñado sospechas».

Aquesto Fabio cantaba
a los balcones y rejas
de Aminta, que aun de olvidarle   135
le han dicho que no se acuerda.

* * *

Refiere su nacimiento y las propriedades que le comunicó: el poema
parodia el lenguaje astrológico proponiendo una autobiografía
burlesca del protagonista.
4 *de gorja*: 'de guasa'.
8 *cuarto*: dilogía; 'cuarto lunar' y 'tipo de moneda' que valía cua-
tro *maravedís*. Por lo tanto, lo que había era un octavo de luna
(medio cuarto).

18 *las pesas*: 'la balanza', símbolo del signo de Libra, y usada por las vendedoras (*vendederas*) para despachar productos alimenticios en los mercados públicos. Las *madres* es alusión irónica a las alcahuetas que contrata el protagonista del poema (*mi amor*).

21 *cuartana*: 'fiebre'. Era creencia popular que los leones sufrían frecuentemente de cuartanas, como recuerda el refrán *bien le está, como al león la cuartana*.

22 *Scorpión*: 'Escorpión' (alude al signo zodiacal de Escoprio).

24 *Carnero*: 'Aries'. Hace referencia a los cuernos del marido consentido (*paciencia*).

25 *luego*: 'pronto, rápidamente'.

36 *revés*: agudeza basada en el sentido que tiene en la esgrima, 'corte de izquierda a derecha', al contrario que el *tajo*. Tiene tanta mala suerte que todo le sale al revés.

38 *mandarme*: 'legarme, dejarme en herencia'.

42 *a la vergüenza*: 'pena o castigo público'.

44 *coche o litera*: pasearse por las calles en carruaje (*coche*) o en *litera* era señal de riqueza.

51 *misacantanos*: sacerdote que dice su primera misa. Era costumbre que este ofreciera una comida y que los invitados le hicieran regalos.

76 *aguados*: dilogía; 'mezclado con agua' (el *vino*) / 'echados a perder, arruinados' (los *contentos*).

79 *calcetero*: es el fabricante de calzas, vestiduras que cogían el muslo y la pierna. Ir *en piernas* es vestir sin calzas.

82 *sciencia*: 'ciencia' (disciplina académica).

87 *dábanme un dote al diablo*: juega con las expresiones *darse al diablo* ('estar enfadado y no querer entrar en razón') y *dar un dote* ('bienes aportados por la mujer al matrimonio'). El novio iba a recibir una dotación nefasta (*al diablo*): una mujer muy fea.

90 *de mi cabeza*: 'de mis cuernos', como marido consentido que saca beneficio de prostituir a su esposa.

97 *fieltro*: capa de lana usada para resguardarse de la lluvia.

100 *estar de Dios*: 'ser inevitable' (expresión coloquial).

105 *picado*: alude a los vestidos y encajes con *picaduras*, serie de cisuras y agujeros pequeños de adorno.

106 *limpieza*: 'castidad' (pues no paga a prostitutas; *ahorro*).

107 *bostezo*: en la época la causa del bostezar se atribuía tanto al sueño como al hambre.

109 *hábito*: insignia de una orden militar.

112 *encomienda*: juega aquí con dos sentidos de la palabra, 'renta vitalicia' y 'forma de despedida', que, sobre todo en las cartas dirigidas a amigos o familiares, solía terminar con fórmulas como *beso las manos*. Esto lleva a la asociación con *besamanos*, que consistía en llevar algún presente a un señor en acto de vasallaje. O sea, a este desdichado personaje la *encomienda* termina costándole dinero en vez de aportárselo.

128 *pretenmuela*: neologismo a partir del retruécano con *pretendiente*, pues el protagonista del romance es tan poco considerado por su amada que, como las muelas, está oculto al final de la dentadura.

131 *faltas*: 'defectos', pero también 'falta de menstruación en la mujer embarazada' (doble sentido).

80

Los borrachos
ROMANCE

Gobernando están el mundo,
cogidos con queso añejo
en la trampa de lo caro,
tres gabachos y un gallego.

Mojadas tienen las voces,   5
los labios tienen de hierro,
y, por ser hechos de yesca,
tienen los gaznates secos.

Pierres, sentado en arpón,
el vino estaba meciendo,   10
que en un sudor remostado
se cierne por el cabello.

Hecho verga de ballesta,
retortijado el pescuezo,
Jaques, medio desmayado,   15
a vómito estaba puesto.

Roque, los puños cerrados,
más entero y más atento,
suspirando saca el aire
por no avinagrar el cuero.   20

Maroto, buen español,
hecho faja el ferreruelo,
vueltos lágrimas los brindis
y bebido el ojo izquierdo,

con palabras rociadas   25
y con el tono algo crespo,
después que toda la calle
sahumó con un regüeldo,

dijo, mirando a los tres
con vinoso sentimiento: 30
«¿En qué ha de parar el mundo?
¿Qué fin tendrán estos tiempos?

Lo que hoy es ración de un paje
de un capitán era sueldo,
cuando eran los hombres más   35
y habían menester menos.

Cuatro mil maravedís
que le dan a un escudero
era dádiva de un rey
para rico casamiento.   40

Apreciábase el ajuar
que a Jimena Gómez dieron
en menos que agora cuesta
remendar unos greguescos.

Andaba entonces el Cid   45
más galán que Girineldos,
con botarga colorada
en figura de pimiento;

y hoy, si alguno ha de vestirse,
le desnudan dos primero: 50
el mercader de quien compra
y el sastre que ha de coserlo.

Ya no gastan los vestidos
las personas con traerlos,
que el inventor de otro traje   55
hace lo flamante viejo.

Sin duda inventó las calzas
algún diablo del infierno,
pues un cristiano atacado
ya no queda de provecho.   60

¡Qué es ver tantas cuchilladas
agora en un caballero,
tanta pendencia en las calzas
y tanta paz en el dueño!

Todo se ha trocado ya,   65
todo al revés está vuelto:
las mujeres son soldados,
y los hombres son doncellos;

los mozos traen cadenitas,
las niñas toman acero,   70
que de las antiguas armas
solo conservan los petos.

De arrepentidos de barba
hay infinitos conventos,
donde se vuelven lampiños   75
por gracia de los barberos.

No hay barba cana ninguna,
porque aun los castillos pienso
que han teñido ya las suyas
a persuasión de los viejos.   80

Pues ¿quién sufrirá el lenguaje,
la soberbia y los enredos
de una mujer pretendida,
de estas que se dan a peso?

Han hecho mercadería   85
sus favores y sus cuerpos,
introduciendo por ley
que reciban y que demos.

¿Que, si pecamos los dos,
yo he de pagar al momento,   90
y que solo para mí
sea interesable el infierno?

¿Que a la mujer no le cueste
el condenarse un cabello,
y que, por llevarme el diablo,   95
me lleve lo que no tengo?

¡Vive Dios que no es razón
y que es muy ruinmente hecho,
y se lo diré al demonio,
si me topa o si le encuentro!   100

Si yo reinara ocho días,
pusiera en todo remedio,
y anduvieran tras nosotros
y nos dijeran requiebros.

Yo conocí los maridos   105
gobernándose ellos mesmos,
sin sostitutos ni alcaides,
sin comisiones ni enredos;

y agora los más maridos
(nadie bastará a entenderlos)   110
tienen por lugarteniente
la mitad de todo el pueblo.

No se les daba de antes
por comisiones un cuerno,
y agora por comisiones   115
se les dan más de quinientos.

Solían usarse doncellas
—cuéntanlo ansí mis agüelos—;
debiéronse de gastar,
por ser muy pocas, muy presto.   120

Bien hayan los ermitaños
que viven por esos cerros,
que, si son buenos, se salvan
y, si no, los queman presto;

y no vosotros, lacayos   125
de tres hidalgos hambrientos,
alguaciles de unas ancas
con la vara y el cabestro.

Y yo, que en dieciséis años
que tengo de despensero,   130
aún no he podido ser Judas
y vender a mi maestro».

En esto, Pierres, que estaba
con mareta en el asiento,
dormido cayó de hocicos   135
y devoto besó el suelo.

Jaques, desembarazado
el estómago y el pecho,
daba mil tiernos abrazos
a un banco y a un paramento.   140

Sirviéronle de orinales
al buen Roque sus greguescos,
que no se halló bien el vino
y ansí se salió tan presto.

Maroto, que vio el estrago   145
y el auditorio de cestos,
bostezando con temblores
dio con su vino en el suelo.

* * *

3 *trampa de lo caro*: 'vino costoso'; los protagonistas del romance beben grandes cantidades de vino que acompañan con bocados de queso; se comparan con ratones atraídos por el cebo (*queso añejo* y, en este caso, dado que son unos borrachos, también el vino) dentro de una *trampa* o ratonera (pagan demasiado por el vino).

4 *tres gabachos y un gallego*: era proverbial la afición de los franceses y gallegos al vino. Además, se trata de personajes que solían ejercer profesiones modestas o marginadas y que eran frecuente objeto de escarnio en el siglo XVII.

6 *hierro*: alude a los precipitados metálicos del vino y a la erre, que es la letra que se asocia tradicionalmente con el habla traspuesta de los borrachos.

7 *yesca*: en la época se usaba metafóricamente para indicar todo aquello que estimulaba las ganas de beber.

9 *en arpón*: sentado a horcajadas en un banco con las piernas como un *arpón*, que tiene dos lengüetas agudas. El término también se usaba para referirse a un 'ancla'. Esta imagen marítima casa bien con el verso siguiente (*meciendo*, como un barco en el mar), donde se alude a la falta de equilibro de Pierres debida a su estado de ebriedad.

11 *remostado*: remostar era una actividad fraudulenta que consistía en echar mosto en el vino añejo para producir una bebida adulte-

rada. Pierres está tan borracho que su sudor tiene la misma consistencia del vino echado a perder.

13 *verga*: el arco de la ballesta. Como el arco, que se dobla y tensa cuando se tira de la cuerda, Jaques tiene el cuerpo arqueado y el cuello retorcido (*retortijado*) mientras se agacha para vomitar.

20 *cuero*: 'odre de vino'; se usaba también en sentido burlesco para apodar a alguien de 'borracho'.

22 *ferreruelo*: 'capa corta y sin capucha'. Pero Maroto está tan borracho que la lleva enroscada en la cintura (*faja*).

23 *lágrimas*: por el tono serio y polémico (*crespo*) del discurso que Maroto pronuncia a continuación, pero también por el vino vertido como *lágrimas* al levantar las copas para brindar con sus manos temblorosas.

24 *bebido*: 'ebrio', pero aquí también 'cerrado' (como si la cara se lo hubiera tragado).

28 *sahumó*: *sahumar* es perfumar algo con humos aromáticos (aquí usado en sentido irónico).

31 *¿En qué ha de parar el mundo?*: a continuación, se desarrolla un discurso moral «serio» incrustado dentro de este romance burlesco en que se critica el lujo y la corrupción social, contraponiéndola a un pasado idealizado, como ocurre en la *Epístola satírica y censoria* (n.º 24).

37 *maravedís*: moneda de cobre o vellón (aleación de plata y cobre) acuñada en piezas de 2, 4 y 8. Era la unidad más corriente usada en transacciones de la vida cotidiana. Por ejemplo, a principios del siglo XVII una docena de huevos valía unos 60 maravedís.

42 *Jimena Gómez*: según una larga tradición, que se remonta a las crónicas medievales, la esposa del Cid se llamaba *Jimena Gómez* y era hija del conde don Gómez de Gormaz, muerto por el mismo don Rodrigo.

44 *greguescos*: tipo de calzas o calzón de hombre que llegaba hasta la rodilla.

46 *más galán que Girineldos*: verso de un famoso romance («A Jimena y a Rodrigo») donde se describen las bodas del Cid y de doña Jimena: «Más galán que Gerineldos / bajó el Cid famoso al patio» (vv. 45-46). La *botarga* era una pieza de vestir antigua a

modo de calzas que empezaba en la cintura y llegaba hasta el tobillo; aquí alude a los versos 17-18 del mismo romance («púsose un medio botarga / con unos vivos morados»).

54 *traerlos*: 'llevarlos puestos' y 'gastarlos' (doble sentido).

57 *calzas*: 'calzas atacadas', prenda de vestir que cubría piernas y muslos y que se unía a la cintura con agujetas. Se solían asociar con las clases más pudientes y la ostentación ridícula.

61 *cuchilladas*: juega con los dos sentidos del término, 'herida de arma blanca' y 'adorno en prendas de vestir que consiste en unas aberturas que dejan ver un forro debajo de otro color'. Los caballeros modernos piensan más en la moda (*tanta paz*) que en la guerra.

70 *acero*: 'tomar acero' consistía en ingerir agua acerada para curar la opilación, muy frecuente entre las mujeres, sobre todo debido a la moda de 'comer barros' (búcaros de arcilla), lo cual causaba anemia (la palidez era considerada signo de belleza) y suspendía el flujo menstrual (amenorrea), sirviendo así también como anticonceptivo.

72 *petos*: por *acero* se entendían también las 'armas', lo cual permite este doble sentido sobre *petos*: 'parte de la armadura que cubría el pecho' y 'peticiones' (de dinero), a partir del verbo latino *peto*, que quiere decir 'pido'. Alude al tópico misógino de las mujeres pidonas.

73 *arrepentidos de barba*: alude a la moda de raparse la barba que, en el pasado, los hombres solían llevar muy poblada.

77 *barba cana*: calambur sobre 'barba canosa' y *barbacana* ('contramuralla baja situada delante de los muros principales de una fortificación').

107 *sostitutos*: 'sustitutos' (amantes). Se refiere (como en el caso de *alcaides* y *lugartenientes*) a aquellos que 'ejercen de maridos' en lugar del esposo cornudo consentido, quien cobra *comisiones* por ello.

116 *más de quinientos*: entiéndase 'más de quinientos cuernos'. Juega con el sentido literal de la frase hecha *no se me da un cuerno* ('no me importa nada').

124 *los queman presto*: en la hoguera, por crímenes contra la religión (herejía) o la moralidad imperante en la época (lujuria y so-

domía). Los ermitaños tenían una reputación muy ambigua en el siglo XVII y eran frecuente objeto de este tipo de comentarios satíricos.

125 *lacayos*: 'mozos de mulas', eran los criados que iban junto al señor a pie cuando este iba montado en una cabalgadura, y se ocupaban de sujetarla del *cabestro* y gobernarla con la *vara*, que era además insignia de jurisdicción de los ministros de justica (*alguaciles*).

130 *despensero*: el que tiene a su cargo la despensa y el gasto de lo que se compra en casa de los señores. Ya desde los santorales medievales se suele indicar tradicionalmente que Judas fue el despensero de Cristo y de sus apóstoles, encargado de administrar el dinero y los bienes que recibían.

134 *mareta*: movimiento de las olas del mar cuando empiezan a agitarse. Aquí indica el precario equilibrio de Pierres, causado por su estado de ebriedad.

140 *paramento*: paño pintado o decorado usado para adornar la pared.

146 *cestos*: alude a la expresión *estar hecho un cesto* ('estar borracho').

81

Boda de negros
ROMANCE

Vi, debe de haber tres días,
en las gradas de San Pedro
una tenebrosa boda,
porque era toda de negros.

Parecía matrimonio   5
concertado en el infierno:
negro esposo y negra esposa
y negro acompañamiento.

Sospecho yo que, acostados,
parecerán sus dos cuerpos   10
junto el uno con el otro
algodones y tintero.

Hundíase de estornudos
la calle por do volvieron,
que una boda semejante   15
hace dar más que un pimiento.

Iban los dos de las manos
como pudieran dos cuervos;
otros dicen como grajos,
porque a grajos van oliendo.   20

Con humos van de vengarse
—que siempre van de humos llenos—
de los que, por afrentarlos,
hacen los labios traseros.

Iba afeitada la novia,   25
todo el tapetado gesto
con hollín y con carbón
y con tinta de sombreros.

Tan pobres son que una blanca
no se halla entre todos ellos,   30
y por tener un cornado
casaron a este moreno.

Él se llamaba Tomé
y ella Francisca del Puerto;
ella esclava y él es clavo   35
que quiere hincársele en medio.

Llegaron al negro patio
donde está el negro aposento
en donde la negra boda
ha de tener negro efeto.   40

Era una caballeriza,
y estaban todos inquietos,
que los abrasaban pulgas
por perrengues o por perros.

A la mesa se sentaron,   45
donde también les pusieron
negros manteles y platos,
negra sopa y manjar negro.

Echoles la bendición
un negro veintidoseno   50
con un rostro de azabache
y manos de terciopelo.

Diéronles el vino tinto,
pan entre mulato y prieto;
carbonada hubo por ser   55
tizones los que comieron.

Hubo jetas en la mesa
y en la boca de los dueños,
y hongos, por ser la boda
de hongos, según sospecho.   60

Trujeron muchas morcillas
y hubo algunos que de miedo
no las comieron, pensando
se comían a sí mesmos.

Cual, por morder del mondongo,   65
se atarazaba algún dedo,
pues solo diferenciaban
en la uña de lo negro.

Mas cuando llegó el tocino
hubo grandes sentimientos, 70
y pringados con pringadas
un rato se enternecieron.

Acabaron de comer
y entró un ministro guineo
para darles aguamanos 75
con un coco y un caldero.

Por toalla trujo al hombro
las bayetas de un entierro;
laváronse y quedó el agua
para ensuciar todo un reino. 80

Negros de ellos se sentaron
sobre unos negros asientos,
y en voces negras cantaron
también denegridos versos:

«Negra es la ventura 85
de aquel casado
cuya novia es negra
y el dote en blanco».

* * *

Boda de negros: expresión que indicaba 'bulla' y 'griterío'. El romance juega con el sentido literal de esta frase hecha.
2 *San Pedro*: iglesia de San Pedro el Real (hoy conocida como San Pedro el Viejo), una de las más antiguas de Madrid.
12 *algodones*: 'tela de seda o de lana que se colocaba dentro del tintero para recoger la tinta'. La mención del *tintero* incluye tam-

bién una referencia a los cuernos del marido, puesto que los tinteros se solían hacer de cuerno.

13 *Hundíase* [...] *la calle*: como en la expresión *hundirse la casa*, indica que hay mucho barullo; *estornudos*: fingir estornudos era señal común de desprecio y burla dirigida hacia los negros, comparados por el color de su piel con la pimienta negra y los efectos que produce el respirarla. De ahí la referencia al *pimiento*: entre otros usos, se solía tostar en el horno y luego moler para emplearlo como aderezo picante de comidas, al igual que la pimienta.

19 *grajo*: 'ave negra parecida al cuervo', pero también 'olor sudoroso de los sobacos'.

21 *humos*: juega con dos acepciones del término, 'vanidad, arrogancia' y 'vapor producido por la combustión de una sustancia' (estos personajes son altaneros y negros como el humo).

24 *los labios traseros*: peerse o hacer pedorretas eran formas comunes de mofarse de los negros en la época.

25 *afeitada*: 'maquillada'.

26 *tapetado*: 'negro, oscuro'; *gesto*: 'rostro'.

28 *tinta*: 'tinte', que solía ser negro.

29 *blanca*: 'moneda de poco valor' y 'mujer blanca' (doble sentido).

31 *cornado*: tipo de moneda, pero también alusión a los cuernos del marido, que es *moreno* tanto por el color de su tez como por el uso metafórico que tenía la palabra ('bobo, pardillo'), aquí usada para referirse al marido consentido.

33-34 *Tomé*: nombre asociado con los esclavos por alusión a la isla de Santo Tomé, en el golfo de Guinea, de donde procedían muchos de ellos; *Francisca del Puerto*: Francisca era nombre muy común entre las esclavas africanas, aquí coadyuvado por el apellido burlesco que probablemente se refiera al significado obsceno que podía tener en la época la palabra *puerto*: 'vulva'.

35 *es clavo*: nótese el calambur (*esclava*) de claro contenido erótico, y que además recuerda la marca de la S y el clavo ('es clavo') con la que se solía herrar a los esclavos.

37 *negro*: en este verso y en los siguientes, *negro* se usa a modo de imprecación con el sentido de 'triste, desdichado, maldito'.

44 *perrengues*: como la expresión *tener pulgas* (y *tener malas pulgas*), señala a personas de mal genio. Pero aquí sirve también para evocar la voz *perro*, insulto habitual contra los judíos, moros y negros.

50 *veintidoseno*: paño de buena calidad (compuesto de 2200 hilos; 22 centenares) y que se solía usar como traje de luto. El estatus de este personaje viene destacado por una serie de objetos de lujo que, además, se asocian con el color negro: *veintidoseno, azabache, terciopelo*.

55 *carbonada*: 'carne cocida que se echa a tostar sobre las ascuas'.

57 *jetas*: 'setas', pero también los 'labios carnosos que sobresalen' y que era uno de los rasgos físicos de los negros más satirizados en la época.

60 *hongos*: juega con la expresión *no se hace la boda de hongos*, esto es, 'no se puede hacer algo suntuoso con poco gasto'. Además, vuelve a aludir a los labios de los comensales (sinécdoque).

66 *atarazaba*: 'troceaba, mordía'.

68 *la uña de lo negro*: agudeza a partir de la inversión de la frase hecha *lo negro de la uña* ('lo mínimo'), que aquí sirve para indicar el parecido entre el mondongo y los dedos negros de los comensales.

70 *sentimientos*: 'quejidos, lamentos'.

71 *pringados*: el *pringue* es la grasa que sale del tocino cuando se cocina a la brasa y se llamaban *pringadas* a las 'rebanadas de pan sobre las que se hecha el pringue'. Pero aquí hay también una agudeza basada en otra acepción de *pringar*, 'castigar a alguien echándole lardo o pringue hirviendo sobre las llagas de los azotes', suplicio al que solían ser sometidos los esclavos rebeldes.

74 *ministro*: 'el que suministra algo', aquí 'sirviente' o 'camarero', pero este término se asocia sobre todo a ámbitos cortesanos (y no tabernarios, como el presente), lo cual acrecienta el tono paródico de la escena; *guineo*: 'alguien originario de Guinea', pero aquí usado con el sentido de 'negro' por antonomasia.

75 *aguamanos*: 'agua para lavarse las manos', que se recogía en un *aguamanil* y se hacía circular antes y después de las comidas. Los negros, en cambio, usan un *caldero*, cuyo tamaño resulta paródicamente excesivo para esta función. Los calderos servían sobre

todo para coger agua de los pozos, pero los negros están tan «sucios» (aludiendo al color oscuro de su piel) que precisan de grandes cantidades de agua para limpiarse. Además, usan un recipiente de *coco* para darse el *aguamanos*, lo cual apunta al origen exótico y supuestamente salvaje de los comensales, además de jugar con la expresión *es un coco*, que se empleaba para indicar a personas de tez oscura o consideradas muy feas.

78 *bayetas*: 'paño de color negro que se solía colocar sobre los ataúdes en señal de luto'.

82

Procura enmendar el abuso de las alabanzas de los poetas
ROMANCE

¡Qué preciosos son los dientes,
y qué cuitadas las muelas,
que nunca en ellas gastaron
los amantes una perla!

No empobrecieran más presto   5
si labraran los poetas
de algún nácar las narices,
de algún marfil las orejas.

¿En qué pecaron los codos,
que ninguno los requiebra?   10
De sienes y de quijadas
nadie que escribe se acuerda.

Las lágrimas son aljófar,
aunque una roma las vierta,
y no hay un culto que saque   15
de gargajos a las flemas.

Para las lagañas solas
hay en las coplas pobreza,
pues siempre se son lagañas,
aunque Lucinda las tenga.   20

Todo cabello es de oro
en apodos y no en tiendas;
y en descuidándose Judas,
se entran a sol las bermejas.

Eran las mujeres antes   25
de carne y de güesos hechas;
ya son de rosas y flores,
jardines y primaveras.

Hortelanos de faciones,
¿qué sabor queréis que tenga   30
una mujer ensalada,
toda de plantas y hierbas?

¡Cuánto mejor te sabrá
sin corales una jeta
que con claveles dos labios,   35
mientras no fueres abeja!

¡Oh, cultos de Satanás,
que a las faciones blasfemas
con que piden, con que toman,
andáis vistiendo de estrellas!   40

Un muslo que nunca araña,
unas sabrosas caderas
que ni atisban aguinaldos
ni saben qué cosa es feria,

esto sí se ha de cantar   45
por los prados y las selvas
en sonetos y canciones,
en romances y en endechas.

Y lloren de aquí adelante
los que tuvieren vergüenza   50
todo rubí que demanda,
todo marfil que desuella.

Las bocas descomulgadas,
pues tanto dinero cuestan,
sean ya bocas de costal,   55
porque las aten por ellas.

De cáncer se ha de llamar
todo diente que merienda;
soles con uñas los ojos
que se van tras la moneda.   60

Aunque el cabello sea tinta,
es oro si te le cuesta;
y de vellón el dorado,
si con cuartos se contenta.

Quien boca y dientes cantare   65
a malos bocados muera;
las malas gordas le ahíten,
las malas flacas le hieran.

* * *

abuso de las alabanzas: parodia de la poesía petrarquista y de las metáforas trilladas relativas a las mujeres alabadas en estos poemas, que siempre se concentran en las mismas partes del cuerpo: dientes (perlas), cabellos (oro), labios y mejillas (rosas), etc.

5 *presto*: 'pronto'. Los vv. 5-8 vienen a decir que no hay justificación para la exclusión de narices y orejas de las amadas en los elogios de los poetas: estos podrían usar las mismas metáforas que suelen emplear para celebrar su tez o sus dientes blancos y brillantes (*nácar, marfil*), que hacen referencia a materiales caros y de lujo (*empobrecieran*); 'no les costaría más trabajo (y gasto)'. Alude también a la proverbial pobreza de los poetas.

6 *labraran*: 'fabricaran'.

13 *aljófar*: 'tipo de perla irregular y pequeña'.

14 *roma*: 'mujer de nariz chata'; rasgo que solía asociarse con la sífilis, pues uno de los síntomas más comunes en las fases avanzadas de la enfermedad es la destrucción del tejido nasal.

15 *un culto*: poeta seguidor de la exitosa moda literaria conocida como *poesía culta*, que se impuso tras la aparición del *Polifemo* y de las *Soledades* de Góngora. Se caracteriza por una sintaxis y un vocabulario latinizantes, y fue a menudo criticada por Quevedo y otros escritores de la época.

20 *Lucinda*: nombre literario que pertenece al ámbito de la poesía amorosa y las novelas sentimentales y caballerescas. Genera un contraste burlesco con la vulgaridad de las *lagañas*. Es posible que haya también un eco de la frase hecha *ojos hay que de lagañas se enamoran*, indicando mal gusto o poco criterio a la hora de elegir algo.

24 *las bermejas*: 'las pelirrojas'. El pelo rojo gozaba de mala fama y se vinculaba al vicio y al pecado. De hecho, tradicionalmente, se creía que Judas era pelirrojo. Según estos versos, los poetas abusan tanto de estas metáforas al uso que hasta las pelirrojas llegan a recibir el apelativo de *sol* (referido al color rubio del cabello que suele caracterizar a la amada de los poemas petrarquistas).

34 *jeta*: término despectivo para referirse a los labios carnosos e hinchados (que se solían asociar con los negros); contrasta con la

metáfora de los *corales*, usada típicamente para aludir al color car-
mesí de los labios de una dama.

39 *piden*; *toman*: alude a la rapacidad y codicia de las mujeres, ras-
go muy presente en la sátira misógina del tiempo.

41 *aruña*: 'roba'.

43 *atisban*: en el lenguaje de germanía, usado por los delincuentes
y los pícaros literarios, *atisbar* equivale a 'mirar disimuladamente
algo o alguien con la intención de cometer un crimen'.

44 *feria*: 'agasajos', pero también el 'trato' o 'acuerdo' de tipo eco-
nómico, sobre todo entre una prostituta y sus clientes. Nótese
cómo en estos versos se acumulan vocablos que pertenecen al có-
digo del hampa y de la germanía (*aruñar, atisbar, feria*).

53 *descomulgadas*: 'excomulgadas' ('malditas').

55 *bocas de costal*: 'abertura del saco o costal'. Esto es, dichas mu-
jeres piden constantemente agasajos y dinero, como indica el mo-
dismo *a boca de costal*: 'sin medida'.

59 *soles con uñas*: la frase hecha *sol con uñas* indica 'cuando el sol
está tapado por nubes pequeñas que no dejan ver su luz con toda
claridad'. Pero aquí juega con el valor metafórico de *sol* (*ojos* de
las mujeres) y *uñas*, que es una palabra clave en el lenguaje de ger-
manía, muy usada para referirse a la 'inclinación y destreza para
robar'.

61 *tinta*: el cabello 'negro como la tinta' que, sin embargo, vale
caro (como el *oro*) si la amada es muy codiciosa. En cambio, el ca-
bello rubio (*dorado*) puede salir a mucho menos si la mujer en
cuestión se contenta con dádivas modestas (los *cuartos* eran mo-
nedas de poco valor, así como las de *vellón*, producidas a partir de
una aleación de plata y cobre).

66 *a malos bocados muera*: calco burlesco de imprecaciones al uso
en la época, como *a malas lanzadas mueras* o *a malas puntadas mueras*.

67 *le ahíten*: 'le produzcan una indigestión'.

83

Califica a Orfeo para idea de maridos dichosos
ROMANCE

Orfeo por su mujer
cuentan que bajó al infierno;
y por su mujer no pudo
bajar a otra parte Orfeo.

Dicen que bajó cantando,   5
y por sin duda lo tengo,
pues, en tanto que iba viudo,
cantaría de contento.

Montañas, riscos y piedras
su armonía iban siguiendo   10
y, si cantara muy mal,
le sucediera lo mesmo.

Cesó el penar en llegando
y en escuchando su intento,
que pena no deja a nadie   15
quien es casado tan necio.

Al fin pudo con la voz
persuadir los sordos reinos,
aunque el darle a su mujer
fue más castigo que premio.   20

Diéronsela lastimados,
pero con ley se la dieron
que la lleve y no la mire:
ambos muy duros preceptos.

Iba él delante guiando   25
al subir, porque es muy cierto
que al bajar son las mujeres
las que nos conducen ciegos.

Volvió la cabeza el triste:
si fue adrede, fue bien hecho;   30
si acaso, pues la perdió,
acertó esta vez por yerro.

Esta conseja nos dice
que, si en algún casamiento
se acierta, ha de ser errando,   35
como errarse por aciertos.

Dichoso es cualquier casado
que una vez queda soltero,
mas de una mujer dos veces
es ya de la dicha extremo.   40

* * *

4 *Orfeo*: sátira misógina basada en una parodia del legendario músico y poeta griego, hijo de Apolo y de la musa Calíope, cuyo maravilloso talento con la lira podía afectar el mundo natural a su alrededor: era capaz de amansar a las fieras, atraer a los animales y detener los ríos. Según el mito clásico, casó con la ninfa Eurídi-

ce, la cual murió tras ser mordida por una serpiente venenosa. Orfeo descendió a los infiernos para recuperarla y consiguió convencer a Hades, dios del inframundo, de que le devolviera la vida. Este accedió, pero solo a condición de que no se girara a mirarla hasta haber salido del reino de los muertos. Orfeo, sin embargo, se dio la vuelta demasiado pronto, lo cual condenó a Eurídice a regresar a los infiernos.

13 *Cesó el penar*: agudeza sobre *penar* ('padecer' y 'dar lástima'); Orfeo dejó de sufrir porque recuperó a Eurídice, pero también dejó de dar pena a todos al oír su petición tan necia (resucitar a su mujer).

17 *los sordos reinos*: los infiernos.

22 *con ley*: 'con una condición'.

27 *al bajar*: con el doble sentido de 'ir cuesta abajo' y 'pecar', pues, según la sátira misógina, son las mujeres las que llevan a los hombres a caer en el pecado (*bajar*), obnubilados (*ciegos*) por el deseo.

31 *acaso*: 'por casualidad'.

32 *por yerro*: 'por error'.

33 *conseja*: fábula o historia que contiene una moraleja.

36 *errarse por aciertos*: se refiere a las expresiones proverbiales *acertar errando* y *pensé acertar y erré; pensé errar y acerté*.

84

Describe el río Manzanares cuando concurren en el verano a bañarse en él

Preso en el convento de León, poco antes de su libertad, escribió este.

ROMANCE

Llorando está Manzanares,
al instante que lo digo,
por los ojos de su puente
pocas hebras hilo a hilo,

cuando por ojos de agujas   5
pudiera enhebrar lo mismo,
como arroyo vergonzante,
vocablo sin ejercicio.

Más agua trae en un jarro
cualquier cuartillo de vino   10
de la taberna que lleva
con todo su argamandijo.

Pide a la fuente del Ángel,
como en el infierno el rico,
que con una gota de agua   15
a su rescoldo dé alivio.

No llueve Dios sobre cosa
suya, a lo que yo colijo,
pues que, de calientes, queman
las migas de su molino.   20

En verano es un guiñapo
hecho pedazos y añicos,
y con remiendos de arena
arroyuelo capuchino.

Florida toda la margen   25
de jamugas y borricos,
de damas que con carpetas
hacen estrado el pollino.

Al revés de los gotosos,
ya no se mueve estantío,   30
pues de no gota es el mal
de que le vemos tullido.

No alcanza a la sed el agua
en su madre a los estíos,
que, facistol de chicharras,   35
es la solfa de lo frito.

Pues no aprende lo aguanoso
de tan húmedos resquicios,
no saldrá, de puro rudo,
en su vida de charquillos.   40

Suenan tragos y bocados
entre matracas y silbos
y llevan el contrapunto
las gormonas y zollipos.

Con poco temor de Dios   45
los mondongos, por lo limpio,
pretenden para las pruebas
el ser actos positivos.

Por haber faltado el ante
con las levas que se han visto   50
todas las meriendas llevan
sus coletos de pepinos.

Los más en los salpicones
de carrera dan de hocicos;
en diciplinas del sorbo   55
son abrojos los chorizos.

En camisa, por ir presto,
van no pocos palominos
y sin Marta algunos pollos,
ya de ser suyos ahítos.   60

Rábanos y queso y bota
en la gente del gordillo
dan más trabajo al gaznate
que copones cristalinos.

Agora se está una dueña   65
desnudando el *ab initio*,
haciéndoles encreyentes
que es el Jordán a sus siglos.

Yo le considero aquí
muy poblado de bullicio,   70
coche acá, coche acullá,
y metido a porquerizo.

Tres carrozas de tusonas
perdiendo van los estribos,
con pecosas y bermejas,   75
nariz chata y ojos bizcos.

Aguardando están la noche
un potroso y un podrido
para sacar a volar
uno, parches; otro, el lío.   80

Una doncella, que sabe
que se le ahoga su virgo
en poca agua, le salpica,
escarbándola a pellizcos.

Aun en carnes, una flaca   85
es el miércoles corvillo;
una gorda, el carnaval
con mazas del entresijo.

Dos piaras de fregonas
renuevan el adanismo,   90
compitiendo sus perniles
los blasones del tocino.

Dos estudiantes sarnosos,
más granados que los trigos,
con Manzanares se muestran,   95
si no clementes, beninos.

El barbón y los bigotes
se enfalda un jurisperito
por no sacarlos después
con cazcarrias en racimo.   100

Una vieja con enaguas
va salpicando de hechizos,
con dos pocilgas por ojos,
por espinazo un rastillo,

por piernas un tenedor   105
y por copete un erizo,
por tetas unas bizazas
y por cara el Antecristo.

Una fea, amortajada
en su sábana de lino   110
a lo difunto, se muestra
marimanta de los niños.

Con azadones y espuertas
son gabachos y coritos
sepultureros del agua   115
en telarañas de vidro.

Con sus capas en los hombros
y en piernas algunos mizos
pescan de los nadadores,
en la orilla, los vestidos.   120

En redrojos de rocines,
entre caballeros finos,
con sombreros de color
andan hidalgos postizos.

Prebendados en sus mulas,   125
galameros del atisbo,
echan el ojo tan largo,
galosmeando descuidos.

Anda en menudos Pilatos,
repartido en cuatro o cinco   130
alguaciles que avizoran
pendencias y desafíos.

Un médico de rebozo
va tomando por escrito
los nombres de los que cenan   135
fiambrera y beben frío.

Acuérdome que ha tres años
que dejó de ser Narciso,
por falta de agua en que verse,
la zagala por quien vivo: 140

en el ampo de la nieve
dos orientes encendidos,
portento de hielo y fuego,
Non plus ultra de lo lindo;

sobredorada su frente   145
con las minas de los indios;
de las pechugas del sol
las guedejas y los rizos.

De llamas y nieve en paz
era todo su edificio: 150
el hielo le vi volcán,
el volcán le vi florido.

Con tocarla tomó el agua
cantáridas; note el pío
letor, estando con ella,   155
lo que tomaba este indigno.

Ella gastó todo el charco
en escarpín de un tobillo,
y por subir más arriba
la corriente daba brincos.   160

Bailar el agua delante
solo con ella lo he visto,
mas al son de su meneo
los muertos darán respingos.

Mas hoy, de lo que en él hay   165
y de cuanto en él he visto,
sin los cielos de Clarinda
nada apetezco ni envidio.

Arrebócese sus baños
y cálese un papahígo   170
y séquese, pues le falta
la fuente del paraíso.

Yo considero estas cosas,
cuando estoy, el susodicho,
tres años ha sobre doce   175
entre cadenas y grillos,

aquí donde es año enero
con remudar apellidos,
tan capona primavera
que no puede abrir un lirio.   180

A modo de cachidiablos
me cercan tres cachirríos:
Órbigo, el Castro y Bernesga,
que son de Duero meninos.

Con mujeres en talega   185
que calzan por zapatillos
artesas del cordobán
de los robles de estos riscos...

Hasta aquí llegó, sin pasar adelante, asegurándolo el mismo original que yo tuve.

* * *

Preso en el convento de León: el editor del *Parnaso español*, González de Salas, indica en esta nota (y en la que figura al final del poema) que este texto, incompleto, fue escrito cuando Quevedo estaba encarcelado en el convento de San Marcos de León (1639-1643).
1 *Manzanares*: río madrileño cuyo escaso cauce fue frecuentemente satirizado en la época.
3 *ojos*: aquí indica tanto los 'órganos de la vista' como 'arco del puente por donde pasa el agua' (dilogía).
4 *hilo a hilo*: expresión que indica que un líquido no cae con violencia, sino poco a poco. El río Manzanares está seco en el verano (*pocas hebras*) y su agua es tan escasa que podría pasar por el ojo de una aguja.
7 *arroyo vergonzante*: como el *pobre vergonzante* sin trabajo (*ejercicio*), que pide limosna con recato para que no se entere nadie, el Manzanares es pobre de agua y no puede ejercer su profesión: es río solo de nombre (*vocablo*).
10 *cuartillo de vino*: era un tópico de la época la sátira contra los taberneros, acusados de aguar el vino. El *argamandijo* es un 'conjunto de cosas menudas empleadas en un oficio'. Esto es, 'hay más agua en un jarro de vino de medio litro (*cuartillo*) de la taberna que la que lleva el Manzanares en su cauce (en su *argamandijo*)'.
13 *la fuente del Ángel*: fuente que se encontraba junto a la ermita del Santo Ángel de la Guarda, cerca del puente de Segovia, sobre el río Manzanares. Lugar muy concurrido al hallarse en una de

las principales salidas de Madrid; el día 1 de marzo se celebraba allí una romería muy popular.

16 *rescoldo*: 'ceniza caliente que conserva alguna brasa menuda'. Aquí indica 'sed' y se refiere a la parábola del rico que padece sed en el infierno (Lucas 16, 19-31).

17-18 *No llueve Dios sobre cosa suya*: frase hecha (que figura también con la variante *heredad suya*) usada para indicar que alguien es pobre o carece de medios; su origen se halla probablemente en el Salmo 67, 10: «Tú derramaste, oh Dios, una lluvia de larguezas, / a tu heredad extenuada, tú la reanimaste».

20 *migas de su molino*: al no tener agua (*No llueve*), se abrasan las *migas* (comida rústica hecha a base de pan desmenuzado) producidas con la harina de su molino; hay una agudeza nominal referida al molino de Migas Calientes, que se hallaba en el soto de igual nombre, y sobre Molino Quemado. Ambos estaban situados a orillas del Manzanares y eran muy concurridos en el verano.

21 *guiñapo*: 'trapo viejo y andrajoso', y también 'persona andrajosa'.

24 *capuchino*: compara el lecho del río con el aspecto humilde (*remiendos*) y el color marrón (*de arena*) del hábito de los frailes capuchinos.

26 *jamugas*: 'silla de montar para mujeres'.

27 *carpeta*: 'cubierta de piel curtida o de tela que se ponía sobre las mesas', colocadas aquí sobre los *pollinos*, comparados burlescamente con *estrados*: un espacio reservado a las damas en las casas del siglo XVII, elevado y cubierto por una alfombra (aquí una *carpeta*).

30 *estantío*: 'estancado, flojo, detenido'. Juega con el doble sentido de *gota*: los que padecen de gota se mueven con dificultad, pero el Manzanares —al no tener ni gota de agua— no se mueve en absoluto.

34 *madre*: 'cauce del río'; el Manzanares lleva tan poca agua en su cauce durante el verano que no puede saciar la sed de nadie. Modifica y parodia la frase hecha *no le alcanza la sal al agua* ('tener pocos medios, ser pobre').

35 *facistol*: 'atril que sostiene los libros del coro en las iglesias'. En verano, el cauce del río se vacía de agua y se llena de *chicharras*

que con su canto (*solfa*) acompañan los calurosos (*lo frito*) días estivales.

37-40 El Manzanares se compara con un mal estudiante (*rudo*) que no aprende a ser río (*lo aguanoso*) y, por lo tanto, está condenado a permanecer pequeño como un *charquillo*. Los *húmedos resquicios* podrían ser una alusión obscena a las vulvas de las *damas* citadas en el verso 27; en realidad, prostitutas (*chicharras*) que viven al amparo de una *madre* ('alcahueta') en una mancebía (*facistol*). Recuérdese que en el lenguaje de germanía *cantar* equivalía a 'excitar sexualmente a un hombre' y también a 'copular'; y que la expresión *freírsela a alguien* quiere decir 'engañarle'. Las riberas del Manzanares eran un lugar privilegiado en la época para los encuentros amorosos y para el ejercicio de la prostitución.

42 *matracas y silbos*: 'chanzas' y 'silbidos'.

44 *gormonas y zollipos*: 'vómitos' y 'sollozos con hipidos'.

48 *actos positivos*: para demostrar jurídicamente que alguien no descendía de judíos ni de moros (limpieza de sangre) había que aportar por lo menos tres declaraciones de testigos (*actos positivos*) que lo respaldaran. El *mondongo* ('callos, guiso de tripas') está hecho a base de los intestinos de animales. Su supuesta limpieza (*lo limpio*) es por lo tanto irónica, y alude tanto a la suciedad que contienen (los excrementos) como a su dudoso origen (carne de mala calidad).

49 *ante*: 'piel curtida de alce o búfalo' y 'entrantes (comida)' (dilogía). Los *coletos* eran una prenda de vestir hecha de *ante* que cubría el cuerpo ciñéndolo hasta la cintura, y solían formar parte de la vestimenta de los soldados del siglo XVII. Pero la recluta de soldados (*levas*) ha sido un tanto pobre, y los entrantes no son de carne sino de pepinos, más económicos y que, además, gozaban de mala fama en la época por ser considerados indigestos y nocivos. A su vez, los *pepinos* se solían arrojar contra los condenados que se sacaban a la vergüenza pública y, dado que *levas* quiere decir también 'engaños, tretas', estos versos podrían indicar la extracción criminal de algunos de estos comensales ('cubiertos' de *pepinos*).

53 *salpicones*: 'comida hecha a base de carne picada aderezada con sal'. Plato típico de las clases humildes.

56 *abrojos*: 'instrumento metálico en forma de abrojo (planta espinosa) que los disciplinantes colocan en el azote para hacerse sangrar la espalda'. Irónicamente, comer *chorizos* mientras se toma vino representa una interrupción del placer de la bebida (*sorbo*) y, por ende, una especie de castigo corporal (*abrojos*).

58 *palominos*: 'el pollo de la paloma' y 'salpicaduras de excrementos que quedan en las *camisas*' (dilogía). Ir *en camisa* quiere decir 'ir desnudo'; la *camisa* era la vestimenta que servía de ropa interior en la época. Por lo tanto, a orillas del Manzanares hay palominos desplumados, pero también muchos comensales con la ropa mugrienta.

60 *ahítos*: 'empachados de mucho comer', pero también 'hartos, molestos de algo'. Alude al refrán, *¿con qué viene Marta, la que los pollos harta?*, que indica desdén por alguien.

62 *gente del gordillo*: 'gente menuda, de baja extracción social'. Los rábanos con queso son comida humilde, pero satisfacen a estos comensales plebeyos más que el vino servido en la mesa de los ricos (*copones cristalinos*). Parece evocar el refrán *rábanos y queso tienen la corte en peso*.

66 *ab initio*: 'desde el comienzo'; está tomado de la liturgia en honor a santa María «Ab initio et ante saecula creata sum» (Eclesiástico 24, 14). Aquí indica jocosamente el cuerpo viejo y desgastado de una *dueña*. Las *dueñas* eran mujeres de edad avanzada que solían trabajar de criadas y a menudo tenían a cargo muchachas más jóvenes. En la literatura del siglo XVII eran frecuente objeto de sátira, acusadas por su corrupción moral y por ejercer de alcahuetas.

68 *siglos*: 'años'. Se creía que bañarse en las aguas del Jordán hacía rejuvenecer. La dueña, pues, intenta convencer (hacerlos *encreyentes*) a sus muchos años de que el Manzanares es el Jordán; esto es, se engaña a sí misma y se baña desnuda creyéndose todavía joven y atractiva.

72 *porquerizo*: 'cuidador de cerdos'. Juega con los sentidos de *coche* ('carruaje'), que se acumulaban a orillas del río (eran considerados símbolos de ostentación social), y las expresiones *coche allá* o *coche aquí*, usadas para guiar a los cerdos.

73 *tusonas*: 'rameras'; cuyos rasgos físicos destacan su baja catadura moral: las pelirrojas (*bermejas*) tenían fama de lujuriosas, sus pecas son manchas de pecado, y su nariz chata síntoma de la sífilis. Los versos juegan con la frase hecha *perder los estribos*.

78 *potroso*: 'el que padece de hernia testicular'; *podrido*: 'el que sufre de una enfermedad epidémica (sobre todo la peste)'. El primero se cura con un *parche*, vendaje hecho de ungüentos y bálsamos medicinales, con el que posiblemente se refiere también al braguero usado para sostener la hernia inguinal; el segundo lleva tantas vendas que parece un *lío* ('fardo o porción de ropa atada'). La expresión *sacar a volar* equivale a 'estrenarse, hacer algo por primera vez', pero también 'dar a conocer algo'. Los enfermos se bañan de noche para no ser vistos (aunque también parece haber una alusión a sus encuentros sexuales con prostitutas).

83 *en poca agua*: toma en sentido literal la frase hecha *ahogarse en poca agua* ('preocuparse por cosas de poca importancia'): la *doncella* ('mujer virgen') se lava sus partes íntimas con poca agua (es tan escasa que la tiene que *escarbar* a *pellizcos* en vez de sacarla a manos llenas; claro guiño a la masturbación).

85 *en carnes*: 'desnuda', pero 'sin carne' (por lo flaca), ya que es como un *miércoles corvillo* (nombre popular del Miércoles de Ceniza), en que hay que abstenerse de comer carne.

87 *carnaval*: período que antecede a la Cuaresma. Se festejaba con exceso de comidas y bebidas. La *gorda*, al revés que la *flaca*, tiene abundancia de carnes; las *mazas* son los palos o huesos que durante el carnaval se ataban a la cola de los perros y gatos por diversión.

88 *entresijo*: 'mesenterio', pero coloquialmente se usaba para indicar la parte inferior del vientre. La *maza* era también el palo u otra cosa pesada usada para sujetar a los monos. La *gorda* lleva colgando de la barriga mucha carga (grasa).

89 *fregonas*: término despectivo para indicar a la 'criada que friega los platos y se dedica a las labores más pesadas en una cocina'. Era un puesto muy humilde y se asociaba a menudo con la prostitución, de ahí que estas jóvenes desnudas (*adanismo*; como Adán en el Edén) se comparen con cerdos; *piara*: 'manada de cer-

dos'; *perniles*: 'anca y muslo del cerdo', pero también las 'piernas' regordetas de las fregonas que pretenden competir (*compitiendo*) con la gloria y prestigio (*blasones*) del *tocino*.

94 *granados*: 'distinguidos' y 'llenos de granos (por la *sarna*)' (dilogía); juega también con los 'granos' de *trigo*.

96 *beninos*: 'benignos'; paronomasia con *veninos* ('venenosos, contaminados', por la sarna).

98 *enfalda*: 'recoge las faldas'. En las sátiras de la época los abogados (*jurisperito*) son a menudo objeto de burlas por sus largas y ostentosas barbas (*barbón*; *bigotes*). Aquí vemos como un letrado decide recogérselas para que no se enreden (*en racimos*) y se embarren (las *cazcarrias* son las 'manchas de lodo que se juntan en la ropa que va cerca del suelo') en el escaso y lodoso cauce del Manzanares.

101 *enaguas*: 'falda interior abultada, generalmente de lino, que cubría de la cintura a los tobillos'. O sea, que esta mujer va desnuda de la cintura para arriba (no lleva camisa). La *vieja* es un personaje muy satirizado en el siglo XVII, identificada a menudo con alcahuetas y brujas, como en estos versos.

105 *tenedor*: en la época los tenedores tenían solo dos púas, comparadas aquí con las piernas flacas de la vieja.

107 *bizazas*: 'alforjas de cuero curtido'.

112 *marimanta*: fantasma que forma parte del folclore y que se invocaba para asustar a los niños.

114 *coritos*: 'modo despectivo de apodar a los asturianos'. Tanto estos como los franceses (*gabachos*) solían asociarse con trabajos humildes, aquí representados por los *azadones* (indican labores rurales, pero eran usados también para recoger basura y desperdicios) y las *espuertas* ('capacho para transportar cosas'). Los *esportilleros* se ganaban la vida cargando materiales y objetos para otras personas. Era una profesión vinculada a menudo con el hampa. Asimismo, los *azadones* eran empleados por los *sepultureros* para cavar fosas, lo cual se vincula con la agudeza del verso siguiente.

115 *agua*: se alude a la reputación de borrachos que compartían los franceses y los asturianos en las sátiras de la época. Estos beben ('sepultan') vino malo 'aguado' de las tabernas usando vasos

de *vidro* ('vidrio'), donde flotan moscas y mosquitos (como si quedaran atrapados en *telarañas*). Era proverbial la afición de estos insectos al vino e incluso se creía que se engendraban en él. De hecho, en el lenguaje de germanía *mosquito* equivale a 'borrachera' o 'borracho'.

118 *en piernas*: sin medias, descalzo; *mizos*: 'gatos', en lenguaje de germanía significa 'ladrón'.

121 *rocines*: el rocín es, por definición, un caballo de mal aspecto y flaco, rasgos intensificados por la asociación con los *redrojos*: 'racimos pequeños y de pocas uvas' y, por extensión, 'menudo, poco desarrollado'.

125 *prebendados*: 'canónigo o racionero' (el que goza de una *prebenda*: 'renta o beneficio eclesiástico').

125-128 *galameros*: 'golosos' en la mirada (*atisbo*), pues desde la altura de sus mulas intentan ver a mujeres medio desnudas (*descuidos*) mientras se bañan, con la misma ansiedad (*con el ojo tan largo*) del que come golosinas a hurtadillas (*galosmeando*, variante de *golosmeando*).

129-132 *en menudos*: 'monedas pequeñas y de poco valor, calderilla'. La reputación de avariciosos y corruptos de los *alguaciles* (ministros de justicia) era proverbial, de ahí su comparación con Poncio Pilato, como se destaca en estos versos, donde se los describe a la caza de pendencias y reyertas de las que poder sacar tajada extorsionando a los reos que detenían; *avizorar*: 'mirar con cuidado'.

133 *de rebozo*: 'camuflado, disfrazado'. La sátira contra los médicos estaba muy extendida, y se les solía caracterizar como matasanos interesados e ignorantes. Aquí el doctor toma nota de todos aquellos que comen alimentos considerados perjudiciales y que pronto podrían convertirse en sus pacientes.

137 *Narciso*: personaje mitológico, famoso por su belleza, que se ahogó al intentar abrazar su reflejo en el agua. Pero como el río Manzanares está seco, la *zagala* cortejada por la voz poética no puede ver su reflejo.

141 *ampo de la nieve*: expresión que sirve para destacar la extremada blancura de algo. Aquí sirve para ponderar la blancura de la tez de la zagala usando una metáfora de raigambre petrarquista a

la que siguen otras semejantes, como por ejemplo ojos-*orientes* ('soles'), cabellos rubios-*minas de los indios* (de oro).

144 *Non plus ultra*: lema latino ('no más allá') que indicaba los límites conocidos de la tierra, que se solía situar en el estrecho de Gibraltar (columnas de Hércules). Esta dama es el no va más de la hermosura.

147 *pechugas*: las imágenes petrarquistas sufren un quiebro burlesco al introducir un término coloquial para establecer una comparación entre el cabello rubio y los rayos del sol.

149-152 *llamas y nieve*: con una imagen típicamente petrarquista, la belleza de la zagala es tal que reconcilia los opuestos (*llamas y nieve*) en su cuerpo (*edificio*): es tan hermosa que hasta el desdén (*hielo*) cede a la pasión (*volcán*) y, a la vez, es tan mesurada que el calor extremado del deseo (*volcán*) se modera y se templa como en primavera (*florido*). Es probable que la imagen del *volcán* posea aquí un valor erótico añadido ('vulva'). De modo que *florido* (en germanía significa 'rico') podría ser una alusión a los beneficios económicos que la dama recibe de su actividad sexual y también al vello púbico.

154 *cantáridas*: insectos que se empleaban con fines terapéuticos y afrodisíacos. La dama es tan sensual que el agua se excita con solo tocarla.

157-160 *escarpín*: 'funda de lienzo para cubrir el pie, que se ponía debajo de la media o calza'. El Manzanares está tan seco (*charco*) que su menguado cauce sirve apenas para cubrirle un pie a la muchacha hasta el tobillo. Pero el agua, movida a lujuria, no se contenta con ello e intenta alcanzar otras partes de su cuerpo.

161 *Bailar el agua delante*: 'complacer a alguien en todo'; frase hecha que aquí se usa con sentido literal.

166 *en él*: se refiere a todas las personas que ve en el río Manzanares.

170 *papahígo*: 'pasamontañas'; hipérbole: debido a la falta de su amada y su belleza, el Manzanares ya puede ocultarse (*arrebócese*) y secarse.

172 *fuente del paraíso*: el libro del Génesis describe un río, conocido popularmente como la fuente del paraíso, donde nacen los cuatro ríos mayores de la tierra: Pisón, Guihón, Hidekel (Tigris)

y Éufrates. Además, hay un chiste obsceno, puesto que *fuente* en germanía es sinónimo de 'vulva'.

175 *tres años*: el editor del *Parnaso español*, González de Salas, anota aquí: «Hacía la cuenta de todo el tiempo que en su vida había pasado en prisión». Quevedo estuvo preso en San Marcos de León desde diciembre de 1639 a junio de 1643, y se estima que durante su vida pasó unos quince años desterrado o encarcelado.

177 *año enero*: en León hace tanto frío que siempre es enero (invierno), aunque los meses vayan pasando y cambiando de nombre (*remudar apellidos*).

179 *capona*: de *capón*, 'castrado'. La primavera es tan mermada y fría que no consigue siquiera que florezca (fecundar) un lirio. Hay además un juego sobre la *capona*: 'llave honoraria del gentilhombre de cámara del rey', que tenía solo un valor simbólico y no servía para *abrir* ninguna puerta.

182 *cachirríos*: neologismo burlesco a partir de *cachidiablos*: 'actores disfrazados de diablillos'.

184 *meninos*: 'pajes que entran a servir en palacio de niños'. Los ríos de León y Zamora aquí mentados son afluentes (*meninos*) directos e indirectos del Duero.

185 *talega*: 'saco o bolsa ancha usada para transportar cosas'. Dichas mujeres van vestidas con prendas muy toscas.

187 *artesa*: 'cajón de madera usado para amasar el pan'; *cordobán*: 'cuero adobado' que se usa para fabricar calzados. Estas mujeres tienen pies muy grandes y calzan zuecos en vez de zapatos.

Hasta aquí [...] *yo tuve*: González de Salas incluye este comentario al final del poema en su edición del *Parnaso español*.

Sonetos pastoriles

En este apartado y los dos que le siguen se recogen poemas que figuran dentro de la colección publicada por el sobrino y heredero de Quevedo, Pedro Aldrete, en 1670: *Las tres Musas últimas castellanas. Segunda cumbre del Parnaso español*. Como anuncia la portada, este volumen constituye la segunda parte del *Parnaso español* de 1648, editado por José Antonio González de Salas, donde figuraban las primeras seis secciones (*Musas*) de las obras poéticas quevedianas. Los textos incluidos por Aldrete en este libro carecen de la fiabilidad y cuidado que tenían los del *Parnaso español*, probablemente porque a Quevedo no le dio tiempo a revisarlos y organizarlos antes de morir en 1645. Entre las poesías de *Las tres Musas* se encuentran repeticiones e incluso composiciones apócrifas. Además, el criterio genérico que predomina en la estructura del *Parnaso español* es bastante menos coherente en esta segunda entrega llevada a la imprenta por Aldrete.

La séptima *Musa* se abre con un grabado que representa a Euterpe, a quien va dedicada, donde se la pinta sentada y con un paisaje arcádico al fondo poblado de pastores y faunos. Las redondillas al pie del grabado, atribuidas a D. M. C. (iniciales en las que Astrana Marín creyó reconocer al duque de Medinaceli, amigo y protector del escritor), indican que estas poesías cantan «Toda pasión amorosa», aunque en esta sección caben, en realidad, poemas muy variados (morales, de elogio e incluso burlescos). Dentro de este conjunto de textos, uno de los subapartados de la séptima *Musa* más originales y más desatendidos por la crítica lo constituye una serie de veintitrés *Sonetos pastoriles* (pp. 11-25) identificados como grupo coherente ya desde el epígrafe que los encabeza: «Sonetos que llamó el autor pastoriles y los dedicó a la musa Euterpe». Son las composiciones que mejor reflejan el contenido bucólico del grabado de Euterpe en esta sección de *Las tres Musas*, y ofrecen uno de los más acabados ejemplos de poesía bucólica dentro del corpus de Quevedo. De aquí se toman los seis poemas recogidos en este apartado de la antología. La mayor dificultad para el lector moderno radica sobre todo en dos aspectos. En primer lugar, sus a menudo intrincados razonamientos amorosos, que se manifiestan a través de una sintaxis un tanto compleja; cuestión a la que se atiende en las notas al pie de cada poema, donde se procuran explicar y parafrasear las oraciones y nexos lógicos menos claros. En segundo lugar, la comprensión del contexto cultural y literario del que provienen, cuyas convenciones tienen una larga historia.

La poesía pastoril gozó de gran difusión en los siglos XVI y XVII. Su origen se remonta a la tradición clásica, sobre

Musa Euterpe, grabado que aparece en *Las tres Musas últimas castellanas. Segunda cumbre del Parnaso español*, editada por el sobrino de Quevedo, Pedro Aldrete, en 1670.

todo a los *Idilios* del autor griego Teócrito (que vivió entre los siglos IV y III a. C.) y a las *Bucólicas* (término derivado del griego *boukólos*, 'boyero') de Virgilio (70-19 a. C.), que dejó constancia del mundo rural también en sus *Geórgicas*, donde habla de los cultivos, la agricultura y el cuidado del ganado. El peso y la influencia de Virgilio durante la Edad Media y el Renacimiento fueron enormes y culminaron con la *Arcadia*, primera novela pastoril moderna compuesta a finales del siglo XV por el escritor napolitano Iacopo Sannazaro (1458-1530) y publicada en 1504. En ella se codifica definitivamente la asociación, que se remonta a Virgilio, entre la idealización de la naturaleza en el género bucólico y la región griega de la Arcadia: la legendaria patria del dios Pan, inventor del instrumento conocido como siringa (especie de zampoña vinculada con el ámbito rural). Las *Bucólicas* y la *Arcadia* constituyen, pues, el tejido literario a partir del cual se desarrollaron la mayoría de los relatos y poesías pastoriles renacentistas, con Garcilaso de la Vega y sus tres *Églogas* a la cabeza. Pese a sus evidentes diferencias, estos textos comparten unos aspectos comunes que cabe destacar a la hora de establecer las características generales del cauce bucólico.

Los protagonistas de estas obras son siempre pastores idealizados cuya labor en el campo es un telón de fondo sobre el que se desarrolla la que es, en realidad, su actividad principal: componer y cantar poemas amorosos. Casi todos estos personajes sufren por algún tipo de desengaño sentimental o porque su amada o amado no les corresponde en los afectos, y lo expresan en versos que recuerdan de cerca el estilo de la tradición petrarquista que ya encontramos en el cuarto apartado de esta antología. Dentro de estas composiciones, el pastor y la pastora son individuos sofisticados, que a menudo encubren bajo un disfraz bucólico a personajes reales, generalmente cortesanos (muchos relatos pastoriles son en efecto textos *en clave*), y se definen por su talento literario y su estatismo. A diferencia de los relatos picarescos, los pastores casi nunca viajan ni se desplazan: una vez establecidos en Arcadia o en un espacio equivalente, se quedan allí, segregados del mundo real. De hecho, se suele definir el género pastoril como escapista, un cauce en el que llega hasta sus últimas consecuencias el enfrentamiento tradicional entre la ciudad y el campo. La primera es habitualmente representada como un lugar sobrepoblado en el cual predominan la corrupción y el materialismo, mientras que el segundo es un espacio donde los seres humanos todavía pueden vivir en armonía con la naturaleza y no se preocupan por el dinero u otras necesidades básicas. Pastores y pastoras coexisten, pues, en una especie de mítica Edad de Oro, donde no necesitan trabajar y donde casi no se conocen la enfermedad ni la muerte.

Sin embargo, esta lectura es cierta solo en parte. Ya desde las *Bucólicas* virgilianas, el género pastoril incluye no solo a personajes reales «disfrazados» de pastores, sino también acontecimientos contemporáneos donde se registran conflictos sociales y políticos. Por ejemplo, Virgilio describe las perniciosas consecuencias de la guerra civil en Roma, mientras que Sannazaro alude a la guerra de Nápoles (1501-1504) y a su exilio en Francia. Además, no faltan textos pastoriles donde se reconocen sombras de oscuros presagios, ideas de suicidio, odios y sed de venganza. Estas pulsiones negativas se manifiestan también en la cultura visual de los siglos XVI y XVII, especialmente a través del motivo conocido como *Et in Arcadia ego* ('Yo también estoy en la Arcadia'), que se encuentra en cuadros de pintores como Guercino o Nicolas Poussin, donde esta inscripción latina campea sobre tumbas o junto a calaveras situadas en un ámbito natural idílico y rodeadas de pastores que las miran sorprendidos. En consecuencia, y paradójicamente, el mundo arcádico puede ser tanto un refugio contra los males de la sociedad en la que nos toca vivir como un medio para destacar que no es posible huir de ellos, puesto que perviven y nos hostigan incluso en un contexto aparentemente sublime como el que ofrece la tradición pastoril.

En los sonetos de Quevedo predomina la vertiente sentimental e idealizada, aunque sus disquisiciones sobre el amor no excluyan el dolor y la muerte. El escritor construye un escenario dominado por la nostalgia del mundo clásico, poblado de personajes literarios cuyos nombres remiten a menudo a modelos griegos y romanos (Alexi[s] y Coridón, por ejemplo, evocan la segunda égloga de Virgilio). Sus pastores entablan un sutil diálogo entre sus emociones y la naturaleza que los rodea, convirtiendo fuentes y ríos en sofisticados artilugios verbales donde las fronteras entre lo natural y lo artificial se difuminan. De este modo, los poemas quevedianos nos devuelven a dos pasados idealizados: el grecorromano, en el ámbito literario, y el de la Edad de Oro, por lo que respecta a la sociabilidad entre individuos y a su forma de estar en el mundo. Son sonetos que nos transportan a un tiempo fuera del tiempo, pasado y a la vez eterna e inevitablemente presente. El poeta compone versos como un artista griego hubiera esculpido bajorrelieves en un templo antiguo. En ellos predominan la armonía y la belleza, pero también sus correlatos más sombríos, casi como si nos quisiera recordar en cada verso que lo hermoso lo es precisamente porque no dura, por esa fragilidad eterna que pasa delante de nuestros ojos como los ríos de la Arcadia y el melancólico asombro que sentimos al ver crecer la hiedra sobre las ruinas de una acrópolis.

85

A Lísida, pidiéndole unas flores que tenía en la mano y persuadiéndola imite una fuente

Ya que huyes de mí, Lísida hermosa,
imita las costumbres desta fuente
que huye de la orilla eternamente
y siempre la fecunda generosa.

Huye de mí cortés y, desdeñosa,   5
sígate de mis ojos la corriente;
y, aunque de paso, tanto fuego ardiente
merézcate una hierba y una rosa.

Pues mi pena ocasionas, pues te ríes
del congojoso llanto que derramo   10
en sacrificio al claustro de rubíes,

perdona lo que soy por lo que amo;
y cuando, desdeñosa, te desvíes,
llévate allá la voz con que te llamo.

* * *

2 *fuente*: aquí con el sentido de 'manantial natural de agua que brota de la tierra'. El agua brota (*huye de la orilla*) sin cesar y, al mismo tiempo, riega y hace florecer la zona que rodea la boca por la que sale.
6 *la corriente*: su llanto.

8 *merézcate*: el amor *ardiente* del emisor del poema 'merece' ser re-compensado con *hierba* y flores (*rosa*); esto es, el enamorado pide una mínima gratificación por sus desvelos.

11 *en sacrificio*: su llanto es como una ofrenda a la amada, aquí divi-nizada por su belleza sin par; *claustro*: 'espacio cerrado, receptácu-lo'; esto es, la boca de Lísida (los labios se identifican con *rubíes*).

86

Con ejemplo del invierno imagina si será admitido
su fuego del hielo de Lisi

Pues ya tiene la encina en los tizones
más séquito que tuvo en hoja y fruto,
y el nubloso Orión manchó con luto
las otro tiempo cárdenas regiones;

pues perezoso Arturo y los Triones   5
dispensan breve el sol, y poco enjuto
y con imperio cano y absoluto
labra el hielo las aguas en prisiones;

hoy que se busca en el calor la vida
gracias al dueño invierno, amante ciego,   10
a quien desprecia amor y Lisi olvida,

al hielo hermoso de su pecho llego
mi corazón por ver si, agradecida,
se regala su nieve con mi fuego.

*   *   *

2 *más séquito*: debido al frío del invierno, la *encina* (madera) atrae
a más gente ahora que sirve para alimentar hogueras y chimeneas
(*tizones*) de lo que hacía cuando era árbol (*en hoja y fruto*).
3 *Orión*: constelación que se muestra en la época invernal en el
hemisferio norte, oscureciendo (*luto*) las *regiones* en verano cal-
deadas por el sol (*cárdenas*).

5 *Arturo y los Triones*: *Arcturus* o 'el cuidador de la osa' en griego, estrella así llamada por su cercanía con la Osa Mayor o Carro, constelación conocida también con el nombre de *Triones* o 'bueyes' en griego, que se refiere a las siete estrellas mayores que se creía tiraban del 'carro'. Estos versos, llenos de referencias clásicas y astronómicas, sirven para describir un paisaje frío y nocturno.

6 *dispensan*: 'destilan, distribuyen con parsimonia'. La oscuridad y el frío limitan la acción del sol; *poco enjuto*: 'grueso, espeso' por referencia al *hielo* que va congelando las aguas convirtiéndolas en *prisiones* de sí mismas (al quedar inmovilizadas).

10 *dueño*: el soneto conceptualiza la oposición *frío* (muerte / desdén amoroso) vs. *calor* (vida / pasión amorosa). Durante el invierno, época del año dominada por el frío (*dueño*), toda criatura procura sobrevivir (*la vida*) acogiéndose al calor. Del mismo modo, el emisor se presenta como *amante ciego* (desdeñado) cuyo ardor pasional (*mi fuego*) es ofrecido a la gélida amada (*su nieve*) como refugio posible ante los rigores invernales.

14 *regala*: 'derrite'.

87

Culpa a Flor de injusta en el premio de su favor
con el ejemplo de una vaca pretendida en el soto.
Es imitación de Virgilio en las Geórgicas

¿Ves gemir sus afrentas al vencido
toro y que tiene, ausente y afrentado,
menos pacido el soto que escarbado
y de sus celos todo el monte herido?

¿Vesle ensayar venganzas con bramido   5
y en el viento gastar ímpetu armado?
¿Ves que sabe sentir ser desdeñado
y que su vaca tenga otro marido?

Pues considera, Flor, la pena mía,
cuando por Coridón, pastor ausente,   10
desprecias en mi amor mi compañía.

Ofreciose la vaca al más valiente
y con razón premió la valentía:
tú me desprecias, Flor, injustamente.

* * *

Geórgicas: Quevedo se inspira en el libro III de las *Geórgicas* don-
de Virgilio habla de los efectos de la lujuria en el ganado y de los
enfrentamientos entre los toros que esta acarrea. En concreto,
este soneto retoma los vv. 224-41, en los cuales se describe el su-

frimiento de los toros derrotados en lides amorosas y su deseo de venganza. Esto le permite a Virgilio establecer un paralelismo entre las reses y los seres humanos, pues, según él, todas las criaturas padecen del mismo modo por amor (v. 244).

3 *escarbado*: el toro, furioso y desdeñado, en vez de alimentarse del pasto (*pacido*) se dedica a escarbar el suelo (*escarbado*; *herido*).

10 *Coridón*: nombre literario de pastor muy frecuente en la tradición bucólica, usado tanto por Teócrito en sus *Idilios* como por Virgilio en sus *Bucólicas*.

88

Con el ejemplo del fuego enseña a Alexi, pastor, cómo se ha de resistir al amor en su principio

¿No ves, piramidal y sin sosiego,
en esta vela arder inquieta llama
y cuán pequeño soplo la derrama
en cadáver de luz, en humo ciego?

¿No ves, sonoro y animoso, el fuego   5
arder voraz en una y otra rama
a quien, ya poderoso, el soplo inflama
que a la centella dio la muerte luego?

Ansí pequeño amor recién nacido
muere, Alexi, con poca resistencia   10
y le apaga una ausencia y un olvido;

mas, si crece en las venas su dolencia,
vence con lo que pudo ser vencido
y vuelve en alimento la violencia.

*   *   *

8 *luego*: 'rápidamente, en seguida'.
10 *Alexi*: Alexis (o Alexi, como figura en este soneto) es un nombre pastoril hecho memorable por Virgilio en la segunda de sus *Bucólicas*, donde aparece como un joven esclavo amado por Coridón; *resistencia*: como el fuego, el amor es frágil en sus comienzos y necesita de estímulos y una buena dosis de *resistencia* ('desdén') para fomentar la llama del deseo. De no ser así, su pasión se agota antes de nacer.

89

Habiendo llamado a su zagala «aurora»
pide a la del cielo que se detenga
para ver en ella el retrato de su misma zagala

Tú, princesa bellísima del día,
de las sombras nocturnas triunfadora,
oro risueño y púrpura pintora,
del aire melancólico alegría,

pues del sol que te sigue y que te envía   5
eres flagrante y rica embajadora;
pues por ennoblecerte llamé aurora
la hermosa sin igual zagala mía,

ya que la noche me privó de vella
y esquiva mis dos ojos, piadosa,   10
entretenme su imagen en tu estrella.

Niégale al sol las horas, no invidiosa
su llama que tus luces atropella;
esconde en ti su ardiente nieve y rosa.

*   *   *

3 *púrpura*: ya Homero decía que la aurora tenía los 'dedos rosados'.
Estos primeros versos están cargados de imágenes sensoriales que
describen su aparición como algo que despierta sentimientos positi-
vos y vitales anunciando (*embajadora*) la llegada de la luz del sol.

6 *rica*: por su *oro* y también porque la *púrpura* era un pigmento costoso que se asociaba con prendas de lujo.

7 *por ennoblecerte*: hipérbole; generalmente, en la poesía petrarquista la comparación entre la amada y las estrellas o el sol se utiliza para exaltar la belleza de la mujer. Pero, en este caso, la hermosura de la zagala descrita por el emisor del soneto es tal que las proporciones se han invertido y es la aurora la que se beneficia de este símil.

10 *piadosa*: referido a la aurora, no a la zagala que lo desdeña (*esquiva mis dos ojos*). Como indica el epígrafe del poema, la aurora tiene compasión del amante despechado y le deja ver en su rostro el de la amada (*entretenme su imagen en tu estrella*).

12-13 'No dejes que salga el sol, cuya luz sustituiría por completo la tuya, de manera que sus rayos no se demuestren envidiosos de *tus luces*'.

14 *su ardiente*: referido a la zagala y a su belleza (*nieve* y *rosa* son imágenes petrarquistas usadas frecuentemente para destacar la blancura de la tez de la amada y el color rosado de sus mejillas y labios).

90

A una fuente donde solía llorar los desdenes de Flori

Esta fuente me habla, mas no entiendo
su lenguaje ni sé lo que razona;
sé que habla de amor y que blasona
de verme, a su pesar, por Flori ardiendo.

Mi llanto, con que crece, bien le entiendo,   5
pues mi dolor y mi pasión pregona;
mis lágrimas el prado las corona,
vase con ellas el cristal riendo.

Poco mi corazón debe a mis ojos,
pues dan agua al agua y se la niegan   10
al fuego que consume mis despojos.

Si no lo ven, porque llorando ciegan,
oigan lo que no ven a mis enojos:
déjanme arder y la agua misma anegan.

* * *

3 *blasona*: 'se complace, se jacta'.
4 *a su pesar*: a pesar de Flori, porque se trata de un amor no co-
rrespondido por ella (le resulta un incordio). Como se deduce cla-
ramente del texto, la fuente no siente ningún *pesar* por el amante
desdichado.

5 *crece*: la fuente crece con el llanto del amante desdeñado.

7 *las corona*: 'las cerca, las rodea'.

8 *riendo*: el agua (*cristal*) de la fuente se mofa de su dolor (como ya se aludía en el v. 3 con el verbo *blasonar*).

9 *debe*: las lágrimas del amante no sirven para aplacar las penas de su *corazón*: con ellas alimenta el agua de la fuente, pero no consigue apagar el fuego de su pasión; idea que se reitera en el último verso.

12-13 'Si mis ojos no consiguen ver (comprender) el motivo de mis *enojos*, puesto que se les nubla la vista de tanto llorar, oigan por lo menos mis quejas al respecto'. La causa de estos *enojos* se aclara en el último verso. El amante culpa a sus ojos de su dolor: 'me dejan arder (me hacen sufrir) y llorar tanto que hasta el agua de la fuente se ahoga (*anegan*) al recibir tantas lágrimas mías' (hipérbole). El llanto no le sirve de consuelo, sino que acrecienta su pena.

Silvas

La octava *Musa* del libro de poemas de Quevedo publicado por su sobrino Pedro Aldrete en 1670, *Las tres Musas últimas castellanas*, contiene textos heterogéneos que pertenecen a géneros y cauces métricos diferentes. Dentro de este conjunto, el grupo más numeroso y coherente lo constituye una colección de *Silvas* escritas y revisadas por Quevedo a lo largo de varias décadas. La silva es un tipo de poema no estrófico (como el romance, por ejemplo) que se desarrolló en España a finales del siglo XVI y que consiste en la combinación continuada y libre de versos de once sílabas (endecasílabos) y de siete sílabas (heptasílabos) no sujetos a rima (aunque también puedan rimar si el autor lo desea). Esta forma métrica representa una de las aportaciones más innovadoras de la poesía hispana de esta época y fue usada por varios autores del siglo XVII para escribir algunas de sus composiciones más originales y ambiciosas, entre las que destacan las *Soledades* (1613-1614) de Luis de Góngora.

Es asimismo importante tener en cuenta que en el siglo XVII la etiqueta «silva» podía hacer referencia a dos modalidades literarias diferentes, pero a su vez complementarias. Además de ser un tipo de poema no estrófico, como ya se ha indicado, la silva era un género poético que se remontaba a la tradición clásica (como las églogas o las odas, por ejemplo) y, en particular, al escritor romano Estacio (siglo I d. C.). Su libro de *Silvae* incluye treinta y dos poemas líricos de extensión variada y con un tono marcadamente circunstancial. En ellos se celebran bodas (epitalamios) y nacimientos (genetlíacos) de algunos de los miembros de la clase patricia romana, además de describir sus lujosas residencias, sus adornos, obras de arte y hasta sus animales de compañía. Uno de los recursos más destacados de las *Silvae* es precisamente la écfrasis, que consiste en la descripción detallada de paisajes y objetos, especialmente obras de arte, y que ya habíamos encontrado en algunas composiciones del primer apartado de esta antología dedicado a los *Poemas encomiásticos*.

El cauce genérico de la silva se siguió desarrollando durante el Renacimiento, tanto en latín como en otras lenguas vernáculas. Quevedo debió conocer muchos de estos textos y seguramente había leído con atención los poemas estacianos (en la biblioteca de la Universidad de Princeton se conserva un ejemplar impreso de las obras de Estacio que fue de su propiedad y contiene muchas anotaciones de su puño y letra en las *Silvae*). En las silvas quevedianas se encuentran imitaciones directas del escritor romano (*El sueño*, por ejemplo, traduce en parte el *Somnus* estaciano; V, 4) y otras que siguen muy de cerca los temas y motivos de las *Silvae*: hay silvas dedicadas a las ruinas de Roma, a relojes de arena, de sol, de campanilla, al pincel y la pintura, a una nave y a una casa de campo. Estos poemas, eminentemente descriptivos, se ocupan también de temas amorosos y morales (la soberbia, el escarmiento, la codicia), dando así lugar a una colección muy variada y en la que se debaten problemas éticos y existenciales. A esta variedad temática le corresponde también la formal. Los textos quevedianos están escritos como silvas métricas (combinación libre de heptasílabos y endecasílabos), pero también figuran otros esquemas, como el sexteto, la canción, la octava, el romance, el terceto y la quintilla. El *Himno a las estrellas*, por ejemplo, es una variante (aBABCC) respecto a la sextina petrarquista y al sexteto lira (también conocida como estrofa alirada).

Toda esta riqueza de contenidos y cauces poéticos puede explicarse como la síntesis de la tradición y de la modernidad en la que Quevedo plasma un modelo literario romano a través de formas hispanas, a la vez que dialoga con algunos de los autores contemporáneos considerados entonces más vanguardistas. Pensemos, por ejemplo, en el ya mentado *Himno a las estrellas*, imitación directa del *Inno alle stelle* del escritor italiano Giovan Battista Marino (1569-1625) y que también toma prestadas imágenes del *Polifemo* de Góngora. Esta base moderna, sin embargo, se construye sobre el género del himno, considerado en el Renacimiento como una de las formas más arcaicas de expresión poética en los orígenes de la civilización griega. El resultado es impactante: las silvas de Quevedo son textos de una gran densidad literaria, formados por varias capas de referencias a obras pertenecientes a tiempos y tradiciones muy dispares, y llenos de momentos hondamente líricos donde el pasado le da la mano al presente y, en cierta medida, al futuro. En este sentido, pueden recordar hasta cierto punto experimentos como los del *Romancero gitano* (1928) de Federico García Lorca, donde la forma tradicional del romancero medieval se combina con recursos propios de las vanguardias artísticas de comienzos del siglo XX, sobre todo el surrealismo.

No es exagerado, pues, definir las silvas como uno de los desafíos literarios más ambiciosos e innovadores de Quevedo. Los seis textos escogidos para este apartado ofrecen una buena muestra de su riqueza artística e intelectual. Por ejemplo, en *El sueño* y *El reloj de arena* se combinan el motivo tradicional de la poesía lírica del amante desvelado por la pena de sus sentimientos no correspondidos con otros de carácter moral en los que se destaca la ansiedad causada por la percepción de la brevedad de la vida y el dolor existencial que supone encararse a la condición humana. Esta simbiosis se aprecia claramente en el primer poema, donde el emisor del texto se dirige al sueño personificado bajo el semblante de un amante esquivo cuyo desdén hay que aplacar. El espectro que habita estos versos es el de la paz interior, presentada como una quimera inalcanzable. *El reloj de arena*, por otro lado, simboliza casi de forma perversa el masoquismo del ingenio humano, capaz de concebir un artefacto diseñado para recordarnos en cada momento el inexorable paso del tiempo y el acercarse de la muerte[1].

Muchas de las ideas debatidas en las silvas quevedianas poseen un trasfondo filosófico que se vincula a corrientes

---

1. Esta silva, por momentos desgarradora, también dejó su huella en el cantaor flamenco Enrique Morente, que la reinventó en su tema *Reloj molesto* (2003).

de pensamiento muy difundidas a partir del Renacimiento, sobre todo el neoplatonismo y el neoestoicismo. El influjo del primero se reconoce en el *Himno a las estrellas*. Según la teoría expuesta en el *Timeo* (41d-42d), Platón explica cómo al principio de los tiempos el demiurgo (el «Dios» platónico) creó las almas y colocó a cada una en una estrella. A continuación, los espíritus se encarnaron en los cuerpos de los seres humanos y fueron a habitar la tierra, donde tienen que superar una serie de reencarnaciones hasta purificarse y merecer su regreso a los astros. Este contexto explica la invocación a las estrellas dentro de la silva: «si amasteis en la vida / y ya en el firmamento estáis clavadas, / pues la pena de amor nunca se olvida» (vv. 49-51). En los siglos XVI y XVII, junto con el redescubrimiento de las obras de Platón, se llevó a cabo también un importante estudio de la obra de autores estoicos griegos, como Epicteto, y romanos, como Séneca, cuyas ideas se hicieron a menudo coincidir con las del cristianismo: el rechazo de los bienes materiales, la entereza frente a las adversidades de la vida, etc. Quevedo tradujo obras de ambos pensadores y desarrolló sus postulados en numerosas composiciones. Concretamente, la silva *Alaba a la calamidad* parece arrancar de una exhortación atribuida a Epicteto, retomada también por Quevedo en otros textos: «Plue, Iupiter, super me calamitates» [Júpiter, llueve calamidades sobre mí]. El escritor español desarrolla los argumentos estoicos, superponiéndolos a otros cristianos (presentando al emisor del poema como un nuevo Job) en un poema que se lee como un elogio paradójico de la calamidad, enviada del cielo para fortalecer el espíritu de los seres humanos capaces de encararse a ella sin miedo al dolor ni a la muerte que acarrea.

La muerte, el paso del tiempo y sus estragos dan pie a otro motivo muy frecuente en los siglos XVI y XVII: la poesía de ruinas. La silva *A los huesos de un rey que se hallaron en un sepulcro, ignorándose, y se conoció por los pedazos de una corona* es una clara muestra de su importancia en la época, que enlaza con el de la vanidad de la vida y el *memento mori* («recuerda que has de morir»), cuya máxima expresión es la calavera, tan presente en textos y pinturas barrocas. La figura de los restos mortales de un rey imaginario que protagoniza esta silva va cargada también de contenidos políticos. Si bien es cierto que el poder igualador de la muerte que a todos alcanza, incluidos los monarcas, es un tópico más que manido, no deja de sonar aquí como una admonición dirigida a reyes y cortesanos contemporáneos. Por otro lado, pese al pesimismo que impera en estos versos, lo cierto es que unas ruinas y una calavera son también huellas de un recuerdo, un resto de memoria no completamente borrado por el paso de los años. No todo se corrompe y desvanece.

De este modo, la silva *El pincel* constituye, idealmente, casi un antídoto *A los huesos de un rey*, puesto que destaca el poder que tiene el arte para derrotar a la muerte y el olvido. En estos versos se encuentran varias reflexiones sobre la pintura que, en buena medida, se inspiran en otro texto moderno compuesto por el poeta francés Rémy Belleau (1528-1577), *Le pinceau*, quien, a su vez, imitaba la oda XXVIII de las *Anacreónticas*: colección de poemas griegos tradicionalmente atribuidos a Anacreonte (siglos VI y V a. C.), pero en realidad escritos por varios autores anónimos siglos después de su muerte. Este encuentro entre pasado y presente da a su vez pie a una discusión sobre teoría del arte que abarca también a algunos pintores renacentistas (Miguel Ángel y Rafael) y, sobre todo, a un apartado muy sugestivo dedicado a Diego Velázquez. El pincel es, pues, una imagen que encarna la capacidad casi mágica de los artistas para dar vida a lo inanimado y crear ficciones que generan emociones sin tiempo, como las silvas quevedianas: «Por ti el lienzo suspira / y, sin sentidos, mira, habla, escucha» (vv. 115-16).

91

El sueño

¿Con qué culpa tan grave,
sueño blando y suave,
pude en largo destierro merecerte
que se aparte de mí tu olvido manso?
Pues no te busco yo por ser descanso,   5
sino por muda imagen de la muerte.
Cuidados veladores
hacen inobedientes mis dos ojos
a la ley de las horas:
no han podido vencer a mis dolores   10
las noches ni dar paz a mis enojos.
Madrugan más en mí que en las auroras
lágrimas a este llano,
que amanece a mi mal siempre temprano;
y tanto, que persuade la tristeza   15
a mis dos ojos que nacieron antes
para llorar que para verte, sueño.
De sosiego los tienes ignorantes,
de tal manera que, al morir el día
con luz enferma, vi que permitía   20
el sol que le mirasen en poniente.
Con pies torpes al punto, ciega y fría,
cayó de las estrellas blandamente
la noche, tras las pardas sombras mudas
que el sueño persuadieron a la gente.   25

Escondieron las galas a los prados
y quedaron desnudas
estas laderas, y sus peñas, solas;
duermen ya, entre sus montes recostados,
los mares y las olas.   30
Si con algún acento
ofenden las orejas,
es que, entre sueños, dan al cielo quejas
del yerto lecho y duro acogimiento
que blandos hallan en los cerros duros.   35
Los arroyuelos puros
se adormecen al son del llanto mío
y, a su modo, también se duerme el río.
Con sosiego agradable
se dejan poseer de ti las flores;   40
mudos están los males,
no hay cuidado que hable:
faltan lenguas y voz a los dolores,
y en todos los mortales
yace la vida envuelta en alto olvido.   45
Tan solo mi gemido
pierde el respecto a tu silencio santo:
yo tu quietud molesto con mi llanto
y te desacredito
el nombre de callado con mi grito.   50
Dame, cortés mancebo, algún reposo;
no seas digno del nombre de avariento
en el más desdichado y firme amante,
que lo merece ser por dueño hermoso:
débate alguna pausa mi tormento.   55
Gózante en las cabañas

y debajo del cielo
los ásperos villanos;
hállate en el rigor de los pantanos
y encuéntrate en las nieves y en el hielo   60
el soldado valiente;
y yo no puedo hallarte, aunque lo intente,
entre mi pensamiento y mi deseo.
Ya, pues, con dolor creo
que eres más riguroso que la tierra,   65
más duro que la roca,
pues te alcanza el soldado envuelto en guerra
y en ella mi alma por jamás te toca.
Mira que es gran rigor; dame siquiera
lo que de ti desprecia tanto avaro   70
por el oro en que alegre considera,
hasta que da la vuelta el tiempo claro,
lo que había de dormir en blando lecho
y da el enamorado a su señora
y a ti se te debía de derecho.   75
Dame lo que desprecia de ti agora,
por robar, el ladrón; lo que desecha
el que invidiosos celos tuvo y llora.
Quede en parte mi queja satisfecha:
tócame con el cuento de tu vara;   80
oirán siquiera el ruido de tus plumas
mis desventuras sumas,
que yo no quiero verte cara a cara
ni que hagas más caso
de mí que hasta pasar por mí de paso;   85
o que a tu sombra negra, por lo menos,
si fueres a otra parte peregrino,

se le haga camino
por estos ojos de sosiego ajenos.
Quítame, blando sueño, este desvelo   90
o de él alguna parte,
y te prometo, mientras viere el cielo,
de desvelarme solo en celebrarte.

* * *

6 *muda imagen de la muerte*: retoma el motivo clásico *somnium imago mortis*, que destaca la semejanza entre el sueño y la muerte debida también a la creencia mitológica según la cual Hypnos (el sueño) era hermano de Thánatos (la muerte).

13 *lágrimas*: compara las lágrimas del protagonista del poema, desdeñado por el sueño, con el rocío de la aurora.

18 *los tienes ignorantes*: los ojos del emisor del poema no consiguen descansar (esto es, 'ignoran el sosiego').

21 *le mirasen en poniente*: los ojos siguen el descenso del sol más allá del horizonte.

22 *al punto*: 'inmediatamente, sin dilación'.

25 *el sueño persuadieron a la gente*: 'las sombras de la noche indujeron a la gente al sueño'.

26-28 *Escondieron las galas*: las sombras de la noche ocultaron la belleza de los *prados* y dejaron las *laderas* y *peñas* vacías, pues los seres vivos se van a dormir.

49 *desacredito*: 'desmiento'.

54 *dueño hermoso*: referirse a la mujer amada con los apelativos masculinos *dueño* o *señor* es un uso que se remonta al código del amor cortés medieval, donde la dama era comparada con un señor feudal al que había que someterse como vasallo.

72 *da la vuelta el tiempo claro*: los avaros se desvelan y pasan la noche pensando en sus riquezas hasta que llega el día.

80 *cuento*: 'extremo, punta'.

81 *plumas*: Hypnos, el dios del sueño, suele representarse tradicionalmente como una figura alada que lleva una vara con la que induce el sueño a los mortales.

92

El reloj de arena

¿Qué tienes que contar, reloj molesto,
en un soplo de vida desdichada
que se pasa tan presto;
en un camino que es una jornada
breve y estrecha de este al otro polo,   5
siendo jornada que es un paso solo?
Que si son mis trabajos y mis penas,
no alcanzarás allá, si capaz vaso
fueses de las arenas
en donde el alto mar detiene el paso.   10
Deja pasar las horas sin sentirlas,
que no quiero medirlas,
ni que me notifiques de esa suerte
los términos forzosos de la muerte.
No me hagas más guerra;   15
déjame, y nombre de piadoso cobra,
que harto tiempo me sobra
para dormir debajo de la tierra.
Pero si acaso por oficio tienes
el contarme la vida,   20
presto descansarás, que los cuidados
mal acondicionados
que alimenta lloroso
el corazón cuitado y lastimoso
y la llama atrevida   25

que amor, ¡triste de mí!, arde en mis venas
(menos de sangre que de fuego llenas),
no solo me apresura
la muerte, pero abréviame el camino;
pues, con pie doloroso,   30
mísero peregrino,
doy cercos a la negra sepultura.
Bien sé que soy aliento fugitivo;
ya sé, ya temo, ya también espero
que he de ser polvo, como tú, si muero,   35
y que soy vidro, como tú, si vivo.

* * *

6 *un paso solo*: retoma el tópico sobre la fugacidad de la vida como camino breve que se recorre entero dando solo un paso.

9-10 *las arenas / en donde el alto mar detiene el paso*: hipérbole; el dolor y las penas del emisor del poema son tan grandes que el reloj de arena (o clepsidra) no puede medirlas, aunque fuera tan grande como para contener toda la arena del fondo marino.

32 *doy cercos*: 'doy vueltas, giro en torno'.

36 *vidro*: 'vidrio'.

93

A los huesos de un rey que se hallaron
en un sepulcro, ignorándose, y se conoció
por los pedazos de una corona

Estas que veis aquí, pobres y escuras
ruinas desconocidas,
pues aun no dan señal de lo que fueron;
estas piadosas piedras más que duras,
pues del tiempo vencidas,   5
borradas de la edad, enmudecieron
letras en donde el caminante junto
leyó y pisó soberbias del difunto;
estos güesos, sin orden derramados,
que en polvo hazañas de la muerte escriben,   10
ellos fueron un tiempo venerados
en todo el cerco que los hombres viven.
Tuvo cetro temido
la mano, que aun no muestra haberlo sido;
sentidos y potencias habitaron   15
la cavidad que ves sola y desierta;
su seso altos negocios fatigaron.
¡Y verla agora abierta,
palacio, cuando mucho ciego y vano,
para la ociosidad de vil gusano!   20
Y si tan bajo huésped no tuviere,
horror tendrá que dar al que la viere.
¡Oh, muerte, cuánto mengua en tu medida

la gloria mentirosa de la vida!
Quien no cupo en la tierra al habitalla   25
se busca en siete pies y no se halla.
Y hoy, al que pisó el oro por perderle,
mal agüero es pisarle, miedo verle.
Tú confiesas, severa, solamente
cuánto los reyes son, cuánto la gente.   30
No hay grandeza, hermosura, fuerza o arte
que se atreva a engañarte.
Mira esta majestad, que persuadida
tuvo a la eternidad la breve vida,
cómo aquí, en tu presencia,   35
hace en su confesión la penitencia.
Muere en ti todo cuanto se recibe
y solamente en ti la verdad vive:
que el oro lisonjero siempre engaña,
alevoso tirano, al que acompaña.   40
¡Cuántos que en este mundo dieron leyes,
perdidos de sus altos monumentos,
entre surcos arados de los bueyes
se ven y aquellas púrpuras que fueron!
Mirad aquí el terror a quien sirvieron: 45
respetó el mundo necio
lo que cubre la tierra con desprecio.
Ved el rincón estrecho que vivía
la alma en prisión obscura y de la muerte
la piedad, si se advierte,   50
pues es merced la libertad que envía.
Id, pues, hombres mortales;
id y dejaos llevar de la grandeza;
y, émulos a los tronos celestiales,

vuestra naturaleza   55
desconoced, dad crédito al tesoro,
fundad vuestras soberbias en el oro;
cuéstele vuestra gula desbocada
su pueblo al mar, su habitación al viento.
Para vuestro contento   60
no críe el cielo cosa reservada
y las armas continuas, por hacerlas
famosas y por gloria de vestirlas,
os maten más soldados con sufrirlas
que enemigos después con padecerlas.   65
Solicitad los mares
para que no os escondan los lugares,
en donde, procelosos,
amparan la inocencia
de vuestra peregrina diligencia,   70
en parte religiosos.
Tierra que oro posea
sin más razón vuestra enemiga sea.
No sepan los dos polos playa alguna
que no os parle por ruegos la Fortuna.   75
Sirva la libertad de las naciones
al título ambicioso en los blasones,
que la muerte, advertida y veladora
y recordada en el mayor olvido,
traída de la hora,   80
presta vendrá con paso enmudecido
y herencia de gusanos
hará la posesión de los tiranos.
Vivo en muerte lo muestra
este que frenó el mundo con la diestra;   85

acuérdase de todos su memoria:
ni por respeto dejará la gloria
de los reyes tiranos
ni menos por desprecio a los villanos.
¿Qué no está predicando   90
aquel que tanto fue y agora apenas
defiende la memoria de haber sido,
y en nuevas formas va peregrinando
del alta majestad que tuvo ajenas?
Reina en ti propio tú, que reinar quieres,   95
pues provincia mayor que el mundo eres.

* * *

3 *aun no*: 'siquiera', como en el v. 14.

6-7 *enmudecieron / letras*: se refiere a la inscripción del sepulcro con el nombre del rey, borrada por el paso del tiempo.

9 *güesos*: 'huesos'.

16 *la cavidad*: alude a la calavera del rey.

19 *cuando mucho*: 'como mucho, a lo sumo'. La calavera es ahora *palacio* para los gusanos, *ciego y vano* porque, literalmente, ya no tiene ojos y está vacío, pero también porque simboliza la vanidad y futilidad de los bienes terrenales.

26 *en siete pies*: 'la fosa'; indica la profundidad a la que están enterrados los restos del rey.

27 *pisó el oro por perderle*: el rey tenía tantas riquezas que se permitía desperdiciarlas ('perderlas') y, metafóricamente, caminar ('pisar') sobre ellas descuidadamente, como el que pisa algo sin valor.

33-34 *persuadida / tuvo a la eternidad*: el rey se creía tan omnipotente que llegó a convencerse de que su vida podría perdurar eternamente.

42 *perdidos*: 'envanecidos'.

44 *púrpuras*: color habitual en las vestiduras de los monarcas. Además, desde la Antigüedad se consideraba como un tinte muy caro y propio de las prendas de las clases privilegiadas.

51 *merced*: 'don, regalo'; la muerte 'libera' al alma de la 'prisión' del cuerpo.

59 *su pueblo al mar, su habitación al viento*: alude al impacto de la gula de los ricos y poderosos que con sus excesos perjudican el ecosistema natural (*mar*, 'peces y otras criaturas marinas'; *viento*, 'aves').

66 *Solicitad los mares*: tópico, muy frecuente en la literatura moral, que condena la navegación como símbolo sumo de la codicia humana. Véase, por ejemplo, el soneto a Jasón (n.º 27 de esta antología).

71 *religiosos*: 'piadosos' (los mares, porque intentan proteger a los nativos de la codicia de los exploradores extranjeros). A partir del siglo XVI, la invectiva contra la navegación se suele asociar sobre todo con la exploración y conquista del continente americano, tierra de plata y oro, y con los abusos cometidos por los colonizadores hispanos.

75 *parle*: 'delate' ('desvelar lo que se debería callar'). Instigada por los ruegos de los codiciosos exploradores, la Fortuna intercede para que estos puedan descubrir 'playas' (esto es, nuevas tierras) en todo el orbe (*los dos polos*).

77 *blasones*: escudos de armas, pero también 'honores', en sentido metafórico. Las tierras conquistadas sirven para alimentar el prestigio y orgullo de las naciones conquistadoras y de sus *tiranos*. Glorias que, como anuncian los versos siguientes, serán borradas por la muerte.

85 *frenó*: 'sujetó' con su mano derecha (*diestra*), como si se tratara de las riendas de un caballo.

91 *agora*: 'ahora'.

96 *provincia mayor*: se invoca aquí el tópico filosófico del ser humano como microcosmos o mundo abreviado, visto como criatura superior y compendio de todas las grandezas del universo.

94

Himno a las estrellas

A vosotras, estrellas,
alza el vuelo mi pluma temerosa,
del piélago de luz ricas centellas;
lumbres que enciende, triste y dolorosa,
a las exequias del difunto día,   5
güérfana de su luz, la noche fría;

ejército de oro,
que, por campañas de zafir marchando,
guardáis el trono del eterno coro
con diversas escuadras militando;   10
Argos divino de cristal y fuego,
por cuyos ojos vela el mundo ciego;

señas esclarecidas
que, con llama parlera y elocuente,
por el mudo silencio repartidas,   15
a la sombra servís de voz ardiente;
pompa que da la noche a sus vestidos,
letras de luz, misterios encendidos;

de la tiniebla triste
preciosas joyas, y del sueño helado   20
galas que en competencia del sol viste;
espías del amante recatado,

385

fuentes de luz para animar el suelo,
flores lucientes del jardín del cielo;

vosotras, de la luna   25
familia relumbrante, ninfas claras,
cuyos pasos arrastran la Fortuna,
con cuyos movimientos muda caras,
árbitros de la paz y de la guerra,
que, en ausencia del sol, regís la tierra;   30

vosotras, de la suerte
dispensadoras, luces tutelares
que dais la vida, que acercáis la muerte,
mudando de semblante, de lugares;
llamas que habláis con doctos movimientos,   35
cuyos trémulos rayos son acentos;

vosotras, que, enojadas,
a la sed de los surcos y sembrados
la bebida negáis, o ya, abrasadas,
dais en ceniza el pasto a los ganados,   40
y, si miráis benignas y clementes,
el cielo es labrador para las gentes;

vosotras, cuyas leyes
guarda observante el tiempo en toda parte,
amenazas de príncipes y reyes,   45
si os aborta Saturno, Jove o Marte;
ya fijas vais, o ya lleváis delante
por lúbricos caminos greña errante;

si amasteis en la vida
y ya en el firmamento estáis clavadas, 50
pues la pena de amor nunca se olvida,
y aun suspiráis en signos transformadas,
con Amarilis, ninfa la más bella,
estrellas, ordenad que tenga estrella.

Si entre vosotras una 55
miró sobre su parto y nacimiento
y della se encargó desde la cuna,
dispensando su acción, su movimiento,
pedidla, estrellas, a cualquier que sea,
que la incline siquiera a que me vea. 60

Yo, en tanto, desatado
en humo, rico aliento de Pancaya,
haré que, peregrino y abrasado,
en busca vuestra por los aires vaya;
recataré del sol la lira mía 65
y empezaré a cantar muriendo el día.

Las tenebrosas aves,
que el silencio embarazan con gemido,
volando torpes y cantando graves
más agüeros que tonos al oído, 70
para adular mis ansias y mis penas
ya mis musas serán, ya mis sirenas.

* * *

6 *güérfana*: 'huérfana'.
8 *campañas de zafir*: 'campos de zafiro', por el color azulado del
cielo.

9 *eterno coro*: alusión a los nueve coros u órdenes angélicos.

11 *Argos*: gigante guardián de la mitología griega que tenía cien (o mil) ojos.

14 *parlera*: 'habladora'. Quevedo imagina las estrellas como lenguaje divino escrito sobre el fondo oscuro de la noche.

30 *regís la tierra*: en estos versos se refiere a la creencia tradicional según la cual las estrellas pueden influir sobre el clima (*la bebida negáis; dais en ceniza el pasto*), el destino de los seres humanos (*de la suerte / dispensadoras*) e incluso provocar catástrofes y guerras (*árbitros de la paz y de la guerra*).

32 *luces tutelares*: como los 'dioses tutelares' romanos, las estrellas se comparan aquí con divinidades protectoras.

46 *Jove*: 'Júpiter'. Señala el influjo (*aborta*) de planetas que la astrología tradicional considera maléficos, como Marte (guerra) y Saturno (melancolía). Es posible que también se esté refiriendo a las grandes conjunciones que acontecen aproximadamente cada veinte años, cuando Saturno y Júpiter se acercan en el cielo, y que a menudo se consideraban portadoras de cambios apocalípticos.

48 *greña errante*: la 'melena' o 'cola' de los cometas circulando por el cielo, imaginado aquí como una serie de caminos 'resbaladizos' (*lúbricos*). En la época se creía que la aparición de cometas presagiaba acontecimientos funestos, como la muerte de reyes.

54 *tenga estrella*: 'tenga buena suerte'.

62 *Pancaya*: isla legendaria que solía situarse en Arabia, famosa por la gran calidad de su incienso y otras esencias aromáticas. Se describe aquí un sacrificio en honor a las estrellas que culmina con la metáfora petrarquista del emisor del poema abrasado de amor por Aminta.

69 *volando torpes y cantando graves*: imitación del v. 40 del *Polifemo* de Góngora, «gimiendo tristes y volando graves».

72 *sirenas*: la silva se cierra con presagios negativos (*agüeros*) asociados también con el poder destructor de las sirenas, que guiaban a los marineros hacia el fondo del mar.

95

El pincel

Tú, si en cuerpo pequeño,
eres, pincel, competidor valiente
de la naturaleza;
hácete la arte dueño
de cuanto vive y siente.   5
Tuya es la gala, el precio y la belleza;
tú enmiendas de la muerte
la invidia y restituyes ingenioso
cuanto borra cruel. Eres tan fuerte,
eres tan poderoso   10
que, en desprecio del tiempo y de sus leyes
y de la antigüedad ciega y obscura,
del seno de la edad más apartada
restituyes los príncipes y reyes
y la alta majestad y la hermosura   15
que huyó de la memoria sepultada.
Por ti, por tus conciertos,
comunican los vivos con los muertos,
y a lo que fue en el día,
a quien para volver niega la hora   20
camino y pasos, eres pies y guía
con que la ley del mundo se mejora.
Por ti el breve presente,
que apenas ve la espalda del pasado,
que huye de la vida arrebatado,   25

le comunica y trata frente a frente.
Los césares se fueron
a no volver, los reyes y monarcas
el postrer paso irrevocable dieron,
y, siendo ya desprecio de las Parcas,   30
en manos de Protógenes y Apeles
en nuevo parto de ingeniosa vida
su postrer padre fuistes los pinceles.
¿Qué ciudad tan remota y escondida
dividen altos mares   35
que, por merced cortés de tus colores,
no la paseen los ojos,
gozando su hermosura y sus despojos?
Y en todos los lugares
son, con solo mirar, habitadores;   40
y los golfos temidos,
que hacen oír al cielo sus gemidos,
sin estrella navegan
y a todas partes sin tormenta llegan.
Tú dispensas las leguas y jornadas,   45
pues todas las provincias apartadas,
con blando movimiento
en sus círculos breves,
las camina la vista en un momento;
y tú solo te atreves   50
a engañar los mortales, de manera
que del lienzo y la tabla lisonjera
aguardan los sentidos que les quitas
cuando hermosas cautelas acreditas.
Viose más de una vez naturaleza   55
de animar lo pintado codiciosa;

confesose invidiosa
de ti, docto pincel, que la enseñaste,
en sutil lienzo estrecho,
cómo hiciera mejor lo que había hecho.   60
Tú solo despreciaste
los conciertos del año y el gobierno
y las leyes del día,
pues las flores de abril das el hibierno,
y en mayo con la nieve blanca y fría   65
los montes encaneces.
Ya se vio muchas veces,
¡oh, pincel poderoso!, en docta mano
mentir almas los lienzos de Ticiano;
entre sus dedos vimos   70
nacer segunda vez y más hermosa
aquella sin igual lozana Rosa
que tantas veces a la fama oímos.
Dos le hizo de una,
doblando lisonjero su cuidado   75
al que, fiado en sola su fortuna,
trae por diadema blanca media luna
del cielo a quien ofende coronado.
Contigo Urbino y Ángel tales fueron
que hasta sus pensamientos los criaron,   80
pues, cuando los pintaron,
vida y alma les dieron;
y el famoso español, que no hablaba
por dar su voz al lienzo que pintaba.
Y por ti el gran Velázquez ha podido,   85
diestro cuanto ingenioso,
ansí animar lo hermoso,

ansí dar a lo mórbido sentido
con las manchas distantes,
que son verdad en él, no semejantes,   90
si los afectos pinta
y de la tabla leve
huye bulto la tinta, desmentido
de la mano el relieve;
y si en copia aparente   95
retrata algún semblante y, ya viviente,
no le puede dejar lo colorido,
que tanto le quedó lo parecido
que se niega pintado y al reflejo
se atribuye que imita en el espejo.   100
En un naipe también te vi, atrevido,
¡oh, pincel!, a criar en los cabellos
de Lísida oro fino
y luego estrellas en sus ojos bellos,
en sus mejillas flores,   105
primavera y jardín de los amores,
y en su boca las perlas,
riendo de quien piensa merecerlas.
Ansí que fue contigo docta mano
en trenzas, ojos, dientes y mejillas,   110
Indias, cielo y verano,
escondiendo más altas maravillas,
u de invidioso de ellas
u de piedad del que llegase a vellas.
Por ti el lienzo suspira   115
y, sin sentidos, mira, habla, escucha,
y por vencerlos lucha.
Tú sabes sacar lágrimas y llanto

de la ruda madera, y puedes tanto
que cercas de ira negra las entrañas   120
de Aquiles y amenazas con sus manos
de nuevo a los troyanos,
que, sin peligro y con ingenio, engañas.
Vemos por ti en Lucrecia
la desesperación que el honor precia   125
y de sangre cubierto
el pecho, sin dolor alguno abierto.
Por ti el que ausente de su amor se aleja
lleva —¡oh, piedad inmensa!— lo que deja.
En ti se deposita   130
lo que la ausencia y lo que el tiempo quita.
Ya fue tiempo que hablaste
y fuiste a los egipcios lengua muda.
Tú también enseñaste
en la primera edad, sencilla y ruda,   135
alta filosofía
en doctos jeroglíficos obscuros
y los que retiró misterios puros
de ti la religión ciega aprendía.
Y tanto osaste —bien que fue dichoso   140
atrevimiento el tuyo y religioso—
que de aquel ser que sin principio empieza
todas las cosas a que presta vida,
siendo solo capaz de su grandeza,
sin que fuera de sí tenga medida;   145
de aquel que siendo padre
de único parto con fecunda mente,
sin que en substancia división le cuadre,
espirando igualmente,

de amor correspondido,   150
el espíritu ardiente procedido;
de este, pues, te atreviste
a examinar hurtada semejanza
que de la devoción santa aprendiste.
Tú animas la esperanza   155
y con sombra la alientas
cuando lo que ella busca representas;
y a la fe lisonjera,
que ciega mueve las veloces plantas,
la vista la adelantas   160
de lo que cree y espera.
Con imágenes santas
la caridad sus actos ejercita
en la deidad que tu artificio imita.
A ti deben los ojos   165
poder gozar mezclados
los que presentes son y los pasados.
Tuya la gloria es y los despojos,
pues, breve punta, crías
cuanto el sol en el suelo   170
y cuanto en él los días,
y cuanto en ellos trae y lleva el cielo.

                    *   *   *

7 *enmiendas de la muerte*: esta es una de las ideas clave del poema.
La pintura, el arte en general, tienen el poder de derrotar la
muerte al crear obras que perduran en el tiempo y establecen un
diálogo entre el pasado y el presente.
30 *Protógenes y Apeles*: famosos pintores griegos del siglo IV a. C.
45 'nos eximes de la obligación de viajar (*leguas y jornadas*)'.

54 *hermosas cautelas acreditas*: el pincel es capaz de presentar como verdaderas (*acreditas*) lo que en realidad son ficciones (*cautelas*) *hermosas*. Tanto es así que los individuos (*mortales*) que observan una pintura (*lienzo y tabla lisonjera*) lo hacen con la expectativa (*aguardan*) de experimentar las emociones humanas (*sentidos*) capturadas (*les quitas*) por el artista en el lienzo. Aquí *lisonjera* se usa con el sentido positivo de 'deleitosa' o 'agradable'.

60 *hiciera mejor*: tópico de raigambre clásica según el cual las grandes obras de arte no solo imitan la naturaleza, sino que la superan.

62 *los conciertos del año*: las cuatro estaciones (primavera, verano, otoño, invierno).

69 *Ticiano*: Tiziano Vecellio (†1576), uno de los pintores más influyentes de la escuela veneciana, alabado por el realismo de sus lienzos que parecen tener vida propia (*mentir almas*). Quevedo menciona a continuación el retrato de Hürrem Sultan, más conocida como Rossa (*Rosa*), la legendaria esposa del sultán Solimán I (de ahí la alusión a la *blanca media luna*, uno de los símbolos comúnmente asociados al Imperio otomano y, más en general, al islamismo). Esta obra de Ticiano está perdida, aunque en el John and Mable Ringling Museum of Art de Sarasota (Florida) se conserva la que se cree copia del original.

79 *Urbino y Ángel*: Raffaello Sanzio da Urbino (1483-1520) y Michelangelo Buonarroti (1475-1564), dos de los artistas más importantes del Renacimiento italiano.

83 *el famoso español, que no hablaba*: parece aludir al pintor español Juan Fernández de Navarrete (1526-1579), conocido como el Mudo porque, al parecer, era sordomudo.

85 *Velázquez*: Diego Velázquez (1599-1660), pintor de corte de Felipe IV, aquí recordado por la que se conocía entonces como 'pintura de manchas' o 'borrones' (*las manchas distantes*), inspirada en Ticiano y la escuela veneciana y caracterizada por el uso muy suelto de las pinceladas, con trazos abiertos y a menudo casi abocetados.

88 *mórbido*: 'blando, delicado'; término artístico usado para destacar el realismo extremado en la pintura de partes del cuerpo humano (tersas, suaves, bien proporcionadas).

90 *son verdad*: las obras de Velázquez son tan realistas que sus retratos no se limitan a imitar la naturaleza (*semejantes*), sino que parecen dar vida a personas reales (*son verdad*).

93-94 *desmentido / de la mano*: el trazado de la pintura o dibujo (*el relieve*) produce una figura tan realista que reniega ('desmiente') de su autor, rechazando el hecho de ser una obra de arte y no un ser vivo.

95 *copia aparente*: retrato de una persona real.

96 *ya viviente*: vuelve a destacar el realismo extremo de las pinturas velazqueñas. El retrato aquí mentado adquiere vida propia (*ya viviente*) y no se deja terminar (le falta el *colorido*), pues no quiere que le consideren como una obra del artista (*se niega pintado*), sino que sostiene ser (*se atribuye*) igual que (*imita*) un *reflejo* del *espejo* en el que, supuestamente, se está mirando el individuo retratado por Velázquez.

101 *un naipe*: miniaturas, conocidas como 'retraticos' o 'naipes', que se solían realizar al óleo en soportes variados, pero sobre todo en cartulina. Tenían un uso personal o galante, pues eran fácilmente transportables y permitían llevar consigo la imagen de familiares o personas queridas. De ahí que lo que siga sea una descripción de la amada Lísida, que se ajusta a los cánones del petrarquismo (con metáforas al uso como *Indias* por el color dorado de su pelo).

121 *Aquiles*: legendario héroe griego de la guerra de Troya, cuya ira desencadena el argumento principal de la *Ilíada* de Homero. Desde el lienzo, la figura de Aquiles sigue amenazando a los troyanos, pero *sin peligro*, al tratarse solo de una pintura.

124 *Lucrecia*: patricia romana que se suicidó tras ser violada por el hijo del rey romano Lucio Tarquinio el Soberbio (siglo VI a. C.). Es un episodio de la historia romana que figura en muchas obras de arte de los siglos XVI y XVII.

133 *a los egipcios lengua muda*: se refiere a los jeroglíficos de Egipto, cuya civilización se consideraba la cuna de la filosofía y del saber (*alta filosofía*).

142 *aquel ser*: el Dios cristiano. Quevedo retoma ideas que derivan de una obra anónima, el *Libro de los veinticuatro filósofos*, pro-

bablemente compuesta entre los siglos XII y XIII, que contiene veinticuatro definiciones de Dios. En particular, la séptima dice: «Dios es un principio sin principio, un proceso sin variaciones y un fin sin fin». La última parte de la silva se ocupa del arte sacro y de su función evangelizadora, lo cual enfrenta al artista con el problema de tener que representar lo irrepresentable: lo divino (*hurtada semejanza*; *sombras*; *imágenes santas*).

148 *sin que en substancia división le cuadre*: parece recordar algunas definiciones de Dios del *Libro de los veinticuatro filósofos*: «Dios es una mónada que genera una mónada reflejando en sí la única llama» (I); «Dios está entero en cada parte de sí» (III).

149 *espirando*: 'capacidad del Espíritu Santo de infundir espíritu, animando y moviendo las almas'.

149-51 *espíritu ardiente*: estos versos aluden a la Trinidad; la unión (*amor correspondido*) del Padre y del Hijo del que 'procede' el Espíritu Santo.

158 *lisonjera*: como ya ocurriera en el v. 52, el término se emplea con el significado de 'deleitosa, agradable'.

96

Alaba a la calamidad

¡Oh, tú, del cielo para mí venida,
dura, mas ingeniosa
calamidad, a Dios agradecida,
sola, desengañada y religiosa
merced, con este nombre disfamada,   5
de mí serás cantada
por el conocimiento que te debo!
Y si no fuere docto, será nuevo
por lo menos mi canto
para ti que naciste al luto y llanto,   10
a quien da la ignorancia injustas quejas.
Tú que, cuando te vas, a logro dejas
en ajeno dolor acreditado
el escarmiento fácil heredado.
De nadie deseada,   15
y, a su pesar, de muchos padecida,
de pocos conocida,
de menos estimada.
Tú, pues, desconsolada
calamidad, de inadvertidos llantos   20
flacamente mojada,
risueña solo en ojos de los santos;
tú, hermosamente fea,
averiguaste lo que a Dios debía
en cautiverio la nación hebrea.   25
Por ti la vara tuvo valentía

que armó, contra el tirano,
de maravillas a Moisén la mano,
al pie que peregrino y doloroso
el desierto pisaba temeroso;   30
la columna que ardía,
que contrahizo al sol, que fingió al día;
las piedras hizo desatar en fuentes
y vestirse de venas las corrientes;
halagó con las nubes los ardores,   35
disimuló con sombra los calores,
llovió mantenimiento
con maravilla y novedad del viento.

* * *

12 *a logro*: 'prestar con usura'. Nótese el juego conceptual con el
lenguaje financiero. El paso de la calamidad deja dolor y, además,
trae por partida doble (como si fueran los intereses de un présta-
mo) *escarmiento* y *conocimiento*, la clara conciencia de la vanidad
de la vida terrenal y de la fragilidad del ser humano.
25 *cautiverio*: se refiere al Antiguo Testamento (*Éxodo*), donde se
describe cómo los israelitas se libraron del cautiverio que pade-
cían a manos de los egipcios. Fue este sufrimiento de siglos que
los llevó a la salvación, guiados por Moisés (*Moisén*).
28 *maravillas*: los varios milagros que acompañaron a los israelitas
durante la huida de Egipto. En orden: Dios los guiaba en forma
de columna de nube (de día) y de columna de fuego (de noche)
(Éxodo 13.21-22) —esta nube representa la protección espiritual
de Yahveh, que resguarda a los israelitas del sol con su *sombra*—;
hizo brotar agua de una peña (Éxodo 17); e hizo aparecer codor-
nices y llover maná del cielo (Éxodo 16).
34 *venas*: 'filones metálicos subterráneos' convertidos (*vestirse*) en
manantiales de agua.
35 *halagó*: 'aplacó'.

Poemas religiosos

La última sección de *Las tres Musas* incluye principalmente poesía sacra, que fue un género clave dentro de la cultura hispana de los siglos XVI y XVII. En general, toda la literatura devocional gozó de mucha difusión y éxito comercial; baste recordar que obras como el *Libro de la oración* (1554) de fray Luis de Granada fueron algunas de las más reeditadas en su tiempo. Tal fenómeno se debe a una serie de factores entre los que destaca el peso de la cultura religiosa imperante en aquella época, aún más tangible (si cabe) a partir del impulso de la Contrarreforma promovida por el Concilio de Trento (1545-1563). Al igual que hoy día, la devoción se manifestaba tanto a través de cultos y prácticas celebrados en ámbitos públicos como dentro de la esfera privada, y la poesía sagrada se situaba a menudo en un espacio intermedio entre ambos. Himnos, salmos y otros cánticos formaban parte de la liturgia cristiana y fueron, junto con otros libros de la Biblia y los florilegios que relataban la biografía de santos, fuente de inspiración para muchos autores españoles. En particular, la vida de los mártires, de la Virgen María y especialmente la de Cristo figuran a menudo en los poemas sagrados del Renacimiento y el Barroco.

Dichos textos ofrecen una representación muy detallada del dolor físico y emocional sufridos por estas figuras, lo cual les permite trazar paralelismos entre ellos y el padecimiento individual de cada lector, que podía así identificarse con el modelo último de Jesús, a quien cabía imitar idealmente para manejarse con rectitud en la vida y aspirar a la salvación tras la muerte. De este modo, la lectura compartida o privada de obras de religión (incluida la poesía) forma parte de la variedad de prácticas devocionales y de meditación que se cultivaron en aquel entonces. Cabe recordar, por ejemplo, el modelo de los *Ejercicios espirituales* (redactados entre 1522 y 1534) de Ignacio de Loyola, que dejaron una huella imborrable en la forma de concebir la espiritualidad como método de autoconocimiento. Según indica san Ignacio en la primera anotación de su obra, «por este nombre, ejercicios espirituales, se entiende todo modo de examinar la conciencia, de meditar, de contemplar, de orar vocal y mental, y de otras espirituales operaciones», con el objetivo de «quitar de sí todas las afecciones desordenadas y [...] para buscar y hallar la voluntad divina en la disposición de su vida para la salud del ánima».

De este modo, la poesía religiosa cumple un papel ritual: es un código compartido entre creyentes que les hace sentirse parte de una comunidad que trasciende al individuo y lo terrenal. A su vez, la lírica sacra le permite al lector entablar un diálogo consigo mismo que debe llevar al autocono-

cimiento y a la superación de las carencias y defectos perso-
nales. Se trata de algo así como una terapia individual que
desarrolla un método (no necesariamente tan sistemático
como el de los *Ejercicios espirituales*) de autoayuda, que ofre-
ce mecanismos de introspección para facilitar el análisis de
la conciencia y del yo. Por lo tanto, los lectores modernos
pueden encontrar en estas obras varios estímulos y aspec-
tos fascinantes, incluso para los no creyentes. De hecho, lo
sagrado y lo profano trazan correspondencias inesperadas
en estos versos. Por un lado, la poesía espiritual de esta
época toma prestadas con frecuencia imágenes y metáforas
de la lírica petrarquista, describiendo a Cristo como un
enamorado despechado por el pecador, cuya imagen des-
deñosa recuerda aquella de las damas de la tradición amo-
rosa. Por el otro, las composiciones sacras coinciden a me-
nudo en enfoque y tono con algunos de los poemas morales
del segundo apartado de esta antología. De este modo, la
retórica sentimental se entrecruza con el discurso estoico
de filósofos y pensadores como Séneca, lo cual estimula
también reflexiones de tipo ético y social.

En los primeros seis poemas de esta sección (todos sone-
tos) se aprecia un claro uso de varios pasajes del Antiguo
Testamento, como el libro de Job, y del Evangelio, con es-
pecial énfasis en la figura de Cristo, que se convierte en el
interlocutor ideal del emisor. Algunas de estas composicio-
nes pueden leerse como sucintas homilías, esto es, un ser-
món que consiste en la glosa y comentario de un lugar de
los textos sagrados. Esto se aprecia claramente en los sone-
tos «Si nunca, descortés, preguntó vano» y «¿No ves a Be-
hemot, cuyas costillas», que toman como punto de partida
Romanos 9.20-21 y Job 40.15-24, respectivamente. El pri-

mero contiene una reflexión sobre la vanidad humana, que pretende indagar y cuestionar los misterios de Dios, mientras que el segundo aprovecha la descripción grotesca del demonio para amonestar a los lectores y recordarles lo que les espera tras una vida de pecado. Estos versos emplean imágenes impactantes para visualizar de forma casi tangible la fealdad del pecado y del castigo que conlleva, lo cual recuerda varios frescos y pinturas medievales y posteriores en muchos templos europeos, donde se retrata la entrada del infierno como una boca monstruosa.

Pese a ello, los textos religiosos de Quevedo suelen contener imágenes menos cruentas que las que se hallan en otros poetas de la época, alejándose a su vez de las formas métricas más populares, especialmente el romance. En cambio, predominan los cauces cultos como el soneto y la silva (que ya encontramos en la sección anterior de esta antología). Numerosos poemas de este conjunto desarrollan un diálogo ideal entre el emisor y Cristo que sufre en la cruz. De este modo, la lírica nos permite reflexionar sobre la condición humana y su vínculo con la esfera de lo divino, tan indescifrable e inefable. En concreto, una de las formas con las que la voz poética intenta aproximarse a Dios es la metáfora y la alegoría. En el soneto «Pura, sedienta y mal alimentada» se emplea la imagen de la lámpara que brilla en un lugar oscuro (en este caso, una humilde iglesia) retomando lecturas presentes en las sagradas escrituras, como en 2 Pedro 1, 19: «Y así se nos hace más firme la palabra de los profetas, a la cual hacéis bien en prestar atención, como a lámpara que luce en lugar oscuro». La luz es la sabiduría, la verdad sagrada a la que se puede acceder solo a través de la fe y de un lenguaje simbólico que en el soneto subraya cómo la presencia divina suele habitar en objetos simples y cotidianos, como una pequeña lámpara de barro.

Este discurso doctrinal está impregnado de contenidos éticos y, de hecho, a menudo deriva hacia la poesía moral. En la *Musa IX* se aprecia claramente el trasvase fluido de una categoría a la otra. En ella se incluyen varios poemas que formaban parte de una colección de composiciones sacras escrita años antes, el *Heráclito cristiano y segunda arpa a imitación de David* (1613), dedicado a la tía del escritor, doña Margarita de Espinosa, y que nunca llevó a la imprenta. Con el tiempo, Quevedo se replanteó esta obra y redistribuyó algunos de sus textos en varias partes del *Parnaso español* y *Las tres Musas*. Concretamente, la *Musa IX* incluye un apartado de *Poesías morales* en el que consta una serie de 16 *psalmos* (en realidad son 17 en *Las tres Musas*, pero uno está mal atribuido, ya que pertenece a Pedro de Padilla) agrupados bajo el título de *Lágrimas de un penitente*. Se trata de silvas y sonetos que representan el acto de contrición de un «pecador» que se identifica con la voz poética. En estos textos se destaca la vanidad de la vida terrena y la ignorancia humana, aferrada al vicio y a la ceguera intelectual. Es, por ejemplo, el caso del soneto «Bien te veo correr, tiempo ligero», que reproduce muchos de esos temas tan frecuentes en la época, como el de la brevedad de la vida (*tempus fugit*).

Asimismo, cabe señalar que la estructura narrativa de un cancionero de arrepentimiento se solapa también con el modelo, tan influyente, del *Canzoniere* de Petrarca, que ya se comentó en la introducción al cuarto apartado de esta antología. La segunda parte de esta colección de versos dedicados a Laura se supone escrita tras la muerte de la amada y, por ello, refleja un tono penitencial, la voz de un emisor que se avergüenza de los errores cometidos durante su juventud. La encrucijada entre poesía religiosa, moral y amorosa queda especialmente de manifiesto en algunas composiciones de *Lágrimas de un penitente*, como es el caso de «Cuando me vuelvo atrás a ver los años», que se inspira en el poema 298 del *Canzoniere* («Quand'io mi volgo indietro a mirar gli anni») y que, más aún, le permite a Quevedo medirse con el poeta español más aclamado del Renacimiento, Garcilaso de la Vega, cuyo Soneto I también adapta a Petrarca: «Cuando me paro a contemplar mi 'stado». Más allá de estas fuentes literarias, los versos de *Lágrimas de un penitente* ofrecen un acabado ejemplo de intimismo capaz de hablarle tanto al lector del siglo XVII como al contemporáneo. En ellos, la intangibilidad de la vida y de la verdad se transforman en materia poética, dramatizando la soledad existencial del individuo en su diálogo con lo trascendente.

97

A Jesús nuestro Señor espirando en la cruz

La profecía en su verdad quejarse,
la muerte en el desprecio enriquecerse,
el mar sobre sí propio enfurecerse
y una tormenta en otra despeñarse;

pronunciar su dolor y lamentarse   5
el viento entre las peñas al romperse,
desmayarse la luz y anochecerse
es nombrar vuestro Padre y declararse.

Mas veros en un leño mal pulido,
rey en sangrienta púrpura bañado,   10
sirviendo de martirio a vuestra madre,

dejado de un ladrón, de otro seguido,
tan solo y pobre, a no le haber nombrado,
dudara, gran Señor, si tenéis padre.

* * *

1 *profecía*: la muerte del Mesías se profetiza en varios pasajes del Antiguo Testamento, como en Isaías 53.8: «Fue arrancado de la tierra de los vivos; / por las rebeldías de su pueblo ha sido herido».
7 *anochecerse*: el soneto describe y amplifica las señales que se sucedieron tras la muerte de Cristo, como oscuridad, rocas que tiemblan, tierra que se hunde y sepulcros que se abren (Mateo 27.45-53).

8 *nombrar vuestro Padre y declararse*: dichas señales demuestran ('declaran') a los presentes que Jesús era en verdad el hijo de Dios. Además, antes de expirar, Cristo le 'nombra': «Padre, en tus manos pongo mi espíritu» (Lucas 23.46).

9 *leño*: la cruz.

12 *un ladrón*: alude a los dos ladrones que fueron crucificados con Jesús; uno (el 'mal ladrón') no creyó en él y el otro (el 'buen ladrón') le pidió que se acordara de él tras la muerte (Lucas 23.39-43).

13 *nombrado*: los evangelistas refieren, con ciertas discrepancias, lo que dijo Cristo en la cruz. Es posible que estos versos remitan al pasaje evangélico ya mentado en la nota al v. 8 o, tal vez, a Marcos 15.34 y Mateo 27.46: «Dios mío, ¿por qué me has abandonado?».

98

En la muerte de Cristo, contra la dureza del corazón del hombre

Pues hoy derrama noche el sentimiento
por todo el cerco de la lumbre pura,
y amortecido el sol en sombra obscura
da lágrimas al fuego y voz al viento;

pues de la muerte el negro encerramiento   5
descubre con temblor la sepultura,
y el monte, que embaraza la llanura
del mar cercano, se divide atento;

de piedra es, hombre duro, de diamante,
tu corazón, pues muerte tan severa   10
no anega con tus ojos tu semblante.

Mas no es de piedra, no, que si lo fuera,
de lástima de ver a Dios amante
entre las otras piedras se rompiera.

* * *

8 *se divide atento*: como en el soneto anterior, los primeros versos evocan las señales que siguieron a la muerte de Cristo; oscuridad, terremotos, tumbas (*negro encerramiento*) que se abren (Mateo 27.45-53).

11 *no anega con tus ojos tu semblante*: 'tu rostro no se cubre de lá-
grimas'.

14 *las otras piedras*: las rocas que se hendieron tras la muerte de
Cristo (Mateo 27.51).

99

*Reprehende la insolencia de los que se atreven
a preguntar a Dios las causas por que obra y deja
de obrar con estas palabras de S. Pablo:
«Numquid figmentum dicit ei qui se finxit:
Quid me fecisti sic? An non habet potestatem figulus
luti ex eadem massa facere aliud quidem vas
in honorem, aliud in contumeliam?»*

Si nunca, descortés, preguntó vano
el polvo, vuelto en barro peligroso,
«¿por qué me obraste vil o generoso?»
al autor, a la rueda y a la mano;

el todo presumido de tirano,   5
a nueve lunas peso congojoso
—que llamarle gusano temeroso
es mortificación para el gusano—,

¿de dónde ha derivado la osadía
de pedir la razón de su destino   10
al que, con su palabra, encendió el día?

¡Oh, humo! ¡Oh, llama! Sigue buen camino,
que el secreto de Dios no admite espía
ni mérito desnudo le previno.

* * *

Numquid figmentum [...] *contumeliam?*: «Pero ¿quién eres tú para pedir cuentas a Dios? ¿Acaso la pieza de barro dirá a quien la modeló: "por qué me hiciste así"? ¿O es que el alfarero no es dueño de hacer de una misma masa unas vasijas para usos nobles y otras para usos despreciables?» (Romanos 9.20-21).

2 *peligroso*: 'frágil'.

4 *rueda*: 'torno de alfarero'.

6 *nueve lunas*: 'nueve meses' (un mes lunar dura unos treinta días). Aquí se refiere al ser humano, que es *tirano* (por su soberbia), y con cuyo *peso* tiene que cargar la madre durante los nueve meses del embarazo.

11 *al que* [...] *encendió el día*: Dios, que hizo la luz y separó el día de la noche (Génesis 1.3).

14 *mérito desnudo*: 'virtud no heredada', que se basa en las obras y no en el linaje o el dinero. Esto es, nadie puede descifrar ('prevenir') los 'secretos' de Dios, ni por las buenas (*mérito*) ni por las malas (*espía*).

100

Retrato al demonio perifraseando, en el rigor que cabe
en el soneto, las palabras de Job con que le retrata
(Cap. II: «Ecce Behemoth...»)

¿No ves a Behemot, cuyas costillas
son láminas finísimas de acero,
cuya boca al Jordán presume entero
con un sorbo enjugar fondo y orillas?

¿Por dientes no le ves blandir cuchillas,   5
morder hambriento y quebrantar guerrero,
que tiene por garganta y tragadero
del infierno las puertas amarillas?

¿No ves arder la tierra que pasea
y que, como a caduco, tiene en menos   10
el abismo que en torno le rodea?

Sus fuerzas sobre todos son venenos:
él es el rey que contra Dios pelea,
rey de los hijos de soberbia llenos.

* * *

Ecce Behemoth: parafrasea pasajes de Job 40.10-28 y 41 en los que
se describen dos criaturas monstruosas, una terrestre (Behemot)
y otra acuática (Leviatán); *el rigor que cabe en el soneto*: destaca la
rigidez formal del soneto, además de su brevedad, lo cual hace

que sea arduo parafrasear un pasaje bastante extenso de la Biblia como el que se presenta aquí.

8 *del infierno las puertas*: la representación de la puerta del infierno como las fauces dentadas de Leviatán, que tragan a los pecadores, era un motivo iconográfico muy difundido desde la Edad Media.

10 *caduco*: en la Vulgata, la versión latina autorizada de la Biblia que manejó Quevedo, se lee «senescentem» ('envejecido'). El fuego que sale de las fauces del monstruo hace arder el mar (*abismo*), llenando de burbujas su superficie, lo cual le da el aspecto de una melena canosa ('caduca').

14 *rey de los hijos de soberbia llenos*: traduce Job 41.25. El apelativo *rey* asociado a la *soberbia* facilitó que, tradicionalmente, Behemot y Leviatán se asociaran con el demonio, «príncipe de este mundo» (Juan 14.30) castigado por haber querido igualarse a Dios: «tu corazón se ha engreído» (Ezequiel 28.2).

101

Pide a Dios le dé lo que le conviene, con sospecha
de sus propios deseos

Un nuevo corazón, un hombre nuevo
ha menester, Señor, la ánima mía;
desnúdame de mí, que ser podría
que a tu piedad pagase lo que debo.

Dudosos pies por ciega noche llevo,   5
que ya he llegado a aborrecer el día
y temo que hallaré la muerte fría
envuelta en, bien que dulce, mortal cebo.

Tu hacienda soy; tu imagen, Padre, he sido;
y si no es tu interés en mí, no creo   10
que otra cosa defiende mi partido.

Haz lo que pide verme cual me veo,
no lo que pido yo, pues, de perdido,
recato mi salud de mi deseo.

* * *

8 *mortal cebo*: las tentaciones terrenales a las que está sujeto el pecador que, metafóricamente, vive en la oscuridad de la *ciega noche* (alejado de la luz divina).
9 *hacienda*: el ser humano es un 'bien' y 'propiedad' (*hacienda*) de Dios, quien lo creó a su *imagen* y semejanza (Génesis 1.26).

10 *interés*: 'lucro o ganancia' que produce la *hacienda*. Esto es, Dios se preocupa del bienestar espiritual del ser humano. Nótese el empleo continuado de metáforas relacionadas con el lenguaje comercial.

11 *mi partido*: 'mis intereses, mis ganancias'.

13 *perdido*: 'pecador'. Retoma la metáfora del que camina *perdido* en la oscuridad (*ciega noche*).

14 *recato*: 'aparto, escondo'; el pecador se deja llevar por el *deseo* (carnal y material), subordinando a este su *salud* (espiritual).

102

A una iglesia muy pobre y obscura con una lámpara de barro

Pura, sedienta y mal alimentada,
medrosa luz, que en trémulos ardores
hace apenas visibles los horrores
en religiosa noche derramada,

arde ante ti que, un tiempo, de la nada   5
encendiste a la aurora resplandores,
y pobre y Dios en templo de pastores
barata y fácil devoción te agrada.

Piadosas almas, no ruego logrero,
aprecia tu justicia con metales,   10
que falta aliento contra ti al dinero.

Crezcan en tu pobreza los raudales
que den alegre luz a Dios severo,
y se verá en tu afecto cuánto vales.

* * *

1 *mal alimentada*: la lámpara tiene poco aceite.
3 *los horrores*: 'las tinieblas'; o sea, el miedo producido por la oscuridad, que enlaza también con la personificación de la débil llama que se agita a punto de apagarse (*medrosa*; *trémulos ardores*).
6 *encendiste*: alude a la creación de la luz relatada en Génesis 1.1-5.

La humilde iglesia y su lámpara son trasvase figurado de Dios y de su poder, imagen que quizás se inspire en 2 Pedro 1, 19: «como a lámpara que luce en lugar oscuro».

7 *templo de pastores*: 'establo' donde nació Jesús.

9 *logrero*: 'usurero'. Dios rechaza a aquellos que pretenden obtener la salvación a cambio de ofrendas monetarias (*metales*), pues el dinero aquí no puede nada (le *falta aliento*).

12 *raudales*: 'abundancia'. La verdadera riqueza espiritual reside en la humildad (*pobreza*) y en la devoción (*afecto*) sincera.

Lágrimas de un penitente

103

Psalmo

¿Dónde pondré, Señor, mis tristes ojos
que no vea tu poder divino y santo?
Si al cielo los levanto,
del sol en los ardientes rayos rojos
te miro hacer asiento;   5
si al manto de la noche soñoliento,
leyes te veo poner a las estrellas;
si los bajo a las tiernas plantas bellas,
te veo pintar las flores;
si los vuelvo a mirar, los pecadores   10
que viven tan sin rienda como vivo,
con amor excesivo,
allí hallo tus brazos ocupados
más en sufrir que en perdonar pecados.

* * *

9 *pintar las flores*: alude al antiguo tópico de Dios figurado como
pintor del cosmos (*Deus pictor*).
14 *sufrir*: 'soportar, aguantar'.

104

Psalmo

Dejadme un rato, bárbaros contentos,
que al sol de la verdad tenéis por sombra
los arrepentimientos;
que aun la memoria misma se me asombra
de que pudiesen tanto mis deseos   5
que unos gustos tan feos
los pudiesen hacer hermosos tanto.
Dejadme, que me espanto,
según soñé en mi mal adormecido,
más de haber despertado que dormido.   10
Contentaos con la parte de los años
que deben vuestros lazos a mi vida,
que yo la quiero dar por bien perdida,
ya que abracé los santos desengaños
que enturbiaron las aguas del abismo   15
donde me enamoraba de mí mismo.

* * *

1 *bárbaros contentos*: 'placeres terrenales'.
2 *sombra*: 'amparo, refugio', en sentido metafórico. Los *arrepentimientos*, pese a ser dolorosos, son el único resguardo y medicina posible para los que se exponen al 'calor'; esto es, el *sol de la verdad* (Dios).
8 *me espanto*: retoma el lugar común de la vida como sueño, en la que vivimos en pecado hasta despertar con la muerte. Por ello, lo

que más asombra (*me espanto*) al locutor del poema es el haber sido capaz de despertar en vida, al tomar conciencia de sus errores.

12 *lazos*: 'nudos', pero también 'engaños' con los que el placer y el pecado consumieron años de la vida del locutor hasta su arrepentimiento.

15 *aguas del abismo*: 'el pecado, la degradación espiritual'; el desengaño le permitió superar su vanidad y hacerse cargo de sus culpas. Alude aquí al mito de Narciso enamorado de su propia imagen reflejada en un estanque.

105

Psalmo

Cuando me vuelvo atrás a ver los años
que han nevado la edad florida mía;
cuando miro las redes, los engaños
donde me vi algún día,
más me alegro de verme fuera dellos   5
que un tiempo me pesó de padecellos.
Pasa veloz del mundo la figura
y la muerte los pasos apresura;
la vida nunca para
ni el tiempo vuelve atrás la anciana cara.   10
Nace el hombre sujeto a la Fortuna
y, en naciendo, comienza la jornada
desde la tierna cuna
a la tumba enlutada;
y las más veces suele un breve paso   15
distar aqueste oriente de su ocaso.
Solo el necio mancebo,
que corona de flores la cabeza,
es el que solo empieza
siempre a vivir de nuevo;   20
pues, si la vida es tal, si es desta suerte,
llamarla vida agravio es de la muerte.

* * *

1 *Cuando me vuelvo atrás a ver los años*: sigue el primer verso del poema 298 del *Canzoniere* de Petrarca («Quand'io mi volgo indietro a mirar gli anni»), que fue imitado también por Garcilaso de la Vega: «Cuando me paro a contemplar mi 'stado» (Soneto I).

7 *figura*: 'apariencia'; retoma el concepto de *figura mundis* de san Pablo: «la apariencia de este mundo pasa» (I Corintios 7.31).

14 *tumba*: destaca la brevedad de la vida usando el tópico de la cuna y la sepultura, según el cual el paso de una a la otra es casi imperceptible. Este es el motivo central de la obra de Quevedo titulada precisamente *La cuna y la sepultura* (1634).

18 *corona de flores*: conocida por los romanos como *corona convivialis* y empleada en festejos y banquetes.

20 *siempre a vivir de nuevo*: porque el joven vive cada día como si fuera el primero, sin tomar conciencia del paso del tiempo.

106

Psalmo

¡Cuán fuera voy, Señor, de tu rebaño,
llevado del antojo y gusto mío!
Llévame mi esperanza el tiempo frío,
y a mí con ella un disfrazado engaño.

Un año se me va tras otro año   5
y yo, más duro y pertinaz, porfío,
por mostrarme más verde mi albedrío
la torcida raíz do está mi daño.

Llámasme, gran Señor; nunca respondo.
Sin duda mi respuesta solo aguardas,   10
pues tanto mi remedio solicitas.

Mas, ¡ay!, que solo temo en mar tan hondo
que lo que en castigarme agora aguardas
con doblar los castigos lo desquitas.

* * *

1 *tu rebaño*: se refiere a la conocida parábola de Cristo como buen
pastor (Juan 10.11-18; Salmos 22) que cuida de los fieles como si
fueran su rebaño.
7-8 'porque mi albedrío me ofusca haciéndome creer (*mostrarme*)
que mi inclinación pecaminosa (*torcida raíz*) es en realidad algo
beneficioso (*más verde*)'.

12 *mar tan hondo*: imagen frecuentemente asociada en la Biblia al tumulto de la vida y al pecado.

14 *desquitas*: 'desquites' (uso del presente de indicativo con valor de subjuntivo). Cuanto más se dilate una vida de pecado mayor será el *desquite* y castigo tras la muerte.

107

Psalmo

Bien te veo correr, tiempo ligero,
cual por mar ancho despalmada nave,
a más volar, como saeta o ave
que pasa sin dejar rastro o sendero.

Yo, dormido, en mis daños persevero,   5
tinto de manchas y de culpas grave;
aunque es forzoso que me limpie y lave
llanto y dolor, aguardo el día postrero.

Este no sé cuándo vendrá: confío
que ha de tardar, y es ya quizá llegado,   10
y antes será pasado que creído.

Señor, tu soplo aliente mi albedrío
y limpie el alma, el corazón llagado
cure y ablande el pecho endurecido.

* * *

1 *tiempo ligero*: retoma el motivo de la fugacidad del tiempo (*tempus fugit*) y brevedad de la vida.
2 *despalmada*: *despalmar* era el proceso de limpiar y engrasar una embarcación a fin de que navegara mejor y más rápido.
12 *tu soplo*: el soplo o viento de Dios (*spiritus Dei*) aparece ya en el libro del Génesis (1.2) como imagen de su poder para dar la vida y salvar a los pecadores. Véase también el Salmo 32.6: «Por la palabra de Yahveh fueron hechos los cielos / por el soplo de su boca toda su mesnada».

Apéndice.
Sonetos satíricos y burlescos
no incluidos en el *Parnaso español*
o *Las tres Musas*

El último apartado de esta antología contiene cinco poe-
mas que no se publicaron junto con el resto del *Parnaso es-
pañol* y *Las tres Musas*. Todos ellos, salvo la *Receta para hacer
«Soledades» en un día* («Quien quisiere ser culto en solo un
día»), circularon exclusivamente de forma manuscrita en
vida de Quevedo. Ello se debe fundamentalmente a dos
razones: algunos son invectivas personales (en este caso
dirigidas hacia Góngora) y casi todos contienen una gran
abundancia de expresiones abiertamente vulgares y de
obscenidades muy explícitas. *Túmulo* («Por no comer la
carne sodomita») y *Desengaño de las mujeres* («Puto es el
hombre que de putas fía») son sonetos de carácter epigra-
mático que, tanto por el estilo como por su contenido,
guardan mucha semejanza con los sonetos burlescos que fi-
guran en la sexta sección de esta antología. De hecho, el
primero es una parodia de la poesía fúnebre, como ya se
vio, por ejemplo, en el *Epitafio de una dueña, que idea tam-*

bién puede ser de todas («Fue más larga que paga de tramposo»). Sin embargo, las vulgaridades y la carga sexual de estos versos es tal que difícilmente habrían podido ser publicados en una época donde la imprenta estaba sujeta a estrictos controles tanto por las autoridades seculares como por la Inquisición. En ellos volvemos a encontrar algunos de los temas favoritos de Quevedo, como la sátira misógina y el ataque a las viejas alcahuetas y brujas.

El desenfreno y la agresividad verbal de estas composiciones resulta impactante. El autor lanza epítetos y tacos como puñetazos dirigidos al lector, con la clara intención de provocar su risa, pero también de zarandearlo, de poner a prueba el buen gusto y el decoro. Por ejemplo, en *Desengaño de las mujeres* se aprecia la capacidad conceptista del poeta en la voluntad de explotar todos los matices léxicos posibles del término *puto/a*, en sus usos como sustantivo y adjetivo (con el valor de calificación denigratoria). Este vocablo y sus variantes figuran en todos los versos del soneto (y quince veces en total en todo el poema), creando una sensación de saturación, coadyuvada por la iteración de las consonantes oclusivas *p* y *t*, que retumban en los oídos como martillazos. Los neologismos (*putaríl*) se enlazan con la incesante repetición de los vulgares *puto* y *puta*, estirando hasta lo indecible sus propiedades semánticas.

Los tres poemas restantes («Quien quisiere ser culto en solo un día», «Sulquivagante pretensor de estolo» y «¿Qué captas, nocturnal, en tus canciones») atacan a Góngora y el gongorismo. Entre 1612 y 1613 el poeta cordobés compuso y empezó a difundir versiones manuscritas del *Polifemo* y de la primera *Soledad*. Se trata de textos complejos, cargados de reminiscencias clásicas, que emplean una sintaxis latinizante, perífrasis y una gran cantidad de cultismos (palabras de origen latino poco usadas en español). Este cauce literario dio en llamarse «poesía culta» y conoció un éxito enorme en su tiempo. Fue imitada por numerosos escritores y suscitó una proliferación de ediciones anotadas y comentarios, tanto a favor como en contra de estos poemas y de esta nueva moda literaria. Los panegiristas de Góngora le alababan su riqueza verbal, erudición y el haber elevado el castellano a la altura y dignidad del latín, la lengua de cultura por excelencia en la época. Sus detractores, en cambio, le acusaban de escribir en un estilo excesivamente oscuro e intrincado, vacío de contenidos y de valores morales. La querella sobre el cultismo fue una de las polémicas literarias más importantes del siglo XVII, y Quevedo participó activamente en ella, tanto en su vertiente más erudita (la crítica literaria) como en la jocosa y satírica.

Los tres sonetos antigongorinos incluidos en esta antología reflejan algunas de las ideas que Quevedo articuló en varios textos teóricos escritos a raíz de la propagación de la poesía culta; por ejemplo, en los preliminares que publicó en las dos ediciones que preparó de las obras de fray Luis de León y Francisco de la Torre en 1631. Ese mismo año, sacó a la imprenta *El libro de todas las cosas y otras muchas más*, donde se incluye una *Aguja de navegar cultos* en la que aparece la *Receta*, soneto con estrambote (esto es, con una «cola» que se añade a los catorce versos generalmente asociados con este cauce métrico) en el que se dan consejos paródicos sobre cómo escribir a lo culto. Lo que sigue es una serie de latinismos (la mayoría usados por Góngora, aunque no todos) que destacan la que, según Quevedo, era la apariencia pretenciosa y contenido huero del gongorismo.

El soneto se presenta como un ataque contra todo poeta culto («Quien quisiere ser culto en solo un día»), aunque en versiones manuscritas anteriores el destinatario era el mismo Góngora («Quien quisiere ser Góngora en un día»), que había muerto en 1627. La invectiva personal, que va más allá de los juicios literarios, es precisamente el aspecto que define a los dos últimos poemas incluidos en esta antología.

Dentro de este par de sonetos, Quevedo parodia la poesía culta por medio de un lenguaje híbrido, plagado de términos latinizantes que, además, ocultan significados obscenos y vulgares en los que Góngora se presenta como un viejo degenerado que corrompe a jóvenes admiradores con sus obras y, a su vez, se aprovecha sexualmente de ellos. El modelo de estos ataques son las comedias pedantescas y la poesía fidenciana (*fidenziana*) italiana del siglo XVI, donde se ridiculiza la figura del *pedante* ('pedagogo'). Las dos obras que inauguran esta tradición son la comedia el *Pedante* (1529) de Francesco Belo y los *Cantici di Fidenzio* de Camillo Scroffa, publicados por primera vez a mediados del siglo XVI en una edición que no lleva fecha. En estos textos y en los que los imitan se suele hallar al personaje de un pedante que habla usando latinajos y cuya mayor afición son sus jóvenes discípulos. Este deseo sexual se representa a partir de numerosos juegos de palabras, como, por ejemplo, terminaciones en *-ano* y *-culo* (*crepusculo, munusculo, vermiculo, veterano, prendevano, correvano...*), que aluden claramente a la sodomía. Hay tres ejemplos de ello en «Sulquivagante pretensor de estolo»: *surculos* [sur-culos] (v. 6); *veterano* [veter-ano] (v. 12); *piáculos* [piá-culos] (v. 13).

La parodia del estilo culto viene, pues, cargada de alusiones sexuales y obscenidades semejantes a las que encontramos en *Túmulo* y *Desengaño de las mujeres*. Sin embargo, lo más original de estas composiciones es la creación de una lengua imposible que lleva al extremo la creatividad verbal quevediana. Se trata, sin duda, de algunos de los ejemplos más acabados e innovadores de la parodia culta en el siglo XVII. De hecho, Quevedo no se limita a apropiarse de giros y voces del *Polifemo* y las *Soledades*, situándolas en contextos grotescos o repitiéndolas sin sentido (como ocurre en la *Receta*), sino que genera un código nuevo que parte de Góngora y del corpus italiano sobre el pedante para dar a luz un rabioso juguete del ingenio[1]. Hay algo de impalpablemente arcano y de esotérico en estos versos, que suenan casi como un conjuro: «surculos slabros de teretes picas...»; «farmacopolorando como mumia...». De este modo, la presente antología se cierra con cinco sonetos habitados por un Quevedo desbocado e irreverente, maestro de un lenguaje mágico y misterioso.

---

1. De hecho, su complejidad es tal que no pretendo haber apurado el significado de todas las agudezas y neologismos contenidos en estos dos últimos sonetos. Se trata de una propuesta de lectura que intenta ofrecer una interpretación viable y coherente de unos textos con tantas dificultades de comprensión.

108

Túmulo

Por no comer la carne sodomita
destos malditos miembros luteranos
se morirán de hambre los gusanos,
que aborrecen vianda tan maldita.

No hay que tratar de cruz y agua bendita: 5
eso se gaste en almas de cristianos.
Pasen sobre ella, brujos, los gitanos;
vengan coroza y tronchos, risa y grita.

Estos los güesos son de aquella vieja
que dio a los hombres en la bolsa guerra   10
y paz a los cabrones en el rabo.

Llámase, con perdón de toda oreja,
la madre Muñatones de la Sierra,
pintada a penca, combatida a nabo.

* * *

1 *sodomita*: en el siglo XVII la sodomía se consideraba el pecado de lujuria más grave de todos y tenía un significado amplio que incluía, entre otras cosas, la homosexualidad y el bestialismo. La vieja alcahueta a quien se dedica este epitafio burlesco encarna la suma de todos los pecados, incluida la herejía (*luteranos*).
7 *Pasen sobre ella*: 'la superen, le sean preferidos'. Hasta un grupo minoritario tan discriminado como el de los *gitanos* (cuya reputa-

431

ción de magos y *brujos* estaba muy difundida en la época) se considera mejor que la alcahueta protagonista del soneto. Además, en *sobre ella* podría también haber una alusión a relaciones carnales con los gitanos.

8 *coroza*: cucurucho o capirote que se ponía en la cabeza por castigo, usado a menudo para humillar a las viejas acusadas de brujería o de ser alcahuetas; *tronchos*: 'tallos de las hortalizas'. Se solían arrojar hortalizas y otros objetos a los reos que se paseaban por las calles para ser humillados en público.

9 *güesos*: 'huesos'.

11 *paz*: 'dar la paz' o besar el ano del macho cabrío que representaba al demonio, ritual que se celebraba en los aquelarres o reuniones de brujas. Nótese el juego con *guerra* del verso anterior: la alcahueta sacaba provecho económico de sus clientes.

13 *Muñatones*: nombre de alcahueta usado por Quevedo también en su *Entremés de la vieja Muñatones*.

14 *penca*: látigo del verdugo con el que daba tormento a los reos (*pintada* por las marcas rojas de sangre y las cicatrices que quedan tras ser azotados); *nabo*: vuelve a aludir a las hortalizas (*tronchos*) que se lanzaban contra las brujas y alcahuetas sacadas a la vergüenza pública (ver v. 8). Además, *nabo* es metáfora fálica frecuente en textos burlescos y eróticos del siglo XVII, lo cual aumenta la carga obscena del soneto por alusión a la promiscuidad de la madre Muñatones.

109

Desengaño de las mujeres

Puto es el hombre que de putas fía
y puto el que sus gustos apetece;
puto es el estipendio que se ofrece
en pago de su puta compañía.

Puto es el gusto y puta la alegría   5
que el rato putaril nos encarece;
y yo diré que es puto a quien parece
que no sois puta vos, señora mía.

Mas llámenme a mí puto enamorado,
si al cabo para puta no os dejare;   10
y como puto muera yo quemado,

si de otras tales putas me pagare,
porque las putas graves son costosas
y las putillas viles, afrentosas.

* * *

1 *Puto*: el soneto juega con varios usos de *puto*: sustantivo (homo-
sexual) y adjetivo (calificación denigratoria equivalente a *maldito*,
jodido...). De este modo, critica a los hombres que contratan los
servicios de prostitutas (*putas*). El texto reproduce muchos moti-
vos misóginos de la época y, como indica su título, parece califi-
car a todas *las mujeres* de meretrices, debido a su excesiva lujuria,
codicia e hipocresía.

3 *estipendio*: 'recompensa'.

11 *muera yo quemado*: aquí *puto* se usa con el significado de 'homosexual'. En el siglo XVII los homosexuales fueron perseguidos por la Inquisición, y la pena máxima era ser quemados en la hoguera.

13 *graves*: se refiere a cortesanas que ofrecen sus servicios a las clases más acomodadas (pero, en general, describe a las damas de la alta sociedad, opuestas a las más proletarias, *putillas viles*).

110

Receta para hacer «Soledades» en un día

Quien quisiere ser culto en solo un día
la jeri (aprenderá) gonza siguiente:
fulgores, arrogar, joven, presiente,
candor, construye, métrica armonía;

poco, mucho, si no, purpuracía,   5
neutralidad, conculca, erige, mente,
pulsa, ostenta, librar, adolescente,
señas, traslada, pira, frustra, arpía;

cede, impide, cisuras, petulante,
palestra, liba, meta, argento, alterna,   10
si bien, disuelve, émulo, canoro.

Use mucho de *líquido* y de *errante,*
su poco de *noturno* y de *caverna,*
anden listos *livor, adunco* y *poro,*

que ya toda Castilla,   15
con sola esta cartilla,
se abrasa de poetas babilones,
escribiendo sonetos confusiones;
y en la Mancha pastores y gañanes,
atestadas de ajos las barrigas,   20
hacen ya cultedades como migas.

* * *

Soledades: obra más famosa de Luis de Góngora y cumbre de la poesía culta; sus primeras versiones manuscritas empezaron a circular en 1613-1614. Quevedo sugiere que el gongorismo, pese a su aparente complejidad, no pasa en realidad de sencillo mecanismo que depende de la acumulación aleatoria de latinismos y giros sintácticos rebuscados. De hecho, según esta *Receta*, incluso los ignorantes —asociados aquí con *pastores y gañanes*— pueden aprender a imitarlo *en un día*. Cabe destacar que no todas las voces incluidas en la *Receta* fueron usadas por Góngora, y otras son neologismos quevedianos (*purpuracía*; *cultedad*).

2 *jeri (aprenderá) gonza*: la *jerigonza* es una 'jerga' o 'lenguaje especial' usado entre diferentes gremios, más o menos marginados, del siglo XVII. Aquí quiere decir 'lenguaje incomprensible, galimatías', referido a la poesía culta. Nótese la tmesis (o encabalgamiento léxico) en el que un término (*jerigonza*) se divide en dos partes y se le intercala otra palabra (*aprenderá*). Este recurso da pie a una burla de los hipérbatos gongorinos, que alteraban el orden sintáctico habitual del castellano para ajustarse al de la lengua latina.

16 *cartilla*: cuadernito impreso que contienen las letras y los primeros rudimentos para aprender a leer.

18 *babilones*: por alusión a la torre de Babel, símbolo de la vanagloria humana castigada por Dios con la confusión de las lenguas (Génesis 11). Los poetas cultos escriben en un lenguaje ininteligible.

21 *migas*: comida rústica hecha a base de pan desmenuzado (propia de *pastores y gañanes*).

111

Sulquivagante pretensor de estolo,
pues que lo expuesto al Noto solificas
y obtusas speluncas comunicas,
despecho de las musas, a ti solo.

Huye, no carpa, de tu Dafne Apolo   5
surculos slabros de teretes picas,
porque con tus perversos damnificas
los institutos de su sacro tolo.

Has acabado aliundo su Parnaso;
adulteras la casta poesía,   10
ventilas bandos, niños inquietas;

parco, cerúleo, veterano vaso:
piáculos perpetra tu porfía
estrupando neotéricos poetas.

* * *

1 *Sulquivagante*: neologismo (surcar + vagar); recuerda el comien-
zo de las *Soledades*, donde se describe el naufragio del peregrino,
y destaca el desconcierto y falta de sentido de los poemas gongo-
rinos: «*surcó*, labrador fiero, / el campo undoso en mal nacido
pino, / *vaga* Clicie del viento (I, vv. 370-72); *estolo*: probablemente
deriva del italiano *stuolo* ('manada, ejército, pueblo') señalando
que Góngora es una especie de príncipe (*pretensor*: 'pretendien-
te') de su manada de jóvenes admiradores. Hay también un signi-
ficado obsceno: Góngora persigue ('es pretendiente de') a jóve-

nes muchachos pasando de surco en surco (*surco* aquí tiene el significado obsceno de 'hendidura de las nalgas').

2 *Noto*: viento del sur, citado al principio de las *Soledades* (I, vv. 15-16); *solificas*: neologismo que significa 'haces *Soledades*' y, a su vez, 'dejas solos tus versos' (porque nadie los entiende: como en los vv. 3-4: «comunicas / [...] a ti solo»). Además, en contextos burlescos, el viento es a menudo una metáfora obscena que alude al ano y a la sodomía. Este significado sexual se retoma más adelante: «ventilas bandos» (v. 11). El verbo latino *solo* significa 'dejar solo', 'despoblar' y 'devastar': Góngora 'asola' los traseros de sus jóvenes admiradores.

3 *obtusas speluncas comunicas*: 'escribes poemas que son como cavernas (oscuros, incomprensibles) llenas de necedades'; *spelunca*: 'caverna'. Este verso recuerda la descripción de la gruta del cíclope en el *Polifemo* (IV-VI), y juega con los posibles significados de *obtusus* en latín: 'estúpido, necio', pero también 'debilitado, terso', como las nalgas (*speluncas*) de los muchachos desgastadas por la excesiva 'comunicación' con Góngora.

4 *despecho*: 'disgusto, burla'. Góngora es el hazmerreír de las musas.

5-6 *carpa*: 'coge, arranca'. Se refiere el mito de Dafne y Apolo, el dios del sol y de la poesía. Este, prendido de deseo por la bella ninfa, la persigue, pero ella se convierte en laurel, uno de los símbolos de la poesía. Sin embargo, aquí Apolo se siente disgustado ante las obras cultas de Góngora y *huye* de ellas, rechazando ('no *carpando*') lo que esta Dafne degradada le ofrece. Esto es, *surculos slabros de teretes picas*: *surculos* significa 'retoños, ramas pequeñas' (por alusión al laurel), pero hay también un evidente retruécano escatológico (*sur-culos*) relativo a la escasa calidad de los poemas gongorinos. Además, el neologismo *slabros* ('deslabiados') parece derivar del verbo italiano *slabbrare* ('romper, quitar los labios o los bordes de algo'), y aquí labios indica la vulva ('surco'), que está deteriorada por culpa del excesivo trato carnal con *picas* (metáfora fálica) afiladas (*teretes*, del latín *teres, -etis*, 'cilíndrico, terso'). Pero, dadas las prácticas sodomíticas imputadas a Góngora, su Dafne buscona no está solo estragada por delante, sino también por detrás. Esto explica que *surculos* vaya en plural.

7 *perversos*: nótese el juego con *per-versos*, que señala nuevamente la dúplice corrupción imputada a Góngora en todo el poema: estética (poesía culta) y sexual (sodomía).

7-8 *damnificas / los institutos de su sacro tolo*: serie de latinismos que se pueden parafrasear así: 'infringes las reglas del templo sagrado [de Apolo; esto es, de la poesía]'.

9 *aliundo*: del latín *aliunde* ('de otra parte'); Góngora ha sido exiliado del Parnaso, monte griego donde habitaban las musas.

11 *ventilas*: verbo usado con el significado que tenía en latín de 'agitar, sacudir' (ver también la nota al v. 2). Es una probable alusión a la polémica surgida en torno a los poemas gongorinos, que tanto encendieron a los literatos de la época. Aunque también puede tener el sentido más genérico de 'agitas a grupos de personas', con matiz sexual, que complementaría a *niños inquietas*. Es un nuevo ataque a las supuestas 'perversiones' de Góngora contra la *casta poesía* (v. 10) y el marco heteronormativo imperante en el siglo XVII.

12 *parco*: del latín *parcus* ('apocado, débil' y 'avaro'); *cerúleo*: 'azulado, color del mar o del cielo', pero también 'oscuro' en latín (*caeruleus*). Se trata de una voz bastante común en Góngora, satirizada repetidamente por sus detractores; *veterano*: retruécano escatológico (*veter-ano*) que insiste en la imagen de vejez asociada a Góngora. Además, su significado militar ('soldado retirado') se vincula con las *teretes picas* del sexto verso. Todos estos detalles (flojo, oscuro, anciano) sirven para completar la idea expresada por *vaso*: 'vasija en que se echan los excrementos'. Góngora y sus obras son descritos como un viejo receptáculo de inmundicias.

13 *piáculos*: *piaculum* es un sacrificio expiatorio, aunque también puede significar todo lo contrario, 'sacrilegio, profanación'; además, esta palabra da pie a otro retruécano obsceno (*piá-culo*). Góngora ofende el tiempo sagrado (*sacro tolo*) de la poesía y el código del decoro sexual de la época.

14 *estrupando*: 'estuprando'; *neotéricos*: *neoteroi* ('poetas nuevos'), apelativo despectivo que recibieron Catulo y otros poetas del siglo I a. C. debido a las innovaciones que introdujeron. Aquí alude tanto a la juventud como al estilo culto de los seguidores de Góngora, víctimas, según Quevedo, de sus abusos poéticos y sexuales.

112

¿Qué captas, nocturnal, en tus canciones,
Góngora socio, con crepusculallas,
si cuanto anhelas más garcivolallas
las reptilizas más y subterpones?

Microcosmote Dios de enquiridiones   5
y quieres te investiguen por medallas
con priscos stigmas o con antiguallas,
por desitinerar vates tirones.

Tu forasteridad es tan eximia
que te ha de detractar el que te rumia;   10
pues ructas viscerable cacoquimia

farmacopolorando como mumia,
si estomacabundancia das tan nimia
metamorfoseando el Arcadumia.

* * *

1 *captas*: 'pretendes, procuras'; *nocturnal*: Góngora, autor de *canciones* oscuras e incomprensibles; idea que se reitera en el neologismo *crepusculallas* ('hacerlas oscuras'). *Nocturno* y *crepúsculo* fueron dos de los cultismos gongorinos más satirizados por sus detractores (el segundo, además, favorece el retruécano obsceno *crepús-culo*).
2 *socio*: del latín *socius* ('asociado, compañero, aliado'), que en la tradición pedantesca italiana del siglo XVI (especialmente en los *Cantici di Fidenzio*) se solía emplear con el significado genérico de 'amigo'.

3 *garcivolallas*: 'hacerlas volar como la garza'; podría aludir a las octavas gongorinas escritas para el certamen poético de las fiestas de la beatificación de san Francisco de Borja (1625), en el cual se dio por jeroglífico la garza: «Ciudad gloriosa, cuyo excelso muro».

4 *reptilizas*: neologismo que deriva del adjetivo latino *reptilis* ('que se arrastra') y quizás también del sustantivo *reptile* ('reptil') usado en la versión Vulgata de la Biblia; *subterpones*: combina el adverbio *subter* ('debajo') y el verbo *poner*. En vez de elevarse por los aires como una garza, Góngora se arrastra por el suelo como una víbora. La alusión podría ser doble: le ataca por sus poemas de baja calidad y le relaciona con la serpiente bíblica, encarnación del demonio, que corrompió a Eva.

5 *Microcosmote*: el microcosmo es un concepto clásico según el cual el ser humano es entendido como suma y reflejo de todo lo que existe en el universo (y, por ende, de Dios). Aquí, el neologismo *microcosmar* equivale a 'producir un compendio, estar atestado de'. En este caso, Góngora está atestado de *enquiridiones*, voz deducida del cultismo *enchiridion* ('manual'). Su obra es, pues, un compendio de palabrería y cultura de acarreo.

6 *por medallas*: Góngora se pavonea tanto de sus obras, que pretende que se estudien como medallas antiguas, al igual que en las investigaciones de coleccionistas y entendidos que, a partir del Renacimiento, se dedicaron a catalogar piezas arqueológicas de época romana. Quevedo alude probablemente a los varios juicios y comentarios eruditos del *Polifemo* y las *Soledades* que circularon desde 1613.

7 *priscos stigmas*: *stigma* en latín era la señal grabada con fuego que se imponía a los esclavos y convictos, y en un sentido más general era una 'marca'; *priscos* deriva del adjetivo *priscus* ('antiguo, primitivo'). Quevedo utiliza un giro altisonante para decir que las *medallas* tienen inscripciones y figuras antiguas (*antiguallas*).

8 *por desitinerar vates tirones*: 'para hacer que los poetas jóvenes e inexpertos [que te imitan] pierdan el rumbo'; *desitinerar*: neologismo creado a partir de un supuesto verbo *itinerar* (del latín *itineror*, 'viajar'); *vates*: en latín es el adivino o el poeta inspirado por las musas; *tirón*: del latín *tiro*, 'recluta, aprendiz'.

9 *forasteridad*: creado a partir de *forastero*, este neologismo destaca lo extraña que resulta la lengua de los poemas de Góngora, casi como si estuvieran escritos en otro idioma distinto del castellano; *eximia*: el adjetivo *eximio* incluido en este contexto resulta irónico, pues tiene el significado de 'escogido, selecto, excelente'. Insiste en las acusaciones contra la vanagloria del escritor andaluz, que pretendía haber inventado una nueva poesía, selecta y elevada, dirigida a un público de eruditos.

10 *detractar*: 'infamar, denigrar'; *rumia*: aprovecha los dos sentidos que podía tener en latín y en español ('rumiar' y 'volver a meditar algo'). Aquel que se enfrenta a los oscuros poemas gongorinos intenta comprenderlos, releyéndolos y reflexionando una y otra vez sobre ellos, como en el lento proceso de digestión de los animales rumiantes.

11 *ructas*: 'eructas'; *viscerable*: neologismo que atañe a 'lo que está en las vísceras', y *vísceras* era un cultismo de uso específico y poco frecuente en la época; *cacoquimia*: helenismo que indica una 'acumulación de humores perjudiciales para el organismo'. Además, el segmento *caco-* recuerda varios defectos estilísticos que sus detractores le achacaban a Góngora: cacocelia, cacofonía, cacosíndeton...

12 *farmacopolorando*: neologismo creado a partir de la unión de *pharmacopola* ('boticario') y el verbo *oro* ('hablar'). El término *pharmacopola* podía tener un matiz negativo en latín, usado para designar a los charlatanes y embusteros. Por lo tanto, 'hablar como un farmacópola' equivaldrá a 'vender viento, embaucar con palabrería'; *mumia*: destaca el aspecto decrépito de Góngora y la sucia inanidad de sus versos, pues en el siglo XVII se llamaba *mumia* al betún con que se embalsamaba a los muertos, producido a partir del vientre y humores corrompidos del difunto.

13 *estomacabundancia*: vuelve a usar imágenes asociadas con el aparato digestivo para mofarse de la inanidad y escaso valor de los poemas gongorinos. Este neologismo, producido a partir de la combinación de *estómago* y *abundancia*, transmite la idea de saturación y empacho, enfatizado aún más por la voz *nimia*: 'excesiva, desmedida'.

14 *metamorfoseando*: Góngora 'transforma' los restos de su estómago en poesía, pues *Arcadumia* se acerca a la palabra *arcas*, que podía tener el significado de 'nalgas'. Además, esta podría ser una referencia a la *Arcadia* (1504) de Iacopo Sannazaro, novela pastoril escrita en un lenguaje altamente latinizante que dejó una huella notable en las *Soledades*. En su obra, Sannazaro emplea la palabra *dumi* (V^e, vv. 61-62), que deriva del latín *dumus* ('zarza'). Quevedo podría estar acusando a Góngora de plagiar la *Arcadia*, convirtiendo la belleza de sus versos y sus pasajes idílicos en un caótico amasijo de espinas: *Arcadia* + *dumi* = *Arcadumia*. Por último, *metamorfoseando* evoca también las *Metamorfosis* de Ovidio, que el escritor cordobés imitó en varias ocasiones y es la fuente principal del *Polifemo*. Quizás, pues, Quevedo cierre el soneto con una doble acusación de plagio (malogrado), haciendo referencia a los dos poemas mayores de Góngora y sus modelos: el *Polifemo* (*Metamorfosis*) y las *Soledades* (*Arcadia*).

Índice de primeros versos